成人教育の社会学
パワー・アート・ライフコース

高橋 満 編著

東信堂

はしがき

「成人教育の社会学」、いつの頃からか、この書名をもつ研究を世にだしたいと思うようになった。それから、だいぶときが過ぎたが、ここにやっと上程することができる。

なぜ、「成人教育の社会学」なのか。成人教育あるいは社会教育の研究領域では、あまりその拠って立つ学問的立場を明示する研究者は多くない。いわば領域学として存立してきたといってよい。成人教育あるいは社会教育研究は哲学、心理学、行政学、社会学など多様なアプローチが可能であり、かつ、その学問的立場を明確にしつつ競い合い、補い合う方がより創造的な研究の展開も可能なはずである。

「私の立場は社会学である」、折にふれてこう主張するようになったが、では、そもそも社会学的アプローチとはどのようなものなのか。この学的立場に立つことにより、これまでの研究をいかにブレークスルーできるのか、これらの諸点を明確に示し得ていなかった。

この書でどこまで明確にしえたのかは本書を読んでいただくしかないが、この書でわたくしが強調したかった点は、以下の3点に集約できる。

第1に、教育実践の意味を学習者の立場から描くことである。この点、本書では「社会教育の研究では、学習者中心といいながらも、実践の分析は研究者やファシリテーターの視点から語られる」(77頁)と述べている。欧米の博物館教育研究を見ると、研究の中心には学習者理解が置かれるべきであるという、研究の焦点が明確である。学習者が何を学んでいるのか、いかに学んでいるのか、これらの解明が職員たちの実践にも重要な意味をもつからでもある。研究者は、学習者の学びのプロセスの解明を通して、教育実践に寄

与することができるはずである。

　第2に、この点は研究者の拠って立つ学習論の立場と密接に関連する。日本でも学習論の解明を志向する研究が一つの潮流をつくってきたが、この学習論の理解が不十分なために、ただ「ふり返り」を強調するだけの議論にとどまっているのではないか。これに対して、各章に違いはあるものの、本書では構成主義的学習論の認識論的立場から実証的研究を重ねてきているところに特徴がある。

　第3に、教育学的研究、実践における社会的価値の重要性をくり返し主張してきた。教育における「技術者モデル」を批判しつつ、以下のように述べている。

　　　教育という行為は、単なる技術的な過程ではなく、その行為をめぐる価値の問題がつねに厳しく問われるべき実践である。しかも、教育による諸個人の社会的成長を通して未来の社会をつくる「投機」としての性格をもつ。ある所定の目的を前提とした教育実践を効率よく遂行することに視野が限られるとすれば、それは、現在の支配や社会構造を維持し、正統化することにだけつながることになろう（13頁）。

　本書は、研究科長の職にある中で出版を準備してきた。その意味でも思いで深い本となる。任期中に教育学研究科の改組に取り組んできたが、新しいカリキュラムでもっとも重視したのが、この教育をめぐる価値や倫理を学ぶ（省察する）ことの重要性である。この価値や倫理を「エデュフェア・マインド」として理解した。

　やや長いが引用しておきたい。

　　　現代社会は、政治・経済・社会のグローバル化や、人びとの価値観・アイデンティティの多様化、高度情報化などによって特徴づけられる。その反面、排外主義や孤立主義が台頭し、異質性・多様性を許容しない人々の増加や情報格差が課題として指摘されている。

こうした社会状況では、あらゆる人々が潜在能力を発揮・伸長できる機会が与えられ、それぞれの異質性・多様性が尊重される環境づくりが必要となる。具体的には、貧困家庭や、障がい者、外国人、民族的・性的マイノリティなどの人々が排除されることなく公平に扱われ、社会の一員として活躍できる環境づくりであり、このことに主体的に関わる自覚と力量の形成を、次世代への働きかけを通じてだけでなく、すべての世代の継続的な学びを通じて行うことが求められる。
　我々は、こうした人びとへの深い共感にもとづき、教育学研究や教育的実践をとおして彼らの社会参画を支援し、一人ひとりの人間としての可能性を最大限に発揮できる力を育むこと、それをとおして公正で包摂的な社会（a fair and inclusive society）をつくろうとする倫理観をもつことを「エデュフェア・マインド」と定義する。

　よい教育とは何か。このもっとも基本的な「問い」が多くの研究で欠けているのではないか。そもそも、教育という営みは、研究においても実践においても、すぐれて価値志向的な性格をもつ。しかも、それは一つの正解があるというものではない。だからこそ、つねに教育の目的の妥当性を批判的に吟味することが、「わたくしたち」（個人が理論的に構想するのではなく、協同でつくるものである）には求められる。その基盤となるのが、エデュフェア・マインドである。
　最後に、本書の構成を示しておこう。第1部は、「成人教育のポリティックス」である。ここでは、成人教育の実践及び政策に働くパワーに焦点をあてつつ論じている。第1章「『パワー』と成人教育」では、成人教育の場に作用する闘争と交渉というパワーの問題を理論的に論じる。第2章「『労働の場の学習』とパワー」は、パワーの視点から学習する組織論や組織的学習論を批判的に検討し、成人教育研究の課題と視点を提示する。つづく第3章「若者の社会参加のポリティックス」では、青年・若者政策における「参加論」をめぐる「言説」を検討し、その視点の転換をとらえる。これにもとづきあるべき参加論を提示する。

第2部「アート教育と意味構成」では、ミュージカル、ワークショップ、美術館教育を対象に学びのプロセスをミクロに分析する。学習のプロセス解明は、成人教育研究の中心的課題であるが、従来の研究では十分検討がなされてこなかった。この点に焦点をあてた論文から構成される。第4章「震災とアート教育の可能性」では、ミュージカルの実践を事例に、学びのプロセスの解明を通して、省察的学習論を批判し、ホリスティックな学習の意義を主張する。第5章「ワークショップへの参加と自己変容のプロセス」では、ワークショップ内でおきる意識変容のプロセスを解明し、インフォーマル・エデュケーションとしての身体を通した学びのプロセス及びその意義を明らかにする。第6章「美術館経験と意味構成」では、来館者たちが、どのような「解釈戦略」を通して作品を鑑賞するのか。この相互作用を通していかなる意味を構成するのかを解明している。

第3部「女性のライフコースとエンパワーメント」は、3つの章から構成される。第7章「健康学習とおとなのエンパワーメント」は、医療生協の保健委員活動に参加した女性のライフコースと、この学びのなかでの健康づくりの主体としての成長を描く。第8章「エンパワーメントを支える学びの構造」では、エンパワーメントを図ることのできる学びの構造とはどのようなものなのかを論じている。つづく、第9章「社会変革と中国女性のライフコース」は、文化大革命を経験し、「革命」の終息とともに大学進学を果たしたコーホートの女性たちを対象に、彼女たちが文化大革命をどのように経験し、大学入学への道をいかに主体的に切り拓いてきたのか、を記述する。

第4部「社会的包摂と成人教育の可能性」は、モンゴルの体制転換のなかで社会的に排除された人びとの運命を詳細に描きながら、彼・彼女たちを社会的に包摂するうえで成人教育がどのような役割を果たしてきたのか、いかなる可能性をもつのかを解明する。第10章「体制転換と社会的排除のプロセス」は、体制転換後、人びとがいかなるプロセスを経て零落していくのか、その排除のプロセスをゲル集落の調査を通して明らかにする。最後に、第11章「社会的包摂と成人教育の可能性」では、コミュニティ・ラーニングセンター（CLC）、教育生産センターの事業の意義を参加者たちへのヒアリ

ングを通して明らかにしている。
　まだ論じるべき課題は少なくない。しかし、研究の領域及び分析の手法など、これまでにない新しい地平を示すことができたのではないかと思う。

成人教育の社会学 ── パワー・アート・ライフコース
目　次

はしがき ……………………………………………………………………… i

序章　成人教育の社会学に向けて …………………………………… 3
　　はじめに ………………………………………………………………… 3
　　1　国家介入と社会教育・生涯学習政策 ……………………………… 4
　　2　経済と教育のポリティックス ── OECD とユネスコとの対立と協調 … 5
　　3　学習の時代 ── 「教育」と「学習」のポリティックス ………… 10
　　4　評価の時代 ── エビデンスにもとづく教育実践 ……………… 12
　　5　成人教育の社会学 …………………………………………………… 13
　　6　本書の構成 …………………………………………………………… 15

第1部　成人教育のポリティックス ………………………………… 19

第1章　「パワー」と成人学習 ………………………………………… 20
　　はじめに ………………………………………………………………… 20
　　1　「パワー」と成人教育研究 ………………………………………… 22
　　2　交渉と闘争としての成人教育 ……………………………………… 26
　　3　「パワー」と状況的学習論 ………………………………………… 31
　　おわりに ………………………………………………………………… 34

第2章　「労働の場の学習」とパワー ………………………………… 39
　　はじめに ………………………………………………………………… 39
　　1　なぜ、「労働の場の学習」研究なのか …………………………… 39
　　2　「学習する組織」論の幻想 ………………………………………… 45
　　おわりに ………………………………………………………………… 51

第3章　若者の社会参加のポリティックス …………………………… 54
　　はじめに ── 参加論の両義性 ……………………………………… 54
　　1　社会参加をどうとらえるべきか ── 参加論の基本視点 ……… 55
　　2　子ども・若者の社会参加政策 ……………………………………… 59
　　3　若者と生涯学習政策 ………………………………………………… 66
　　おわりに ── 社会参加をどうつくるのか ………………………… 70

第2部　アート教育と意味構成 ……………………………… 75

第4章　震災とアート教育の可能性 ── ホリスティックな学びの意義 ── … 76
はじめに ── 希望をつくるミュージカル………………………… 76
1　「ありがとう」を伝えるプロジェクト ………………………… 77
2　ミュージカルの力 ── 協同のプロジェクトへの参加 ………… 81
3　被災者の意識・行動の変容 …………………………………… 88
おわりに ── ホリスティックな学びの意義……………………… 91

第5章　ワークショップへの参加と自己変容のプロセス ……… 94
はじめに ── 研究の課題 ………………………………………… 94
1　ワークショップの学び ………………………………………… 95
2　研究の対象と方法 ……………………………………………… 96
3　分析結果 ………………………………………………………… 98
おわりに ── ワークショップにおける学びの意義……………… 115

第6章　美術館経験と意味構成 ……………………………… 121
はじめに …………………………………………………………… 121
1　調査と分析の方法 ……………………………………………… 122
2　見学者の解釈戦略 ……………………………………………… 123
3　「鳥獣花木屏風図」の解釈戦略 ……………………………… 132
4　震災からの復興と美術館経験 ………………………………… 136
5　美術館教育への示唆 …………………………………………… 142

第3部　女性のライフコースとエンパワーメント ………… 147

第7章　健康学習とおとなのエンパワーメント
── 医療生協保健委員の活動を通して ── ……………………… 148
はじめに ── 課題の設定 ………………………………………… 148
1　医療生協について ……………………………………………… 150
2　庄内医療生協における学習構造 ……………………………… 152
3　組合員によるヘルスプロモーション参画の可能性 ………… 155
おわりに ── 健康学習とエンパワーメント …………………… 163

第8章　エンパワーメントを支える学びの構造 ……………… 167
はじめに …………………………………………………………… 167
1　教育実践の目的とは何か ── 民主主義を学ぶ ……………… 168
2　社会学級の歴史と制度 ………………………………………… 170
3　社会学級の学びの構造とエンパワーメント ………………… 175
おわりに ── 社会学級の現代的意味 …………………………… 187

第9章　社会変革と中国女性のライフコース ……………………… 190
　はじめに ……………………………………………………………… 190
　1　文化大革命と大学をめぐる状況 ………………………………… 193
　2　文化大革命による運命 ── 反革命・走資派の烙印 ………… 197
　3　文化大革命と学校 ………………………………………………… 206
　4　文化大革命の終焉 ── 大連外国語大学への道 ……………… 215
　おわりに ……………………………………………………………… 229

第4部　社会的包摂と成人教育の可能性 ── 排除から社会的承認へ …… 235

第10章　体制転換と社会的排除のプロセス
　　　── ホギーン・ツェグ：絶望の淵からの報告 ── ………… 236
　はじめに ── 研究の課題 …………………………………………… 236
　1　見捨てられた地域と人びと ……………………………………… 237
　2　世帯構成と世帯の特長 …………………………………………… 248
　3　体制転換と零落のプロセス ……………………………………… 255
　4　地位身分の喪失と不安定な居住 ………………………………… 263
　5　劣悪な労働、不安定な就業 ……………………………………… 270
　6　極限の生活と外部からの支援 …………………………………… 275
　おわりに ── 成人教育への示唆 ………………………………… 287

第11章　社会的包摂と成人教育の可能性 ………………………… 289
　はじめに ……………………………………………………………… 289
　1　モンゴルにおけるノンフォーマル教育の概要 ………………… 290
　2　バヤンズルフ区のCLCの活動 …………………………………… 292
　3　ハンウール区教育生産センターの活動 ………………………… 304
　4　学習者のライフコースとエンパワーメント ── 学ぶことの意味 …… 312
　おわりに ……………………………………………………………… 316

あとがき ………………………………………………………………… 319

執筆者一覧 ……………………………………………………………… 321

索　引 …………………………………………………………………… 322

成人教育の社会学
―― パワー・アート・ライフコース ――

序章　成人教育の社会学に向けて

はじめに

　現代の社会では、成人が学び続けようとするとき多様な機会が広がっている。教育学は、従来その研究の対象を見出そうとするとき、学校教育という場か、社会教育行政の領域に焦点を定めてきた。とりわけ、権利としての社会教育という主張をするとき、住民運動のもっている教育的意義に注目することはあっても、問われるべきは、社会教育行政による教育機会の拡大ということが暗黙の前提として議論されてきた。ところが、多様な主体による、多様な形態の学習の「静かな爆発的拡大」が起こっている。その中には、企業内教育、行政部局の教育事業だけではなく、NPOなど市民の自主的活動における学習への着目がある[1]。

　本書で社会教育ではなく、成人教育という概念を積極的に使う理由は、子どもではなく成人に対象を限定していることとともに、社会教育行政にとらわれない市民の多様な学習を広く対象にすることを意図したからである。つまり、意図的・組織的な形態をとる学習機会だけではなく、社会的実践におけるインフォーマルな形で展開する多様で豊かな学習のプロセスをとらえることをめざしている。これは、国際的な教育政策の潮流でもある。

　社会学というアプローチをとることの意義は、最終的には各章の実証的研究が妥当性をもつのかどうか、従来のアプローチと比較して新たな知見を示しえているかどうかにかかっているが、この序章では、実践の背景となる生涯学習政策の展開とその性格について批判的な整理を行うとともに、社会学的アプローチをとることの必要性について必要な説明を加えたい。

1 国家介入と社会教育・生涯学習政策

　戦後の教育政策の歴史的展開を見ると、いくつかの転回点が存在する。その政策の転換を整理するとき、もっとも重要なことは、社会教育を含む教育を福祉国家サービスとしてとらえ、この政策形成の原理における変化をとらえることであり、その際に、国家介入の性格を把握することがポイントとなる（高橋 2003）[2]。

　戦後における政策展開の出発点である社会教育法は、教育基本法を受けて自由主義の理念に立ち制度化がすすめられた。社会教育法は、自由主義の理念に立ち、行政の権限を限定することを通して、国民による「社会教育の自由」を守り、もって国民の「自己教育・相互教育」を発展・助長させることに制定の理由が置かれた。

　こうした国家の役割に関する抑制的スタンスは、社会教育法制定後まもなく変化する。一言でいえば、国家の役割を次第に強めるプロセスとして、とりわけ1960年代から70年代初頭にかけて大きな転換をとげることとなる[3]。しかし、この国家による介入を政治的支配の強化としてだけとらえることは正しい理解ではない。なぜならこの時期、生涯教育政策のもと福祉国家的な施策の充実が図られ、国民の学ぶ権利を一定保障する政策としての性格をもつからこそ広く浸透し、政策としての実効性をもつ（支配は貫徹される）のである。社会教育施設の整備への補助、社会教育専門職としての社会教育主事の配置の「必置化」、社会教育事業への補助を通して制度化がすすめられてきた。この時期、社会教育施設の整備がすすみ、かつ、これを担う専門職員の養成と配置がすすめられ、戦後社会教育行政の基盤が整備されている。

　1980年代、こうした国家による介入のスタンスは大きく転換する。つまり、新自由主義的転回である。ときの中曽根康弘首相のもとに設置された「臨時教育審議会」は、その転換を具体化する「装置」でもあった。ここで使われる「臨時」は「常設」の機関である中央教育審議会などの審議機関とは異なる「一時的」機関という意味での「臨時」ではなく、大きな時代の転換点に立って、教育編成の原理的な転換を図ろうとする意志を端的に示すも

のであった。自由主義的改革の時代を迎え、生涯教育という概念は、生涯学習に置き換えられる。

これ以降、教育の自由化、市場化が多様な形ですすめられる。社会教育施設であれば、公設公営であった施設の民営化がすすめられた。例えば、指定管理制度などにより、地域組織、NPO、企業などの民間事業者が参入する道が開かれた。教育市場がつくられ、多様な主体が対等な担い手として参入することが可能となった。こうした自由化は、市場化というだけではなく、社会教育、生涯学習に関するわたくしたちのもつ基本的な認識枠組みを変えるインパクトをもっていた。それは、生涯学習をめぐるわたくしたちの先入観をどのように変えるものであったのか。

2 経済と教育のポリティックス ── OECDとユネスコとの対立と協調

教育政策はもともと国民国家における国民形成という使命を帯びているゆえに、すぐれてドメスティックな性格をもっていた。教育政策は国民国家のという枠の中で形成され、かつ階級形成と富の社会的配分の主要な闘争の場でもあった。まさに、福祉国家サービスとしての調整の問題であった。

しかし、1960年代から1970年代以降、国際機関による政策形成への影響が大きくなる。この時期、教育へのアクセスの民主化を求める声に押されて教育機会の拡大と平等ということを中心に政策が議論されてきたことはいうまでもない。メリット原理にもとづく教育へのアクセスと階層移動を通して、階級間の格差の解消を図ろうとしてきたのである。つまり、政策の目標は平等の実現ということであり、教育は国民の権利として保障されるべきものとして理解されてきた。それは国際的な議論ではシティズンシップの概念でとらえられるものであり、日本では「権利としての社会教育」という理念がよく時代精神を示している。つまり、女性運動も、社会的不利益層の運動も、そして教育運動も権利とニーズの要求にもとづいて公共政策をめぐる活動を展開してきた[4]。

こうした視点は、少なくとも1980年代から1990年代まで続いてきた。し

かしながら、いまや教育政策は、「新自由主義とグローバルな国家主義との混合」「グローバルな資本システムへの統合と国民的アイデンティティの維持」ということが基本的な性格となっている（Henry 2001: 96）。

こうした政策の原理的転換では、国際的な政策形成が大きな影響を与えている。以下では、2つの国際機関であるUNESCOとOECDが政策形成でどのような役割を果たしてきたのか。その政策の違いに焦点を当て確認しておきたい。

UNESCOの生涯学習政策 ── 生涯学習のユートピア

UNESCOは、国際的な教育政策形成のシンクタンクの役割を果たしてきた。生涯学習をめぐっては、2つの重要な委員会報告をだしている。エドガー・フォール（Edgar Foure）を委員長とする1972年の報告書『未来の学習』(Learning to be) と、ジャック・ドロール（Jacques Delors）委員長による1996年の『学習：秘められた宝』(Learning: The Treasure Within) である。

1960年代、学生運動による異議申し立て、学校批判の高まりや教育爆発のもとで生じた「教育の危機」を背景に、フォール・レポートはだされる。そこでは、「完全な人」(complete man) を実現するものとして、UNESCOは生涯教育という概念を使いつつ、教育制度の民主化を推進しようとする。その「完全な人」とは、「社会の発展の担い手」、「民主主義の推進者」、「世界市民」、「自己実現の編集者」でもある。その生涯教育は、フォーマル・エデュケーション、ノンフォーマル・エデュケーション、インフォーマル・エデュケーションを統合する「普遍的原理」であるだけでなく、すべての人びとの生活の質を改善するための教育における民主化をめざすものとしてとらえられた。学校教育を、より広い教育のもとで相対的にとらえる思想は「大きな転換点」として評価できるだろう。しかし、1960年代以降、この政策を実現しようとする具体的な動きは多くは見られない[5]。

ときを隔てること24年後にもう一つの報告がだされる。ドロール委員会の『学習：秘められた宝』である。ここでは、1960年後の社会変化に対応して教育の使命を再審する。とくに批判の対象として念頭に置かれたのは、

世界銀行が主導する「教育の効用主義的見方」である。このレポートでもフォール報告を踏まえつつ、教育の人間主義的見方、ユートピア的見方を提唱している。①ローカル・コミュニティから世界社会へ、②社会結合から民主的参加へ、③経済成長から人間の発達へという視点の転換を図る必要性を述べている。ここでも、人間の潜在力の全面的な展開、世界を変革することのできる人間の能力への信頼が思想として貫いている。OECDの経済成長のための教育という考え方を批判し、経済のグローバル化のもとで進行しつつある国家の役割の放棄ではなく、福祉を実現する国家の役割が重視される。これを支える教育実践が、①「知るための学習」(Learning to know)、②「するための学習」(Learning to do)、③「ともに生きるための学習」(Learning to live together)、④「あるための学習」(Learning to be) である。

　これらのレポートは、まったく異なる社会・経済的背景のもとにだされたにもかかわらず、多くの共通点をもつ。教育的次元では、人間の完成や人間の解放を強調し、政治的次元では、公正や平等をめざす理念を教育政策の目標として掲げる。かつ、政治思想としては、古典的自由主義、社会民主主義的自由主義、ラディカルな民主自由主義の混合物でもある。

　さらに、両レポートに共通する要素は、教育の目的を経済的効用というような即時的要求ではなく、未来の社会のあるべき姿と重ね合わせて描いている点であろう。とくにドロール報告書では、「よい社会」とはどのような社会であるのか、ということをくり返し問い返している。そこから「よい教育」の目的や内容が再創造される必要性が強調されている。確かに、両報告書がOECDのいう経済成長のための教育という新自由主義の政策言説に有効な批判となり、各国の政策に具体化されたとはいえないところがある。しかしながら、あるべき教育像を論じようとするとき、ユートピア的要素を否定することは妥当ではない。

OECDの生涯学習政策

　日本を含む各国の教育政策に、UNESCO以上に大きな影響力をもってきた国際的な機関としてOECDがある。周知のように、1960年代から1970年

代にかけてOECDは生涯学習の戦略としてリカレント教育を唱導してきた。もともとOECDは、以下のような性格をもつと自己規定されている。

> OECDは超国家的な組織ではなくて、政策立案者たちが出会い、諸問題を議論する場である。そこで政府は、自分たちの見解や経験を交換しあうことができる。……その役割は学術的なものではないし、また、OECDの見解を押しつける権威をもつものでもない。その力は、あくまで知的な追究する能力から生まれるものである（Mission of OECD 1985）。

この時代、OECDに集まった国際官僚は社会民主主義の理念のもとに教育における階級間・階層間の平等を実現する手段としてライフコース・アプローチをとって政策をすすめようとしてきた。1970年代にだしたリカレント教育政策は、確かに、労働市場志向的であり、人間主義的理念に乏しいとしても、それを通して社会的平等を実現しようという政策であった。彼らは、学問領域的には社会学や教育学をベースとする教育の専門家であるだけではなくて、社会民主主義の理念に共鳴する社会改革者でもあった。しかしながら、国際官僚内部の構造的な変化が見られる。これらの官僚は組織を去るか、「ラディカル」だとして排除される一方、これに経済学者がとってかわり、マネージャータイプの官僚たちが権力を握ることになる（Henry 2001）。しかも、この間に、OECDの役割も先のような一つのフォーラムの場を提供し、コンサルテーションをする機能から政策形成の能動的なアクターへと転換する。

1990年代以降、経済のグローバル化が喧伝され、国際的教育政策も大きく転換する。再び教育は経済政策と結びつきつつ、人的資本論のもとに、政府のもっとも重要な政策課題の一つとなる。しかし、1960年代のそれとは決定的な変化がある。つまり、いまやOECDの教育政策の目標は平等を求めるものではなく、経済的な競争を最大限にするための手段と化している。ここでは、生涯学習という概念は、知識基盤経済、知識基盤社会という概念と結びつき、国際的にももっとも重要な政策課題となる。OECDなどは、

序章　成人教育の社会学に向けて　9

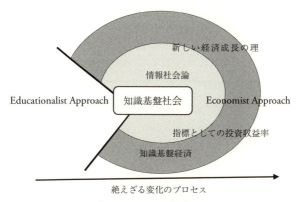

図序-1　OECDの教育アプローチ

知識産業（knowledge incentive industries）、知識経済への移行などをめざして政策をすすめている。成熟した社会経済の中で、生産をいかに増大させうるのか。知識の分配が決定的な契機であるととらえる。人間や技術に体現された知識が、つねに、経済成長にとって中心的なものであるという。

この社会では、労働者にはフォーマルな教育と、新しい理論や分析的知識を獲得し、適用する能力が必要となる。そのときに、フォーマルな教育機会以上に、社会的実践や特殊な教育環境のもとで学ぶこと、つまり、ノンフォーマル・エデュケーション、インフォーマル・エデュケーションが大切となる。だからこそ、知識基盤経済では「行為を通して学ぶこと」が重視される。

1970年代のリカレント教育論では、フォーマル・エデュケーションの継続や連携がめざされたが、知識基盤社会を支える生涯学習論では、ノンフォーマル・エデュケーションやインフォーマル・エデュケーションが重視される。階層、ジェンダー、エスニシティをめぐる階層的格差の解消という問題は、こうして政策の課題としては捨象され、諸個人の責任や努力の次元に還元される。

3　学習の時代──「教育」と「学習」のポリティックス

　1960年代、ユネスコの議論を経て日本に導入された頃は、「生涯教育」という言葉が使われていた。生涯にわたって人びとの学ぶ機会を権利として保障することが政策の課題となった。当然、学校教育を修了した人びとの継続的な学習の機会に格差や不平等があれば、その是正が政策の重要な課題となった。

　ところが、1980年代なかば以降、生涯学習という概念が教育をめぐる議論においてポピュラーなものになると同時に、生涯「教育」に替えて生涯「学習」へと用語法の転換が見られる。これについて、日本の政策では、「教育」は機会を提供するものの立場から見た概念であるのに対して、「学習」は学習者の立場から見たものであると説明されてきた。しかも、生涯学習社会では、学習者が主体にならねばならない。この結果、学校は学習環境に、教育者は、学習のファシリテーターであると主張された。

　視点の変化という説明は皮相的なものである。こうした概念の転換は、いくつかの要因が考えられよう。それは、2つの面から説明できよう。

　第1に、学習論の転換ということを背景とした転換という意味である。とくに社会諸科学に対して構成主義は大きなインパクトを与えるものであった。従来の伝統的な学習論が、教師主導的な学習を支えるものであったのに対して、構成主義はその認識論的転換を求める。学習者はつねに能動的であり、「対話」や「経験」を通して知識や意味を構成する主体としてとらえられる。その意味で、「教育」ではなくて「学習」なのである。さらにいえば、近代のプロジェクトとしての教育へのポストモダンの教育思想による批判という文脈がある。つまり、教育による合理的・批判的思考を通して人間の自由を実現し、かつ人間を解放しうるという理念が掘り崩される。

　第2に、福祉国家を「解体」しつつ、福祉国家サービスの市場化がすすめられる。つまり、政策のめざすものが生涯学習市場の形成と開放であるという点である。その基盤として、人びとの学習の個別化、個人化が深く浸透してきたことも見ておく必要がある。生涯学習市場では、多様に用意された商

品を「自分の興味関心にもとづいて」、多様な学習機会（市場）から選択し、学習を消費する学習者像が描かれる。それは学習者中心主義であり、学習者主権とでも呼べるものである[6]。

　学習の市場化原理のもとでは、学習とは学習者相互の関係ではなくて、いまや消費者と販売者、消費者と供給者との関係に変容している。つまり、市場原理が導入されると、学習の価値には価格が与えられ、それへのアクセスは支払能力に依存する。こうして、国家と個人との関係そのものの再調整が図られる。教育政策の目標は、国家の責務として人びとの平等の実現を図るということではなく、個人の責任を通してエンプロイアビリティを高め国家間の競争に打ち勝つことに置かれる。グローバリゼーションはナショナリズムを高揚させる側面があり、こうしてリベラリズムとの奇妙な融合を見せることになる。そこにおける国家の役割は、もはやセイフティ・ネットを保障することではなく、せいぜいのところ職を「安全に」移動する「トランポリン」（＝生涯学習機会）を用意することにおかれる（Milles 2002: 349）。

　日本の社会教育では、知識基盤社会論を理想の社会のごとく描く論調が見られるが、こうした政治的、社会的、イデオロギー的側面にあまりに無自覚といえよう。学ぶとは「権利以上のもの」のはずだが、リスクを回避するために人びとを絶えず個別的な競争に駆りたてる「道具」の地位に置かれることになる。

　ここで大切なことは、教育を受けることが「諸個人の権利」であったものが、個人の義務へと転換してきたことである。少なくても、1980年代までの生涯教育政策では、生涯を通して学ぶことは諸個人の権利であり、この学習機会を保障することが「国家の義務」だと考えられてきた。ところが生涯学習政策では、グローバルな経済競争の激化の中で、生涯にわたり学び続けることが「義務」としてとらえられるようになる。生涯にわたる学習の「内面化」が進行する。こうして、教育は「内なる宝」から「内なる圧力」へと変質する。生涯学習論における楽天的で、自由な学習者像にはもう一つの顔が隠されている。

　社会政策的介入の転換という面で整理すれば、資源の再配分による補償政

策から、競争的意識を駆り立てる社会秩序政策への転換である。

4　評価の時代 ── エビデンスにもとづく教育実践

　さらに、生涯学習の時代における近年大きな影響力をもつ言説に「エビデンスにもとづく教育実践」(evidence based practice) がある。つまり、根拠の数値化に見られるような「科学的な根拠」にもとづいて教育政策や教育実践を方向づけることを求める言説である。これは教育界よりも医師・看護師などの医学界、福祉職の実践の中で、より大きな影響力をもっている。

　対人支援職は、実践の場が多様であり、その解決の道も複数の可能性に開かれているゆえに、つねに「ゆらぎ」を覚える領域であり、確固とした「根拠」が求められることは理解すべきだろう。「根拠にもとづく実践」という考え方を直ちに否定する必要はない。しかし、この言説のもつ限界を正しく理解する必要がある。

　Biesta (2006, 2010) は、こうしたエビデンスにもとづく実践という考え方に対して、3つの批判を展開する。第1に、エビデンスにもとづく教育政策・実践という考え方は、多様でありうる教育目的を、例えば、「学力」の向上という単一の指標で測定し、これに対して「効果的」な介入の仕方が問題とされている。医療の領域であれば、患者の健康の回復という一つの目的を想定することもできるかもしれない。「効果的な治療」の基準は必要である。もう一つ注意すべきは、「根拠」として、「数値化」が画一的に求められる傾向が強まりつつあるが、「数値化」できる指標と、数値化できないものがあることを自覚すべきである。逆にいえば、数値化できるものだけに「目的」が拘束されるという転倒が生じる恐れがある。

　第2に、それは教育者の行為を技術的モデルで説明するものである。しかし、教育や福祉など対人支援職を、そうした「技術者モデル」で説明することがはたして妥当であろうか。まず教育実践は、教室という比較的定型的な学びの場だとしても多様であり、そして流動的である。しかも、そのときどきの学習者の状況に対応して、「実践における省察」や「実践についての省

察」をとおして教育者が判断し、働きかける性格をもつ。そこでは、経験により積み上げられた経験知・実践知や、そのレパートリーの豊かさが実践力となる。教育者はアーティストであり、省察的実践者なのである。

　第3に、エビデンスにもとづく教育政策、教育実践では、自分たちの行う教育的実践が、どのような意味をもつのか、何を教育の目的とするべきなのか、という議論を排除する傾向を強めさせる。目的は所与のものとして与えられており、究明されるべきは、この目的を達成すべきもっとも効果的・効率的な方法とは何か、ということに限定される。しかしながら、教育実践で大切なのは、実践をめぐる価値の問題であり、教育実践を通して何を実現するべきなのか、ということを深く議論することが求められる。Biesta（2006, 2010）は、たとえ、ある目的を達成するためにもっとも効果的な方法が科学的に解明されたとしても、そうした介入をしてはならないという判断をすることができるし、それが求められる場合があることを指摘する。

　教育という行為は、単なる技術的な過程ではなく、その行為をめぐる価値の問題がつねに厳しく問われるべき実践である。しかも、教育による諸個人の社会的成長を通して未来の社会をつくる「投機」としての性格をもつ。ある所定の目的を前提とした教育実践を効率よく遂行することに視野が限られるとすれば、それは、現在の支配や社会構造を維持し、正統化することにだけつながることになろう。

5　成人教育の社会学

　成人教育とは何か。それは、一つの実践やプログラムをさすのか。方法論や組織を意味するのか。あるいは、独立した学問領域を意味するのだろうか。本書でいう成人教育とは、成人を主体とする教育という現象という意味で使いたい。こうした立場に立つと、成人に対する教育活動、成人の学習活動の解明は、教育学の固有の対象であるわけではないことに気づくことになる。つまり、成人教育の哲学的研究、心理学的研究、教育学的研究など、学際的なアプローチが可能であるが、本書は、その中で社会学の学問的立場から、

学習のプロセス、学ぶことの意味を究明することを課題とする。実際、欧米の成人教育研究は、多様なディシプリンからの研究の蓄積があるが、日本の研究では、そうした学問的立場を明確に意識した研究者は多くないように思われる。しかも、社会学的研究は皆無に近い[7]。

　では、その社会学の立場とは何か。固有性はどこにあるのか。そもそも社会学とは何か、という原問題に突きあたることになる。しかも、社会学の方法自体が多様であることを考えると、何も意味しないことになってしまう。実際、この本の各章で使われる方法も多様である。こうした原理的問題に答える余裕も力も十分ではない。ここでは、社会的諸関係の中で、成人の学習活動をとらえようとする立場に立ち、実証の方法として社会学的手法を使うということを意識している。

　成人の学習の社会学的解明という立場をとると、さらに議論すべき課題が浮かび上がる。成人教育は、学習者としての成人への教育を問題にする。そこから必然的にでてくる問題が、価値の問題であろう。教育という活動は、すぐれて価値志向的な性格をもつ。元来、社会学はこの価値の問題を排除しつつ、より客観的に社会的現象をとらえようとしてきた。しかし現在では、客観主義に対して批判的な立場に立ち、人びとの行為の主観性を強調する社会学的立場もあるし、いまや、相互作用主義や、構成主義の認識論的立場が優勢であるといってもよいだろう。しかし、わたくしが主張したいのは、現象をとらえる認識論的立場の問題ではなく、成人教育の実践を方向づけようとする際の価値志向である。つまり、すでに指摘したように、教育実践では社会的価値をめぐる問題がつねに厳しく問われなければならない。

　本書の諸論考を通して、あるべき社会の方向性を示しつつ、社会学的な研究を展開したい。福祉国家から、福祉社会への転換が主張されてから久しいが、そのあとに続く、あるべき社会とはどのようなものなのだろうか。新自由主義的改革のもたらす矛盾が深刻な問題を引き起こし続けているが、その諸問題をどのようにのり越え、そして、どのような社会につながっていくのか。いまある問題を是正し、のり越える原理とは何か。それが社会正義、民主主義、持続的で包摂的な社会である。その価値志向とは、多くの人びとに

とって妥当性のあるものでなければならない。それが、本書で成人教育の社会学研究の成果を世に問う理由の一つでもある。

6　本書の構成

本書は、4部構成となっている。第1部は、「成人教育のポリティックス」であり、全体の序論となる理論編である。第1章の「『パワー』と成人教育」は、成人教育をパワーの交渉（negotiation）と闘争（struggle）としてとらえる観点を導入しているセルベロとウィルソンの議論の批判的検討を踏まえつつ社会教育・成人教育の実践の場に作用する「パワー」の問題を理論的に扱う。

第2章「『労働の場の学習』とパワー」は、近年専門職研究で中心的な位置を占めるWorkplace Learning論を踏まえつつ、ピーター・センゲの「学習する組織」論を批判的に検討する。それは、「労働の場」におけるパワーの不均衡、不平等を意識的に捨象する一つのイデオロギーとしてとらえられる。

第3章は、「若者の社会参加のポリティックス」である。若者問題がいかに社会的に構築され、この定義にもとづき対策としての政策がつくられるのか。若者の参加をめぐる言説が、だれにより、どのようなものとしてつくられてきたのかを明らかにしつつ、いかなる社会参加が求められるのかという実践的視点を提示する。

第2部は、「アート教育と意味構成」である。これまで日本の社会教育研究では、アートをめぐる研究は多くない。しかし、アート教育のプロセスの究明を通して、学ぶとはどのようなことか。何を学ぶのか。そしていかに学ぶのかということを問うことになる。

第4章「震災とアート教育の可能性」では、東日本大震災で被災した人たちが取り組んだミュージカルを事例に、学ぶということが参加者同士だけでなく、これを支える支援者を含む諸関係の中でつくられる動的なプロセスであり、感情や身体運動を含めたホリスティックな性格をもつことの意義を主張する。

第5章「ワークショップへの参加と自己変容のプロセス」は、インフォー

マル・エデュケーションであるワークショップが、学習の機会としてどのような意味をもつのかを実証的に吟味している。4つのワークを対象に、参加者同士の相互作用がどのような効果をもつのか。結果として、自己成長の欲求、自己意識を明確にしながら、社会的行動へとどのようにつながっていくのかを明らかにしている。

　第6章は、震災で被災した人たちが博物館の展示を通していかに意味構成をしていくのかを実証的に明らかにする。「解釈戦略」という枠組みを使いながら、展示物をいかに見学し、日本画を鑑賞し、いかに意味構成をしていくのかその学習のプロセスを実証的に明らかにする。

　第3部は、学習者としての女性に焦点を当て、彼女たちのライフコースを描きつつ、エンパワーメントのプロセスを解明する。第7章は、医療生協の組合員が保健委員活動としての学習を通してエンパワーメントする姿をとらえている。医療生協における重層化された学びの機会を通して組合員のエンパワーメントに寄与する可能性をもっていることを明らかにしている。

　第8章「エンパワーメントを支える学びの構造」は、社会学級における単位学級でのニーズにもとづく学習に始まり、社会学級セミナー、研究大会など学び機会が重層的に構成されていることを確認する。こうした学びの場の運営をめぐる協同活動をとおして実践への参加の経歴を深め、やがては学習から社会的実践へと踏みだすプロセスを明らかにする。

　第9章「社会変革と中国女性のライフコース」は、文化大革命を経験した女性たちが、どのような主体性をもちながら大学入学への道を切り拓いていったのかを明らかにする。文化大革命期に、彼女たちがどのような経験をしてきたのか。文化・知識人の家庭に生まれたゆえの迫害、過酷な運命を経験しつつも、自らの運命を変えようとする主体性を確認する。

　第4部は、これも社会体制の転換の中で過酷な運命を経験し、零落した人たちの暮らしを実証的に確認し、成人教育がどのような役割を果たすのかを明らかにする。

　第10章は、社会主義体制から社会体制の転換の中で、人びとがどのようなプロセスを経て社会的に排除されていくのか、人びとがどのような暮らし

をせざるをえなかったのか、これに対して、どのような支援が行われたのか、ということを明らかにしつつ、成人教育実践に求められる課題を確認する。

第11章「社会的包摂と成人教育の可能性」は、ウランバートルの2つのコミュニティ・ラーニングセンターを事例に、排除された人たちが、成人教育を通して社会的に包摂され行くプロセスを明らかにする。

本書において、女性、社会的に排除されている人たちの暮らしの実相と、彼・彼女たちの学びのプロセスを実証的にとらえることを通して、成人教育実践の意義を提示したい。

【注】

1 もっとも拡大しているのは、本、テレビやラジオ、ネットを通した学習の個別化であるが、これらは本書の中心的関心ではない。
2 Rubenson（2001：242）は、生涯学習の原理の理解における変化や、公共政策がどのような役割を果たしうるのか、ということをポイントとしてあげている。
3 ドイツでは、1970年代初頭まで、成人教育法が制定されなかった。それだけ、国家介入を抑制してきたのである。しかし、1970年代、各州で成人教育法、多くの州では継続教育法が制定される。
4 平等を求める福祉国家サービスには両義性がある。第1に、外国人、女性、高齢者などが社会的に排除されてきたこと、第2に、この制度と基準をつくり、そしてサービスを提供するのももっぱら行政の役割になる結果、一方では、官僚や専門家の権力を強化しつつ、他方では、市民はこのサービスを受動的に享受する立場におかれる。
5 1980年のArthur Cropley, *Towards a System of Lifelong Education* がある。
6 こうした市場化論は、構成主義の学習論の誤った理解と結びつき、学習者中心主義を強調する議論が有力となっている。この学習者の主体的な学習が大切であり、教育者の役割は、その学習を支援すること、端的に言えば、ファシリテーターの役割に限定され、議論が行われている。
7 確かに、Javis（1985）や赤尾勝己（1998）らの社会学という名のつく研究書はあるが、本格的な研究の展開はこれからの課題である。

【引用・参考文献】

赤尾勝己、1998、『生涯学習の社会学』、玉川大学出版部。
高橋満、2003、『社会教育の現代的実践——学びをつくるコラボレーション』創風社。
高橋満、2009、『NPOと生涯学習のガバナンス』東信堂。

ビースタ，G. J.著、上野正道・藤井佳世・中村（新井）清二訳『民主主義を学習する：教育・生涯学習・シティズンシップ』勁草書房。
Biesta, G. J., 2006, *Beyond Learning : Democratic Education for Human Future*, Paradigm Publishers.
Biesta, G.J., 2010, *Good Education in an Age of Measurement: Ethics, Politics, Democracy*, Paradigm Publishers.
Biesta, G.J., 2011, *Learning Democracy in School and Society:Education, Liflong Learning, and the Politics of Citizenship*, Sense Publishers.
Commission of the European Communities, 2000, *A Memorandum on Lifelong Learning*, Brussels.
Cropley, A., 1980, *Towards a System of Lifelong Education*,
Elfert, Maren, 2015, "UNESCO, the Faoure Report, the Delors Report, and the Political Utopia of Lifelong Learning," *European Journal of Education*, Vol. 50, No. 1, 88-100.
Henry, Miram, 2001, "Globalisation and Politics of Accountability: Issue and Dilemmas for Gender Equity in Education", *Gender and Education*, Vol.13-1, 87-100.
Javis, Peter, 1985, *The Sociology of Adult and Continuing Education*, London, Routledge.
Medel-Anounuevo, Carolyn, Toshio Ohsako and Werner Mauch, 2001, *Revisiting Lifelong Learning for the 21st Century*, UNESCO.
Milana, Marcella, 2012, "Political Globalization and the Shift from Adult Education to Lifelong Learning," *European Journal Reseach o the Education and Learning of Adults*, Vol.3. No.2, 103-117.
Milles, Vince, 2002, "Employability, globalization and lifelong learning: a Scottish perspective, *International Journal of Lifelong Education*, Vol.21, Issue4, 347-356.
OECD, 1985, *Mission of OECD*, Paris.
OECD, 1996, *The Knowledge-Based Economy*, Paris.
Rubenson, Kjell, 2001, *Lifelong Learning for All: Challenges and Limitations of Public Policy*, University of British Columbia, 242-248.
Unessco, 1972, *Learning to Be; The World of Education Today and Tomorrow Foure Report*, Unesco Publishing.
Unessco, 1996, *Learning: The Treasure Within; Report to UNESCO of the International Commision on Education for the Twenty-first Century*, Unesco Publishing.

第1部　成人教育のポリティックス

第1章 「パワー」と成人学習

はじめに

「成人になってからの学習は、主として個人的な営みである」。

現代の代表的な成人教育研究者であるシャラン・メリアムとローズマリー・カファレラ (2005) が成人学習を論じた著作は、この衝撃的な一言から始まる（メリアム＆カファレラ 2005: vi）。衝撃的であるというのは、成人学習は決して「個人的な営み」ではないからである。もちろんメリアムとカファレラの著作を読めば、彼女たち自身も成人学習を「個人的な営み」としてとらえているわけではないということはすぐわかる。にもかかわらず、このように書き始めざるをえないところに、成人学習を個人的・心理的にとらえてきた成人教育研究の観点の強固さがあらわれている。「近年まで、個人の学習者の学習過程に焦点をあてることが成人の学習を考察する方法を支配してきた（Caffarella & Merriam 2000: 55）」のである。

一方、本章が提起するのは、「パワー」(power) という論点である。社会教育・成人教育の現場には多元的な「パワー」の関係が存在する。例えば、同じ講座をうけても、ある学習者はエンパワーメントする一方で、別の学習者は沈黙するという「パワー」の不均衡がある。こうした「パワー」を分析視角にすえる主たる今日的背景として、さしあたり次の3点を挙げておきたい。

第1に、社会教育・成人教育に浸透する「パワー」のポリティックス (politics) である。例えば、地域づくりにおいては行政、企業、市民セクターの協働が求められている。しかしこのとき、地域社会におけるパワー関係や「パワー」のポリティックスに直面することがよくある。また、首長部

局移管や指定管理者制度など、社会教育の施設や講座をとりまく関係性も複雑になってきている。

にもかかわらず、第2に、社会教育研究において「パワー」が不可視化されている。たしかに戦後日本の社会教育研究は、その出発以来、宮原誠一や小川利夫に代表されるように、社会教育の現実を階級的な、そして政治的な葛藤という文脈のなかでとらえてきた。しかし「パワー」という観点からとらえると、そこでの焦点は主に「支配としてのパワー」であったといえる。

例えば、成人教育研究の文脈においてティスデル（Tisdell, E）は次のように指摘している。「多くの場合、ネオマルクス主義者、抵抗のポストモダン論者、フェミニスト研究者がパワー関係について論じるとき、支配集団が被抑圧集団にたいして意識レベル無意識レベルの両方において行使するパワーに焦点があてられる（Tisdell 2001: 149）」。このように、これまでは対国家、対社会構造、あるいは対教師という「支配としてのパワー」については多く論じられてきた。もちろんこういった「支配としてのパワー」という観点はいまなお重要である。しかし一方で、個人の内側から生じる「パワー」や学習者間のミクロなパワー関係については、十分に検討されてきていない。

そこで第3に、パワー概念の多様性に着目する必要がある。「パワー」、あるいは権力といっても、それが示す現象は幅広い。例えば盛山和夫（2000）は、多様な権力概念を次の3つに整理している。すなわち、個人の行為や利害に着目した個人レベルの概念化、フーコーを中心とした観念図式レベルの概念化、パーソンズに代表される構造−機能主義的な考え方の、集合体あるいは制度レベルの概念化である。

盛山は、このようにさまざまに展開してきた権力論について、「権力という言葉で指示され、探究すべき価値があると想定されてきたそれぞれの社会現象を統合的な社会理論のもとに位置づけるという作業」が必要であると指摘しているが（盛山 2000: 22）、筆者も同感である。盛山が指摘するような「パワー」をめぐる「統合的な」新しい理論は、いかに見出せるだろうか。

そこで本章が注目するのは、「パワー」に焦点をあて、成人教育を「パワー」の交渉（negotiation）と闘争（struggle）としてとらえる観点を導入して

いるセルベロとウィルソン（Cervero, R. & Wilson, A）である。彼らは、まずアメリカにおける成人教育プログラム計画をめぐる理論にラディカルな変化をもたらした。成人教育プログラム計画では、1980年代まではノールズを中心として、技術的で合理性を追求する実践が支配的であった。それにたいして彼らは、成人教育プログラムを計画するさいのテクニックへの焦点から、プログラムの計画をめぐる人びとの現実的な作用へと焦点をあてたのである[1]。彼らはその後も継続的に成人教育における「パワー」に焦点をあててきており、実践における「パワー」のダイナミズムに関心をおきながら、成人教育の実践を政治的・倫理的実践として位置づけている。

以上本章は、成人学習における「パワー」に焦点をあてるものである。「パワー」という観点を成人学習の分析の中心におくことを提起したい。成人学習を「パワー」の関係によって構成されるポリティックスとして概念化するうえでの理論的課題を議論する。

1　「パワー」と成人教育研究

(1)　「パワー」とは何か

「パワー」と社会教育・成人教育研究についての先行研究をふりかえると、宮原誠一や小川利夫を代表として、社会教育の現実を階級的・政治的な葛藤のなかにとらえてきたことをまず挙げることができよう。さらには70年代の住民運動における実践分析の研究も、国家や行政と住民との対抗的関係のなかに実践の力学と学びをとらえていた。欧米の成人教育研究においても、フレイレやジェルピに代表されるように、とりわけマルクス主義的な立場から学習を階級的な権力関係のなかにとらえようとした研究は多い。

こうしたマルクス主義的な権力観は、単一の権力中心を前提としており、それゆえに権力関係はどんなに個別的なものにみえても、究極的には特定の集団による支配に還元できるとみなしている（杉田 2000）。それは「上から下におりてくる権力」であり、支配集団が被抑圧集団にたいして行使する権力である。権力を対象とした教育研究は、権力観をこのようにとらえたうえ

で非対称な権力構造を告発し、対抗していく理論と実践を追究してきたといえよう。

しかし、こうした権力観は一面的であり、学習をめぐる社会的相互作用をすべて支配－被支配の関係でとらえるには無理がある。逆にフーコーは、権力を下からくるものとし、二者間の二項的な支配関係を先に想定することはしない。フーコーによれば、社会を形成するのはローカルな無数の力関係である。それぞれの実践の現場でつねに権力は作用している。しかも実践によって権力関係が変容したとしても、それでもつねにたえず権力は交渉され続ける。

フーコーの研究は、社会教育・成人教育研究に次のような示唆を与える。ひとつには、学習過程におけるミクロな関係性のなかに権力をとらえるということである。もうひとつは、権力を、学習をとりまく社会的相互作用においてたえずやりとりされ、せめぎあうという、ある種のゲームのようなものであり、もっといえばポリティックスとしてとらえるということである。ここでポリティックスとは、狭義の「政治」を意味してはいない。それは政治的なものをめぐる広範な概念であり、権力関係がたえず構築・再構築される場を意味している。そしてこうした権力関係が構築・再構築されるというせめぎあいは、どこにでもあるのである。

しかしながら、フーコーの権力観だけでは十分ではない。対抗し、せめぎあうという概念だけでは成人学習に作用する権力をとらえきれないのである。つまり、成人学習においては、「パワー」は対抗するものではなく獲得し内面化されるものとしてとらえられることも多くなっているのである。それを端的に示すのが「エンパワーメント」(empowerment) 概念である。

エンパワーメントは、語源的には、パワーに、「……する」という意味を持つ接頭辞の「em」と、名詞形をつくる「ment」という接尾辞がついた英語である。例えば、「女性にとって重要な目標とは、より大きなパワー (power) や権威を得るためにボイス (voice) を使用することを学ぶことである」(Hayes 2002: 102) といったように、「学習をとおしてパワーをつける、パワーを得る」と用いられることが多い。

このような用いられ方のなかで、エンパワーメント論では「パワー」は、従来的な権力観にない広がりを持つことになる。例えばリスター（Lister, R）は、ギデンズに依拠しながら、エンパワーメント概念が内包する「パワー」概念を次の2つに分類している[2]。ひとつは、「生成的なパワー」である。これは、自己実現や個人の力、能力に関連するものであり、参加の過程で自信や自己尊重の増大としてあらわれる。もうひとつは、「ヒエラルキカルなパワー」である。これは、他者にたいして自身の意思を行使する個人的あるいは集団的な能力を意味している（Lister 2004）。

これらの検討をふまえると、成人学習に作用する権力を分析するためには、権力を多元的にとらえることが必要な作業となる。そしてさらに、「支配」から「能力」までという権力の多義性を考慮にいれるならば、エンパワーメント論に象徴されるように「権力」(power)を従来的な権力（power）と同じタームとして示すことはむずかしくなる。そこで本章では、「power」を、従来的な権力観と区別する意味で「パワー」と表記することにする[3]。

(2) 成人学習に「パワー」はいかに作用するのか

盛山の整理にもとづき、「パワー」をめぐる成人教育研究を次の3つに分類できる。

第1に、個人レベルに重心をおいたものであり、学習者中心主義のアプローチである。それはノールズらの理論に代表されるような、成人学習者が学習プロセスのなかで自己決定的になる能力を助長することを学習の最終目標とみなすものであり、学習者個人が自己決定性を高めていくことが社会の発展につながっていく、という考えでもある。

ただしこのアプローチは、「パワー」という観点からみると、社会的文脈の多くを捨象しているとして批判される。また、この文脈においてメジローの変容的学習論も、「パワー」をめぐる理論、いかに「パワー」が作用しているのかをめぐる理論が弱いと指摘されることが多い。

例えばイングリス（Inglis, T）は、メジローの理論を「解放の過程の心理化」と指摘する。イングリスによれば、変容的学習論は、個人や、自己概念

の再構築に焦点をあてているが、その個人が構成されている「パワー」の構造に十分に着目していない。イングリスにとって、エンパワーメントとは、既存のシステムやパワー構造のなかで十全に行為するキャパシティを人びとが発展させることであり、解放とは、「パワー」の構造を批判的に分析し、抵抗し、そして挑戦することである。つまりイングリスによれば、パワー構造にたいする批判的な分析が欠如しているメジローの理論は既存のシステムのディシプリンのなかで人びとが単に自己コントロールを増すことを目的としているにすぎず、それは「解放」ではない。変容的学習が解放に向かうためには、「パワー」をめぐる現実的で、分析的で、そして批判的な理解を発達させることが必要である (Inglis 1997: 3-4)。このように、「パワー」の個人レベルの概念化にもとづくアプローチは、個人の行為にかんして詳細に分析できるものの、社会的・構造的枠組みが十分でないと指摘される。

　第2に、フーコーなどから示唆を得ながら、成人教育実践のすべてが、「パワー」によってつくりだされるさまざまな構造や言説によって作用される社会的文脈にある、と指摘するアプローチである。知識が「パワー」のテクノロジーをとおしていかに生産されているのか、そしてパワー構造の生産・再生産としていかに作用しているのか、という視角である。

　成人教育研究において、このようなアプローチの大部分は、グローバルな資本主義のもとでの生涯学習や学習社会のレトリックという「パワー」にたいする批判としておこなわれている。つまり、それは学習者の自己コントロールという巧妙なディシプリンを形成しているという指摘である。

　例えば、ウィルソン（Wilson, A）は、「生涯学習」や「学習社会」のレトリックが、「パワー」の構築や行使のごまかしであると指摘し、そうした言説としての「パワー」が支配関係を維持し排除のシステムを維持すると主張している。ウィルソンによれば、知識——パワーレジームの行使をとおして依存をつくりだす成人教育者は、支配的なパワー関係を支持する文化的アイデンティティの形成に直接的に貢献している。例えば、多国籍の、ポストフォーディズム経済において、「フレキシブル」で、「適応的」で、そして「従順な」学習者としての成人を成人教育者が支援することは、「パワー」へ

の依存や奴隷化を促すと主張されている (Wilson 1999: 90)。

　第3に、組織的な「パワー」に着目するものである。これは、成人教育プログラム計画理論における「パワー」にたいするアプローチに多くみられる。このアプローチは、一定の集合体において実際にいかに「パワー」が作用しているのか、組織における意思決定を分析するアプローチともいえる。例えば、ヤンほか (Yang, et al.) は、成人教育プログラム計画における行為者の「パワー」や利害を、合意／葛藤、対称的／非対称的という二分法で描写している (Yang, et al. 1998)。しかし、このようなアプローチは、成人教育プログラムの計画者が組織的なポリティックスを交渉する方法について認識するのに有効だが、一方で、ジェンダーや人種といったパワー構造を十分に反映することができないでいる。

　さて、ここまで「パワー」をめぐる成人教育研究を、大きく3つに整理してきた。これらのアプローチは、盛山がいうようにある意味ですべて正しい。なぜなら、「それぞれの概念化がそれに対応するような社会的現実を実際に有しており、虚構の世界を表現しているわけではない (盛山 2000: 19)」し、また「どれか一つだけが『正しい概念化』であって他はすべて間違った概念化であると判定しうるいかなる根拠や手続きもわれわれは持たない (盛山 2000: 19)」のである。しかしながら、これらのアプローチを統合し、「パワー」をめぐる理論的提起をしてきたのがセルベロとウィルソンである。そこで次に、「パワー」をめぐる彼らの理論を検討する。

2　交渉と闘争としての成人教育

(1)　セルベロとウィルソンの議論

　セルベロとウィルソンは成人教育をめぐる社会的状況を次のように認識している。すなわち、社会における成人教育の重要性が増しているいま、成人教育は「知識の配分だけでなく、社会的、経済的、政治的な「パワー」の配分にも重要な役割を担ってきている (Cervero & Wilson 2001b: xv)」。彼らによれば、成人教育と「パワー」とが関係しているのかどうかではなく、むし

ろ「いかに関係しているのか」を理解することが重要である。「広範な社会のパワー関係が、成人教育のプログラム、実践、そして方針のなかにいかに反映されているのかを理解し、これらのパワー関係に直面したときに行為する指針を提示すること (Cervero & Wilson 2001b: xvi)」が主張される。こういった問題意識のもとで、彼らの理論的枠組みは大きく次の3つにまとめられる。

第1に、「パワー」と成人教育とには相互関係がある。彼らは「パワー」と成人教育をめぐる次の2つの方向性を指摘する。ひとつの方向において、世界におけるあらゆる行為を構造化している、社会的、経済的、文化的、人種的、さらにはジェンダーによるパワー関係は、成人教育のなかで実行されている。それゆえに、「私たちの生活を構造化しているパワー関係は、成人教育を提供している教室あるいは機関の戸口で止まることはない (Cervero & Wilson 2001a: 11)」。もうひとつの方向において、成人教育はこれらのパワー関係を維持し、あるいは再生産するうえで、必ず役割を果たしている。このように成人教育と「パワー」とには相互関係がある。したがって「パワー関係は、成人教育における行為に対する基盤を与えるとともに、成人教育によって、パワー関係は必ず影響を受ける (Cervero & Wilson 2001a: 11)」のである。

第2に、成人教育は知識と「パワー」にたいする交渉と闘争の場である。歴史的に知識と「パワー」の分配に重要な役割を担ってきた成人教育は、それゆえ知識と「パワー」にたいする交渉と闘争の場としてとらえることができる。例えば、成人教育の教室からグローバルな政策形成といったさまざまなレベルや、市民活動、継続教育、雇用といったさまざまな領域で「パワー」が作用している。いかなる成人教育実践においても多様な利害や「パワー」関係が作用しているのであり、ほとんど必ず葛藤が生じているのである。このような成人教育の実践の中心が交渉と闘争である。彼らによれば闘争は「成人教育を駆り立て定義するエンジンである。そしてそのエンジンが、現場における実践の中心である (Cervero & Wilson 2001a: 12)」。

ここで注目すべきは、セルベロとウィルソンが成人教育実践のすべてを

「パワー」と利害が作用する政治的過程であるととらえていることである。このとき日常的でミクロな実践をめぐるポリティックスが焦点となる。そのために、いわゆるマクロ対ミクロの闘争ではなく、マクロなパワー構造に拘束されつつもそのミクロな実践そのものに内在するものとして「パワー」の闘争がとらえられるのである。そしてこの闘争、すなわち実践のポリティックスを定義するせめぎあいが実践の中心となる。その意味で「闘争が実践を構造化し、闘争は実践によって構造化される（Wilson & Cervero 2001: 272）」。

ただし、実践のポリティックスを描写できたとしても、重要なことはそのポリティックスのなかで実践をいかにおこなうのかということである。現実のパワー関係はアンバランスであり不均衡なものとして成人教育の現場にあらわれる。そこで第3に、実践においてすべての成人教育者は社会的活動家（social activist）である、という観点があらわれる。成人教育の基礎を知識と「パワー」にたいする闘争と交渉として理解するのならば、「実践を政治的なものとして、そしてそれゆえ戦略的なものとしてとらえる必要がある。それは、単に技術的なものや促進的なものではない。誰が利益を得るべきかという点からとらえる必要がある（Wilson & Cervero 2001: 269）」。

この「誰が利益を得るべきか」という問いには、成人教育の実践のなかでのみ答えることができる。したがって、成人教育者にとって、政治的に無知の場所というものはない。その意味で「それぞれの成人教育者が持つ特定の社会的ヴィジョンに関係なく、すべての成人教育者は社会的活動家である。私たちは、自分たちが生活する広範な世界に影響を与えることへの責任から解放されることはない」（Cervero & Wilson 2001a: 3）。

(2) セルベロとウィルソンの理論的意義と課題

ここまで「パワー」の交渉と闘争を軸としたセルベロとウィルソンの理論を整理してきた。ここで、彼らの理論の意義とそれが成人教育研究にもたらす示唆を簡単にまとめたい。

第1に、実践における多元的な「パワー」の動的な作用に焦点をあてることは、成人教育実践を関係論的にとらえるということである。このことには、

次の2つの意味がある。

　一つ目に、「パワー」に焦点をあてることで、成人教育の営みが、学習者、支援者、そしてその社会的文脈などとの相互的な作用によることが明確となる。これまで、これらのミクロな関係性とそれにともなう作用は「相互作用」という言葉で一括りにされてきたことが多い。つまり、それがいかなる相互関係、相互作用であったのか、具体的に踏み込んだ分析は十分ではなかった。分析視角として「パワー」とその交渉・闘争をすえることによって、実践における相互関係、相互作用の内実にせまることができる。

　二つ目に、成人教育実践が、構造的なパワー関係に影響されている成人による、「パワー」の交渉と闘争ととらえることによって、マクロとミクロの統合が図られる。これにより成人教育の実践をめぐる多元的な関係性を視野にいれることができる。マクロなパワー構造を強調するアプローチの多くは抽象的に実践を描写してしまうのにたいして、具体的な実践を描くモデルとして有効であり、きわめて実証志向でもある。

　第2に、彼らは成人教育実践をめぐる関係性の中心に「パワー」をおく。つまり成人教育実践においてパワー関係は決定的なものであり、その意味で成人教育実践とは政治的行為である。このように成人教育を政治的過程としてとらえることは、以下の意味で成人教育研究の新しい地平をひらく。

　一つ目に、とりわけ合理的・技術的な学習論の問い直しをせまっている。例えばそれまでの成人教育プログラム計画の実践は、テクニックや合理性を追求するものであり、「実践者が、市民的な討議のあとに複雑な問題をめぐって合意に達する、ということを前提としていた」(Sork 2000: 177)。これにたいしてセルベロとウィルソンの研究は、この前提に誤りがあるということ、すなわち成人教育のプログラム計画の実践は予定調和的に合意に達するのではなく、利害と「パワー」が葛藤する政治的な場であるということを示している。つまり、成人教育の実践を組み立てているのは、「理論やガイドラインよりもむしろ、実際の人びとなのである」(Umble et al. 2001: 129)。

　二つ目に、これまで「パワー」をめぐる政治的過程として成人教育をとらえることは、民衆教育あるいは社会運動などといった成人教育の「ラディカ

ルな」形態に特有のものであり、「支配としてのパワー」に焦点があてられてきた。しかし、セルベロとウィルソンが主張しているように、日常的なミクロの成人教育実践もまた、「パワー」が交渉・闘争される政治的過程なのである。

　第3に、「パワー」の獲得をめざすエンパワーメントの学習にも大きな示唆を与えうる。エンパワーメントをめざす学習を「パワー」という観点からとらえる研究はまだ少ない。さらに、同じ「エンパワーメントをめざす学習」であっても、その範囲には幅があり混乱がある。例えば、女性のエンパワーメントをめざした学習では、学習者自身がジェンダー意識に気づき、問い直していく主体的な学習過程、すなわち自己決定学習と意識変容の学習が重視されている。また、エンパワーメントは批判的教育学において適用されることもある。そこでは、抑圧的な社会的パワーを克服し、挑戦していくことが重視されている。

　むしろ近年エンパワーメントは、個人的・心理的なレベルの「パワー」に重心をおいた概念化が多くなっている。それにたいして多元的な「パワー」の交渉や闘争に焦点をあてることで、エンパワーメントをめざす学習における複雑で政治的な「パワー」の獲得過程を具体的に描写できる。つまり、エンパワーメントをめざす学習は、「パワー」を交渉・闘争する政治的で動的な過程なのである。

　一方、セルベロとウィルソンの理論にたいしては、これまで次のような批判があげられている。ひとつは、とくに実証段階になると主として実際の実践における「パワー」の交渉に焦点があてられているが、そのとき、より広範な社会的文脈から派生する構造的な「パワー」と利害の交渉の枠組みについて十分に考慮されていない、というものである[4]。もうひとつは、成人教育実践のすべてが交渉や闘争として把握できるものではなく、セルベロとウィルソンが批判する技術的な側面も無視できないのではないか、というものである（赤尾 2001、2004）。

　本章では、さらなる理論的限界として学習論の弱さを指摘したい。彼らの枠組みは、たしかに「パワー」の交渉と闘争という複雑で政治的な過程が成

人教育実践の多くを占めていることを強調している。しかし、その政治的な過程それ自体にいかなる学習過程がともなうのか、十分に言及されていない。交渉・闘争としての成人教育をめぐる研究は、成人教育に及ぼす「パワーの作用」だけではなく、「パワー」を交渉・闘争するときの「学習の過程」についても分析する必要があろう。

3 「パワー」と状況的学習論

　ここまで「パワー」と成人教育についての先行研究を整理しながら、セルベロとウィルソンの研究をもとに成人の学習を「交渉」と「闘争」としてとらえた。しかし彼らの理論では、そうした交渉と闘争のなかで学習がいかにおこなわれているのかという学習過程についてほとんど言及されていない。交渉と闘争として成人学習をとらえるということは、成人の学習過程を「せめぎあい」の相互作用として把握するということに他ならない。そうであれば、成人の学習は相互作用の過程としていかにとらえられるのだろうか。

　ここで注目できるのが状況的学習論である。レイヴとウェンガーは、重層的に構築された「状況に埋め込まれている」社会的実践を、実践コミュニティへの参加の過程としてとらえ、その参加の過程こそが学習であると提起した。

　「状況に埋め込まれた」という「状況性」は、「知識や学習がそれぞれ関係的であること、意味が交渉（negotiation）によってつくられること、さらに学習活動が、そこに関与した人びとにとって関心を持たれた（のめり込んだ、ディレンマに動かされた）ものであることなどについての主張の基礎となるもの」であり、それは「状況に埋め込まれていない活動はない、ということを意味している」（レイヴ＆ウェンガー 1993: 7）。つまり、人間の行為をめぐる複雑な社会的構成が状況性という概念で示されている。

　また、ここで「学習」は、個人、実践コミュニティ、実践それ自体といったものが相互に変化し、再編するなかで描かれる。参加によるこうした社会的構成の変化の過程が学習として理解される。したがって、学習は実践コ

ミュニティへの参加のなかにあり、同時に関係論的にとらえられる。ここには、知識の内化の過程を学習としてとらえてきた従来の学習観にたいする批判がある。

　本章の課題に即せば、状況的学習論は、実践コミュニティにおける「パワー」の問題を提起しているということが重要である。「個人的な学習者から、学習が生じるコミュニティと学習者との相互作用に注目を移行させることは、交渉されるパワーのイシューにより鋭い焦点をもたらす」(Alfred 2002: 10)。実践コミュニティのなかで成人が学習するのであれば、問われるのはその実践の質であり、実践コミュニティの質である。レイヴとウェンガーは「学習の資源をめぐるヘゲモニー（覇権）とか十全的参加からの疎外は、参加の正統性や周辺性の歴史的な形成過程には本来つきものである」(レイヴ&ウェンガー 1993: 18-19) と指摘する。それゆえに「正統的周辺性というのは、権力関係を含んだ社会構造に関係している複雑な概念である」(レイヴ&ウェンガー 1993: 11)。

　しかし状況的学習論は、このように一方では学習過程におけるパワー関係に焦点をあてることを必然的にともなうにもかかわらず、実際には「パワー」のイシューは十分に議論されてきていない。「知識と権力をめぐる問題は状況的認知をめぐる問題にとって重要であるが、どのように概念を実践的に応用するのかのほうにばかり目が向けられ、いつも軽視されるか見落とされてきた」(メリアム&カファレラ 2005: 287) のである。このように、状況的学習論には「パワー」をめぐり矛盾した関係がある。

　例えば、ハンスマンとウィルソン (Hansman & Wilson) は、状況的学習論をめぐる成人教育研究の課題として次の4点を提起する。第1に、とくにレイヴは、社会的文脈から個人の認知活動を分離できないことを論じるためにギデンズの構造化理論を引用しているが、それにもかかわらず成人教育研究における状況的学習論研究の多くは、依然として個人的・精神的な認知モデルに特権を与えている。第2に、そうした特権化のために、「社会的文脈」は単なる付加的ものとなっている。すなわち、学習は自己に起こるものとみなされ、学習者を構築し学習者によって構築されるものとしての文脈の意味

が失われている。したがって、文脈は、不活発で、無害で、背景的な舞台であるとされる。第3に、学習コミュニティ（learning communities）が組織あるいは制度内のヘゲモニーの文化をいかに促進しているのかという政治的分析が、状況的学習論にかんする大部分の議論に欠けている。第4に、実践コミュニティのなかでパワー関係がいかに学習に影響を与えているのかという分析が、成人教育における状況的学習論のなかで焦点があてられていない（Hansman & Wilson 2002）。

状況的学習論における「パワー」の問題にかんして、もっとも厳しく批判している論者の1人は田中雅一（2002）であろう。長い引用になるが、以下に紹介しよう。

「……修得あるいは参加の成功を強調することで、変革あるいは創造性の視点が理論的に精緻化されているとは言えないのである。……なぜコミュニティでの実践を通じてアイデンティティを獲得する学習者・実践者が同時にその変革者になれるのかという理論的な説明に欠けているのである。言い換えると、かれらの変化についての議論は常識的な事実の確認でしかない。その過程は周辺から十全へという平坦なものだ。それはきわめて調和的なものだ。さらに、実践コミュニティについてのレイヴらの議論は、哀しいまでに権力に対する感受性に欠けている。この結果、実践コミュニティの成員については参加や状況的学習という概念によってプロセスとして描くことに成功しているが、コミュニティそのものを動態的にとらえるという視点は十分に理論化されたとは言えない」（田中 2002: 352）。

田中は、正統的周辺参加をとおしたアイデンティティ形成論そのものを批判しているわけではない。彼が主張するのは、人は日常生活において権力作用にさらされ、権力に依拠しながらアイデンティティを獲得するにもかかわらず、実践コミュニティ論のモデルがあまりに調和的であるということである（田中 2002）。同様に、田辺繁治（2002）も、自助グループのアイデンティティは、実践コミュニティ内部よりも国家や医療政策などの外部の社会的勢力との関係で形成されるという例を挙げながら、実践コミュニティ論が、実践コミュニティ外部の権力作用によって影響され、規定され、限界づけら

れる行為主体のアイデンティティ化の過程にはほとんど注目していないと指摘する（田辺 2002: 19-20)。田辺によれば、行為主体のアイデンティティ化は、それが外部あるいは他者にさらされることによって必然的にひきおこされる矛盾、対立、抵抗によって展開するにもかかわらず、レイヴとウェンガーの議論はその点を包摂していない。

しかしながら、だからこそ状況的学習論において「パワー」への焦点を実質化していく必要がある。イングリスは次のように主張する。「いかにパワーが作用しているのか、いかに社会的、政治的、経済的生活が構造化されているのか、についての知識と理解を発展させることは、実行可能な戦略や戦術を発展させるうえで中心をなしている。そしてその戦略や戦術をとおして、現在の言説や制度的構造は再構築されうる」(Inglis 1998: 74)。不均等な「パワー」の構造が存在する実践コミュニティのもとでは、学習のすべてが賞賛できるものではない。しかし学習とは、そうしたパワー関係による複雑な社会的構成のなかにある。こうした実践コミュニティに参加し、交渉と闘争という相互行為をとおして、人は学習する。したがって、まずは実践コミュニティにおける「パワー」の構造に焦点をあてることが成人のエンパワーメントにとって不可欠である。

おわりに

本章では、「パワー」をめぐる成人教育研究を概観し、「パワー」という観点から成人学習を再定位する意義と課題について論じてきた。繰り返しになるが、この「パワー」の関係は、主に階級的で支配的パワーとして論じてきたような葛藤の過程だけを意味するものではない。先行研究では学習をめぐるミクロな関係性に作用する「パワー」や個人の内面的な「パワー」は十分に分析されてきていないのである。さらには、近年の社会教育をとりまくガバナンスのなかで作用している「パワー」もある。学習という行為は、複雑で重層的な社会的相互作用の過程なのであり、そうした相互作用に焦点をあてずに学習を論じるということは、リアリティを欠如している。これは「パ

ワー」を一面的にしかとらえてこなかった従来の研究の限界を乗り越えるものである。

　まとめると、本章の理論的貢献は次の2点に集約される。第1に、成人学習を「パワー」を軸として関係論的にとらえることへの提起である。この場合の「関係論的」とは、「国家対個人」の関係性ではない。個人間、個人と集団など、成人教育実践においてさまざまな次元でパワー関係が作用していることを指摘する研究はこれまでになかった。そもそも、成人学習をとりまくミクロな関係性とそれにともなう作用は「相互作用」という言葉で一括りにされてきたことが多い。つまり、それがいかなる相互関係、相互作用であったのか、具体的に踏み込んだ分析は十分ではなかった。分析視角として「パワー」とその交渉・闘争をすえることによって、実践における相互関係、相互作用の内実にせまることができる。

　第2に、「パワー」に焦点をあてることで成人教育実践を政治的行為として位置づけることができる。この場合、「政治的」とは「支配としてのパワー」に焦点をあてるラディカルな成人教育実践を指しているわけではない。日常の成人の学習過程にも「パワー」が作用し、さらにそこでその「パワー」がせめぎあわれている。「パワー」とは、社会変革をめざすラディカルな成人教育に特有のものではなく、日常的な成人学習が「交渉」され「闘争」される政治的な過程である。成人学習をとらえる観点の変更を求めるものである。

　このように学習過程における動的なパワー関係に着目することは、成人の学習過程を、リアルな人びとによるリアルな場におけるリアルな行為として追究しようとする試みである。こうしたダイナミクスが成人学習のリアリティを形成しているのである。

【注】
1　アメリカにおける成人教育プログラム計画理論の動向にかんしては、赤尾勝己（2001, 2004）を参照のこと。
2　ただし、エンパワーメント論においても、中心概念である「パワー」を軸にエ

ンパワーメントを検討する研究はそれほど多くはない。「パワー」から「エンパワーメント」について分析した論考としては、久保（1995）、またはParpart & Staudt（2002）あるいは松本（2005）など。

3　例えば成人教育研究では、ジャービス（Jarvis, P.）は、「パワー」を、ひとつには教師が教授過程で用いるような統制や強制の行使であり、もうひとつに社会組織のなかで立場に応じて認められる行為する能力であると説明する（Jarvis 1999: 145）。また、セルベロとウィルソンは、社会関係のなかで配分される行為能力としている（Cervero & Wilson 1994: 29）。

4　Umble et al.（2001）や赤尾（2001, 2004）も参照のこと。

【参考文献】

赤尾勝己、2009、『生涯学習社会の可能性：市民参加による現代的課題の講座づくり』ミネルヴァ書房。

─────、2004、「男女共同参画推進センターにおける市民企画講座プログラムの形成過程：講座企画委員会での参与観察を手がかりに」『日本社会教育学会紀要』第41号。

─────、2001、「アメリカにおける成人教育プログラム計画理論の動向：R.カファレラとR.セルベロの理論を中心に」『日本社会教育学会紀要』第37号。

久保美紀、1995、「ソーシャルワークにおけるEmpowerment概念の検討：Powerとの関連を中心に」『ソーシャルワーク研究』21（2）。

杉田敦、2000、『権力』岩波書店。

盛山和夫、2000、『権力』東京大学出版会。

高橋満、2009、『NPOの公共性と生涯学習のガバナンス』東信堂。

田中雅一、2002、「主体からエージェントのコミュニティへ：日常的実践への視角」田辺繁治・松田素二編『日常的実践のエスノグラフィ：語り・コミュニティ・アイデンティティ』世界思想社。

田辺繁治、2002、「日常的実践のエスノグラフィ：語り・コミュニティ・アイデンティティ ──」田辺繁治・松田素二編『日常的実践のエスノグラフィ：語り・コミュニティ・アイデンティティ』世界思想社。

松本大、2006a、「交渉と闘争としての成人教育：『パワー』の観点から」『日本社会教育学会紀要』第42号。

─────、2006b、「状況的学習と成人教育」『東北大学大学院教育学研究科研究年報』第55集第1号。

─────、2005、「エンパワーメント・ポリティックスと女性」高橋満・槇石多希子編著『ジェンダーと成人教育』創風社。

ウェンガー, E.ほか、2002、（野村恭彦監修）『コミュニティ・オブ・プラクティス：ナレッジ社会の新たな知識形態の実践』翔永社。

メリアム, S. B. & カファレラ, R.、2005、（立田慶裕・三輪建二監訳）『成人期の学

習：理論と実践』鳳書房。
レイヴ, J. & ウェンガー, E.、1993、(佐伯胖訳)『状況に埋め込まれた学習：正統的周辺参加』産業図書.
Alfred, M. V., 2002, "The Promise of Sociocultural Theory in Democratizing Adult Education." *New Directions for Adult and Education*, no.96. Jossey-Bass.
Brown, A. H. Cervero, R. M.& Johnson-Bailey, J. , 2000, "Making the Invisible Visible: Race, Gender, and Teaching in Adult Education." *Adult Education Quarterly*, vol.50(4).
Caffarella, R. & Merriam, S. B., 2000, "Linking the Individual Learner to the Context of Adult Learning." In Wilson, A. L. & Tisdel, E. R, (eds.), *Handbook of Adult and Continuing Education: New Edition*, Jossey-Bass.
Cervero, R. M., & Wilson, A. L., 2006, *Working the Planning Table: Negotiating Democratically for Adult, Continuing, and Workplace Education*, Jossy-Bass.
――――, 2001a, "At the Heart of Practice: The Struggle for Knowledge and Power." In Cervero, R. M. Wilson, A. L. & Associates., *Power in Practice: Adult Education and Struggle for Knowledge and Power in Society*, Jossey-Bass.
――――, 2001b, "Preface." In Cervero, R. M. Wilson, A. L. & Associates., *Power in Practice: Adult Education and Struggle for Knowledge and Power in Society*, Jossey-Bass.
――――, 1994, *Planning Responsibly for Adult Education: A Guide to Negotiating Power and Interests*, Jossey-Bass.
Fenwick, T. J., 2000, "Expanding Conceptions of Experiential Learning: A Review of the Five Contemporary Perspectives on Cognition." *Adult Education Quarterly*, vol.50 (4).
Hart, M., 1990, "Critical Theory and Beyond: Further Perspectives on Emancipatory Education." *Adult Education Quarterly*, vol.40 (3).
Hansman, C. A., 2001, "Context-based Adult Learning." In Meriam, S. B. (eds.), *The New Update on Adult Learning Theory. New Directions for Adult and Continuing Education, no.89*. Jossey-Bass.
Hansman, C. A., & Wilson, A. L., 2002, "Situating Cognition: Knowledge and Power in Context." In Pettitt, J. M. (eds.), *Proceedings of the 43rd Annual Adult Education Research Conference*, North Carolina State University.
Hayes, E., 2002, "Voice." In Hayes, E., & Flannery, D., (eds) *Women as Learners: The Significance of Gender in Adult Learning*, Jossey-Bass.
Inglis, T., 1998, "A Critical Realist Approach to Emancipation: A Response to Mezirow." *Adult Education Quarterly*, No.49, Vol.1.
――――, 1997, "Empowerment and Emancipation." *Adult Education Quarterly*, vol.48 (1).
Jarvis, P., 1999, *International Dictionary of Adult and Continuing Education*, Kogan Page.
Lister, R., 2004, "A Politics of Recognition and Respect: Involving People with

Experience of Poverty in Decision-Making that Affects Their Lives." In Andersen, J. & Siim, B. (eds.), *The Politics of Inclusion and Empowerment: Gender, Class and Citizenship*, Palgrave Macmillian.

Merriam, S. B., Courtenay, B., & Baumgartner, L., 2003, "On Becoming a Witch: Learning in a Marginalized Community of Practice." *Adult Education Quarterly*, vol. 53 (3).

Niewolny, K. L., & Wilson, A. L., 2010, "What Happened to the Promise? A Critical (Re)orientation of Two Sociocultural Learning Traditions." *Adult Education Quarterly*, vol.60 (1).

Parpart, J. L., Rai, S. M., & Staudt, K., 2002, *Rethinking Empowerment: Gender and Development in a global/Local World*, Routledge.

Sork, T. J., 2000, "Planning Educational Programs." In Wilson, A. L. & Hayes, E. (eds.), *Handbook of Adult and Continuing Education: New Edition*, Jossey-Bass.

Tisdell, E. J., 2001, "The Politics of Positionality: Teaching for Social Change in Higher Education." In Cervero, R. M. Wilson, A. L. & Associates., *Power in Practice: Adult Education and Struggle for Knowledge and Power in Society*, Jossey-Bass.

Umble, K. E. Cervero, R. M. & Langone, C. A., 2001, "Negotiating About Power, Frames, and Continuing Education: A Case Study in Public Health." *Adult Education Quarterly*, 51 (2).

Wenger, E., 1998, *Communities of Practice: Learning, Meaning, and Identity*, Cambridge University Press.

Wilson, A. L. & Cervero, R. M., 2001, "Power in Practice: A New Foundation for Adult Education." In Cervero, R. M. Wilson, A. L., & Associates., *Power in Practice: Adult Education and Struggle for Knowledge and Power in Society*, Jossey-Bass.

Wilson, A. L., 1999, "Creating Identities of Dependency: Adult Education as Knowledge-Power Regime." *International Journal of Lifelong Education*, no.18 (2).

―――, 1993, "The Promise of Situated Cognition." In Meriam, S. B. (eds.), *An Update on Adult Learning Theory. New Directions for Adult and Continuing Education,* no.57, Jossey-Bass.

Yang, B. Cervero, R. M. Valentine, T. & Benson, J., 1998, "Development and Validation of an Instrument to Measure Adult Educator's Power and Influence Tactics in Program Planning Practice." *Adult Education Quarterly*, vol.48 (4).

【付記】

本章は、松本大（2006a）「交渉と闘争としての成人教育――『パワー』の観点から――」『日本社会教育学会紀要』第42号、ならびに松本大（2006b）「状況的学習と成人教育」『東北大学大学院教育学研究科研究年報』第55集第1号に加筆し合成・再構成したものである。

第2章 「労働の場の学習」とパワー

はじめに

　近年、とりわけ欧米では、職業教育・訓練や労働者教育ではなくて、「労働の場の学習」(workplace learning) という概念にもとづく研究が有力となっている。「組織学習」や「学習する組織」論も広義に見るとこの系譜に属する。
　この転換には、いくつかの理由がある。①経済のグローバル化と自由主義的改革のなかで企業を含め働く者の労働の場そのものが大きく変容していること、②労働者の雇用形態の多様化や労働市場の外部化がすすみ、企業内教育の役割が変容していること、③学習論のパラダイム転換があり、労働者個々人ではなく、労働の場における相互関係をどのようにつくるのかが問われていることなどである。
　本章では、「労働の場の学習」という研究視角がなぜ求められるのか。それが求められる学習論の転換を確認したい。次に、「学習する組織」論を批判的に検討することを通して、「労働の場」におけるパワーの問題を明らかにし、成人教育研究の課題と視角を明らかにしたい。

1　なぜ、「労働の場の学習」研究なのか

はじめに

　社会教育の研究では、職業能力開発政策の検討や、企業・事業所の教育・訓練体系に関する研究、労働の場における個々の労働者の学習内容が主に取り扱われるか、あるいは、「労働の場」から離れた労働組合運動などの場で

の学習が研究の対象とされてきた。こうした対象の重要性は、いまも失われてはいない。しかし、そこでは、労働の場の構造や社会的文脈が学びにどのような影響を与えるのかということを問おうとする問題意識が比較的希薄であった。その主要な理由の一つは、「労働の場」は資本の聖域であり、研究者が批判的視点をもって実証的に研究することが難しかったという事情が大きい。

いま、国際的には、「労働の場の学習」という視点が研究の中心的なパラダイムになっている。なぜ、こうした研究視角の転換が求められるのか。まず、その背景となる学習論の転換を確認したい。

(1) インフォーマル教育への注目

教育には、フォーマル・エデュケーション、ノンフォーマル・エデュケーション、インフォーマル・エデュケーション、そしてインシデンシャル・エデュケーションなどの形態がある。これらのうちフォーマル・エデュケーションは、労働の場から離れて、典型的には学歴資格や職業資格と結びつき、教室の場で行われる構造化・制度化された学習であり、後に見る「獲得としての学習」というパラダイムにもとづく伝統的な教育、教授学習過程を特徴とする。これに対して、ノンフォーマル・エデュケーションとインフォーマル・エデュケーションは多義的であるが、ひとまず次のように整理しておきたい。ここでは、資格に結びつくことのない意図的で、組織的な教育、具体的には、労働から離れて行われる研修やOJTによる訓練をノンフォーマル・エデュケーションとし、意図的だが、非組織的なインフォーマル・エデュケーション、他の諸活動の副産物として生じる無意図的なインシデンシャル・エデュケーションとは区別しておこう。

したがって「労働の場の学習」を究明するということは、職業資格と結びつくフォーマル・エデュケーションや、職場の研修として制度化されているノンフォーマル・エデュケーションに対して、専門的力量を高める上で、インフォーマル・エデュケーションがどのような役割を果たしているのか、その実態を明らかにしようとする問題意識がある[1]。

リビングストーンは、成人労働者に関する定量的な調査にもとづいて、労働と学習の形態的な関連を明らかにしている。それによれば、①フォーマルな教育やノンフォーマル・エデュケーションよりも、インフォーマル・エデュケーションへの参加は際立って高く（2004年の数値で80～90%）、②しかも、ノンフォーマル・エデュケーションは学歴によって明確な格差がみられるのに対して、インフォーマル・エデュケーションではほとんどみられないこと、③ノンフォーマル・エデュケーションへの参加とインフォーマル・エデュケーションへの参加とは相関することを明らかにしている（Livingstone 2003, 2007）。

これに対してビレット（2002）は、問題は形態の議論ではなくて労働の場の構造、規範、価値、そして実践をとらえること、これらの構造が学習の機会と学習への参加をいかにつくりあげているのかということにあると指摘して研究を一歩すすめようとする。

一般に、インフォーマルという言葉は、非構造的、無秩序であるといわれる。しかしながら、〈労働の場〉への参加との関連で学習をとらえる立場からいえば学習は非構造的でもないし、無秩序なままに構成されているわけではない。なぜなら労働組織の目的に即して労働そのものが機能的に構造化されているわけであるから、そこで行われる教育と学習もある意味で構造化されたものとして理解できる（Eraut 2007）。

これを別の面からいえば、こう指摘できるだろう。意図的であり、構造化されているからこそ、インフォーマル・エデュケーションの効果を高めるような働きかけが意味をもつのである。したがって、「労働の組織」がどのように構造化されているのか、それが教育形態とどう関係するのか、ということを明らかにすることが必要となる。

(2) 学習論のパラダイム転換

「労働の場の学習」が問題となるもう一つの背景として、この30年ほどの間に生じた学習論のパラダイム転換がある。スファドやリーたちも「獲得としての学習」（learning as acquisition）と「参加としての学習」（learning as participation）

として、次のように整理して論じる（Sfard 1998, Lee et al 2004）。

まず、「獲得としての学習」は学習に関する標準的なパラダイムであり、3つの特徴があるとする。第1に、学習を理解するための基本的なイメージは、個人の頭に次々と知識が蓄積される、というものである。第2に、精神的生活は個人にとって内的なものであり、学習とは個人の精神の内容における変化を含むものとしてとらえられている。第3に、学習されたものは形式知のように明示的なものであるという考えである。つまり、知識は学習者からは独立に存在し、学習者が獲得し、内在化し、所有し、明示することのできる何ものか、としてとらえられる。

こうした見方に立てば、学校教育の場での教科書を使って行われる学習をとおして獲得される知に対して、労働の場における学習、熟練の学習、状況依存的な学習、暗黙の知には「二流の地位」が割りあてられる。リーたちによれば、ショーンの理論も「獲得としての学習」論の系譜に属するものとして整理される（Lee et al. 2004）。さらにくわえていえば、ショーンの議論は、この過程の過度の単純化であり、還元主義だとして批判する。つまり、彼らが焦点に置くのは合理的なコントロールや習熟であるが、そこでは学習者の欲求の問題が、そして、学習者が葛藤や矛盾を回避したり、対抗するようなことは無視されている。また、学習者を非人格的にとらえ、省察を通して自動的に、かつ合理的に知識をつくるものとして人間をとらえる、と批判する。こうした「組織的学習」論（organizational learning theory）がもつ問題は、後にとりあげる「学習する組織」論に無自覚に引き継がれていく。

これに対して、「参加としての学習」というパラダイムは、学習についての生成的パラダイムである。別の言葉でいえば、社会文化的なパースペクティブと表現することができる。この視点では、知識とは、個人によって獲得され、内在化され、所有される客体的なものではなくて、諸個人の関係、相互作用を通して生みだされるもの、継続的に再構成される、流動的なものととらえられる。「知」（Knowledge）ではなくて、「知る」（Knowing）という活動を示すもの、一つの状態ではなくて活動へと焦点が置き換えられる。したがって、この研究では、孤立した個人ではなくて、人びとの間の社会的諸関

係が適切な分析単位となる。

　そこには、一言でいえば、学習論における認識論的転換がある。こうした転換を主導する上で、1990年代初頭に提示されたレイヴとウェンガーたち（Lave & Wenger 1991）の「状況的学習論」（Situated Learning Theory）の研究が果たしたインパクトは大きい。彼らは、「獲得としての学習」論を批判し、学習は状況に埋め込まれており、実践コミュニティへの参加のプロセスとして生じるものとしてとらえられると主張する。これをとらえる概念が「正統的周辺参加」である。彼らによれば、学習とは知識として人の頭の中に蓄積されるものではなくて、人びとが参加する状況に根拠を置くものである。学習や知る（knowing）ということは、特定の実践コミュニティへの参加の深まりのプロセスとしてとらえられる。知るということ（knowing）は、すること（doing）により生まれるものであり、それと結びついている。

　こうした考え方は「労働の場の学習」研究にも大きな影響を与えたが、それについて、いくつかの批判をすでに示してきた（髙橋 2009）。そのもっともクリティカルな問題は、実践コミュニティにおけるパワーの不均衡、分業から生じるアクセスからの排除、その不平等の問題を彼らが捨象しているということである。ところが、このパワーの問題、不平等の問題をとらえる視点こそ「労働の場の学習」研究のもっとも重要な視角である。

(3)　学習環境としての「労働の場」

　組織的な文脈は、異なる労働に対する評価を生みだし、翻ってそれが、異なる学習機会や学習のインセンティブをつくりだす。組織がもつ学習機会や学習文化がノンフォーマル・エデュケーションだけでなく、インフォーマル・エデュケーションへの参加を規定する重要な要素となる。したがって、こうした非歴史的、非構造的な議論の仕方は、「労働の場の学習」を研究する上では致命的である。そもそも労働の場とは、個々の学習者の労働への参加の機会を構成するとともに、それと付随して学習機会をつくりあげ、それを促進したり、阻害したりする機能をもつ。いかに労働の場が構造化されているのか、ということを踏まえつつ学習は論じられねばならない。

では、労働の場をどのようにとらえるのか。少し一般的なレベルで検討してみよう。エラウト（2000, 2007）は、インフォーマルな学習過程を、①グループの過程への参加、②他の人びととともにする労働、③むずかしい課題に挑戦すること、④クライアントとの労働という4つの側面で検討している。スカー（2008）も、①労働のコミュニティへの参加、②個人間の関係への参加、③重要な知的源泉へのアクセスの3つをあげている。両者に共通するのは、労働とはすぐれて協同の実践であり、参加とは、この協同の関係をつくるコミュニティの正統な一員となることを意味している。

確かに、マルクスがいうまでもなく、労働とはすぐれて協同労働であることはまちがいない。しかし、それは抽象的な次元での労働過程である。学習を問題にするとき、わたくしたちは、この抽象化されたレベルから資本の生産過程のレベルへと飛躍しなければならない。

アッシュトン（2004）によれば、労働の場の構成のあり方は、学習のプロセスに影響を与えるだけではなく、なぜ労働者が異なるレベルでの知識や熟練を労働の場で発達させ、獲得するのかを説明することに結びつくという。彼は、この影響を与える因子として、①関係のヒエラルキカルな構造化、②仕事のデザイン、③雇用者の運動、④学習とその重要性についての組織的な決定、そして⑤報奨制度についての決定、をあげている。それと同時に、彼はエージェンシーとしての労働者や、スタッフ間のフォーマルな、あるいはインフォーマルな関係の意義についても注意を喚起している。このエージェンシーとしての側面は「労働の場のエンパワーメント」を議論する上で重要な点である。ビレット（2001, 2004）も、個々のエージェンシーとしての労働者が、労働実践への参加と何を学ぶのかということを決定するとつけ加えている。つまり、究明されるべきは、労働の場によって与えられる学習の機会と、この機会を選択する雇用者の主体性との相互関係なのである。

したがって、〈労働の場における学習〉を問題とするということは、〈学習環境としての労働の場〉（workplace as learning environments）を理解するという見方をとること、そこにおける働く者の主体的な関与のあり方を究明することを意味する。

2 「学習する組織」論の幻想

(1) ユートピアか、イデオロギーか

では、「労働の場」をどのようにとらえ、それと学習との関連をどう究明すべきなのかを、有力な議論である「学習する組織」論をめぐり検討しよう。

「学習する組織」論は、1990年代以降のビジネス界だけではなく、学問的にも経営学だけではなく、社会教育・成人教育研究でも議論されている[2]。

「学習する組織」論が、あまりに空想的だという評価にもかかわらず、なぜ熱狂をもって迎えられたのか。知識社会学的にいえば、1980年年代から1990年代への時代背景を考える必要がある。この時代、経済のグローバル化の中で、国際的な市場をめぐる競争が激化しつつあり、学習こそが変化へのもっとも重要な対応手段として認識される。企業もまた官僚制的硬直した組織から、変化に即応できる、より柔軟で、より分権的な組織に生まれ変わらなければ生き残ることができないのだ、という言説が支配的となる。「学習する組織」論は、こうした状況と、アージリスやショーンらの組織論（Argyris & Schön 1978）（とくに「組織的学習論」）の展開、日本的経営の成功モデルであるTQC運動という理論的・実践的系譜を引き継ぎつつ、1990年代という時代状況のなか受容されていく。

わたくしの理解では、第1に、これは学習論ではなくて、組織論であるということを理解することが重要である。したがって、学習論の検討は重要だが、それは、「労働の組織」という社会的文脈と切断して理解することはできない、という方法的態度が求められる。第2に、「理想主義的プラグマティスと」とセンゲは自らを称しているが、その理論は、よくいえば、新たな組織の創造を構想するユートピアであるが、それを現実であるかのように主張するゆえに、一つのイデオロギーとして理解すべきである（K.マンハイム）。ここでイデオロギーというのは、グローバリゼーションという時代状況に対応した社会（虚偽的）意識という意味である。

以下、この理論がどのような「ユートピア」を描いたのか、にもかかわらず、なぜ「幻想」なのかということを「労働の場」と「学習」との関連を

どのようにとらえるのか、という研究視角の検討とかかわらせて論じていこう。

(2) 「学習する組織」とは何か

「学習する組織」とは何か。その定義について、明確な合意があるわけではない。この概念が大衆化する上で、P.センゲが果たした役割は傑出している。まずは、彼の定義から見ていこう。

> 学習する組織とは、人びとが本当に望む結果を創造するために自らの能力を継続的に拡大する組織であり、そこでは、新しい、拡張的な思考パターンが育まれ、集団的な願望が拓かれ、人びとがともに全体を見るために継続的に学習する組織である（Senge 1990: 3）。

これが「学習する組織」の一般的定義だとすれば、ワトキンスとマーシックの定義はより企業組織に即したものである。

> 学習する組織は、共有された価値や原理に向けられた、協働的になされ、集団に責任のある変化の過程に被雇用者全体が参加することによって特徴づけられる（Watkins & Marsick 1993: 118）。

このようにワトキンスやマーシックは、組織革新こそが生産性向上の核であり、「学習する組織」の焦点は知識労働を担う従業員にあるという。なぜなら、継続的な学習をすすんでする従業員の学習能力と潜在力が生産性を向上させ、ビジネスにおける競争力と利益を増大させうるからである。したがって、創造性、積極性、批判的省察こそ、今日の組織が必要とする継続的な学習の中心的特徴となる。

では、この「学習する組織」をどのようにつくるのか。センゲは、ハウツーの仕様書を処方するわけではないことを強調する。それが、①パーソナル・マスタリー（personal mastery）、②メンタルモデル（mental model）、③

チーム学習（team learning）、④ビジョンの共有（shared vision）、⑤システム・シンキング（system thinking）、という5つの原理である。

　こうした説明から見ると、「学習する組織」論は、社会文化アプローチの系譜に属する学習論であるかのようにあらわれる。しかも、それを実現するには、①継続的な学習機会をつくること、②探求と対話を重視すること、③協同的で、組織的な学習を奨励すること、④学習したものを共有するシステムをつくること、⑤集団の目標に向けて人びとをエンパワーメントすること、など提案する。そのような原理は、労働者たちの可能性を発達させる人間的で、平等な労働の場を実現することを約束するかのようである。

　こうした「学習する組織」論が描く「約束の地」は、非正規労働を梃子とする労働力の流動化、それが生み出す失業・貧困など格差の拡大という、急速に広がりつつある労働世界の実像となんと乖離していることだろう。この実像については別の研究が必要であり、ここでは理論的な側面からこの「幻想」を批判的に検討したい。

(3)　「学習する組織」論のファンタジー

　センゲによれば、現代の企業に求められるのは、硬直した官僚制的組織の対極の特徴をもつ。すなわち、現代の大企業組織が必要とするのは、できるだけ統治を分散すること、現場に近い人びとに決定をゆだねることである。学習原理の中心になるのは、上から権力的に課されるものではなくてビジョンの共有である。したがって、こうした企業組織では、新しいリーダー像が求められる。その新しいリーダーは、デザイナーであり、スチュアードであり、教師であり、マネージャーでもあるという。こうして、企業組織の権力構造の根本的な変革がとげられたかのような特徴が描かれる。

　こうした企業組織では、学習はどのような特徴をもつだろうか。「学習する組織」では多様性が重要であるが、そこから生じる葛藤は絶えざる対話によって解消される。競争よりも、信頼にもとづく協働こそが葛藤を建設的なものにするうえで重要である。学習は課題解決と理解され、深い学習は批判的省察の過程によって誘発され、そして、学習への自己主導的アプローチが

雇用者のめざすべき理念となる。いかに学ぶのかという点についても、コンサルタントとしての彼らから懇切丁寧なアドバイスが重ねられる。そのアドバイスでは、全体的学習の人間的な原理、ともに分かち合い、配慮し合う家族のようなコミュニティをつくることがめざされる。

こうしたセンゲの「学習する組織」論は、人間の可能性の実現、とくに、ケアリングや創造性のようなより高次の態度に向けて組織を構造化するものとして理解されている。学習論的関心からいえば、学習のプロセスにおいて、対話と批判的省察をとりわけ重視している点が肯定的に評価される。

(4) 「学習する組織」論の幻想

こうした「学習する組織」論が描くユートピアに対して、さまざまな批判が提示されている。マルクス主義的な視点からは、それは、企業組織の利潤追求のために搾取される「源泉」として人びとを人的資本としてとらえる理論であり、「統治の精緻で、不誠実な形態」だという批判がある。

この批判は、やや教条的だが的をはずしてはいない。「学習する組織」論を見てまず気づくのは、会社の幹部やエグゼクティブらの視点から、あるいはセンゲもそうである大企業のコンサルタントの立場から事例が語られている。これと関連して、教育の視点からもっとも留意すべきは、「学習する組織」がめざすものが個々の労働者ではなくて、企業組織の成長、競争力の向上、グローバルな競争下における生き残りである点である。これは、「学習する組織」論が重視するシステム・シンキングの帰結ともいえよう。

「労働の場の学習」を研究しようとするとき、わたくしたちは、次のような問いをつねに念頭に置く必要がある。「学習する組織」は、だれによってつくられるのか。だれにためにつくられるのか。「学習する組織」という概念は、だれの利害に役に立っているのか。それを確保するために、どのような力関係が働いているのか。組織の目的、共有されるビジョンがあたかも自由に設定しうるかのような議論は欺瞞でしかない。

まず、第1に、学習論的視点から、「学習する組織」論を批判的に検討してみよう。この点からいうと、その学習の手段化が特徴の一つである。つま

り、組織としての生き残りのために競争力を高めることに主眼があるわけであるから、その学習の目的は、手段合理性、技術的知識を高めることにおかれる。生産性こそ、個人の成長という努力を評価する究極の基準となる。この点で、中村香（2012）のセンゲ理解は誤りである。

確かに、学習する組織論では、小集団での対話を通した省察、とくに批判的な省察が強調される。それは、学習する組織をつくる鍵となるものである。対話は学びの方法として重要である。しかし、この視点から学習として認められるのは、暗黙、実践に埋め込まれた知ではなく、ましてや、直感的、情緒的、精神的なものではなくて、語られた、説明しうる、共有できる知に限られる。ダブル・ループの学習も、組織の存続と競争力の増大という特定の結果を達成する方向に向けられる限りで評価される。つまり、手段的価値という視点から学びに序列がつけられる。

ここからより深刻な問題が見えてくる。「学習する組織」論では、ビッグ・ピクチャーを受け入れ、誠実な対話をとおして、彼らのもっとも深い信念、個人的な意味構造を批判的に省察し、自らのメンタル・モデルを変えることが求められる。しかしながら考えてみよう。ビッグ・ピクチャーは、人びとの自らの生からでてくる、具体的で、個別的な、しかし、ときに深いビジョンよりもどうして高い価値をもつというのだろうか。

むしろ、こういえよう。「学習する組織」論では、人びとは、つねに主体的に学びつづけなければならない。ビッグ・ピクチャーには、競争犬が絶対に追いつくことのない機械のウサギを追い駆けるトラック装置が隠されている。

第2に、「労働の場」における格差や不平等問題である。「学習する組織」論は、人びとが信頼によって結ばれ、平等で、対等な関係の中で学習をとおして自らの可能性を発達させるかのような「夢」を描く。それはあるべき理想を提示しているかのようである。しかし、「労働の場の学習」をとらえるとき、「教育は希望を語ること」という言葉を信じるのは、あまりにもナイーブである。この理論は、「労働の場」の階層構造やパワーの不均衡の存在を意識的に捨象している。好意的に表現しても、システム・シンキングに

は、非構造的、非文脈的、非歴史的、非政治的に組織を見る機能主義的限界がある。

　そもそも「労働の場」は、ジェンダー、階級、年齢、他のポジショナリティに応じて不平等に構造化されている。こうした格差や不平等の存在を知らない研究者がいるだろうか。しかし、「学習する組織」論では、ジェンダー、人種、階級などの次元は無視される。学習機会へのアクセスは、あたかもすべての人たちに開かれているものとして、コンフリクトは対等に競争している個々人の間の解消可能な違いと見られており、それらは思慮深いリーダーシップによって操作可能な環境条件として扱われる。だから幻想であり、「学習する組織」論は、一つのイデオロギーなのである。

　第3に、この点は、労働の場におけるパワーの問題、エンパワーメントという論点と密接に関連する。センゲだけでなく、ワトキンスたちも、エンパワーメントこそ学習する組織の試金石だという（Watkins & Marsick 1993）。しかし、そのエンパワーメントはより大きな意志に従うかぎりでのものである（Fenwick 2008）。すなわち、学習する組織の目標は、個々人の解放やエンパワーメントとして表現されるが、それは「掴まれた」解放でしかない。つまり、人びとが「解放」を約束されるのは、「革新的」、「知的」労働者として、ビッグ・ピクチャーのために自分たちの可能性を最大限に生かすために協同的な学習に参加することによってである。彼らのエンパワーメントは、ある制限の中でのものであり、学習は、力をもった他者により規定された範囲内でだけ生じる。

　しかも、「学習する組織」が実現しうるかどうかは、思慮深いリーダーたち（会社の幹部、副社長などが多い）が、「学習する組織」のもつメリットを理解すること、「正しいことを行う」という規範に求める。会社のエグゼクティブが地上の裁定者であり、センゲは気づきを見守る神のような存在として理解される[3]。

　ここに「学習する組織」論をめぐる根本的な問題がある。教育研究では、研究の視点としてエンパワーメントがよく使われるが、そもそもだれのエンパワーメントなのか、何のためのエンパワーメントなのか、いかなるエンパ

ワーメントなのか、ということがつねに問われねばならない。

おわりに

　以上、検討してきたように、「労働の場の学習」研究は、経済のグローバル化、これにともなう労働市場の流動化、そして何よりも学習論の転換を背景にして浮上してきたテーマである。それを支える学習論が、「参加としての学習」というパラダイムである。

　このパラダイムの視点から見れば、労働の場がいかに構成されているのか、とくに、不平等に編成されているのか、ということを踏まえつつ学習のプロセスを究明する必要がある。しかも、こうした状況を変えうる主体性をもつエージェンシーとしての側面をも視野に入れつつ議論をすすめることが大切である。「学習する組織」論は、こうした「労働の場」における不平等を意識的に捨象しながら、かつ、資本への包摂を推進しようとする、一つのイデオロギーとしてとらえられる。「労働の場の学習」を論じようとするとき、わたくしたちは、つねに自らのポジショナリティを批判的に省察することが求められるのである。

　しかし、「労働の場の学習」は、いかに大切だとしても、いわば9時〜5時の世界である。わたくしたちは、「労働の場」だけではなく、暮らしの中で多様な性格をもつ実践コミュニティに参加しているわけであり、「労働の場のエンパワーメント」の論理を解明するには、「暮らしの場の学習」との関連をも視野に入れつつ研究をすすめることが求められる。

【注】
1　マーシックとワトキンスは、このインフォーマル・エデュケーションの効果を高める条件として、①暗黙の知識や信念を明示化するための批判的省察、②選択肢を積極的に見出すとともに、それを実行するため、学習者の側で、新しい技能を学ぶための積極性を刺激すること、③選択肢をより広げることを助長するための創造性、をあげている（Marsick & Watkins 2001）。
2　欧米の研究では、総じて、批判的な視点から検討されているが、日本では中村

香（2012）らが肯定的に論じている。
3 　中村（2012）は、事例のアクメ社の幹部たちがメンタル・モデルにとらわれていることに気づくまでセンゲが見守っていることを評価している。あたかも、認知枠組みのゆがみを自分だけが知りつつ、学びを操作するファシリテーターのようである。この点でも、中村香の議論は、労働の場の不平等やパワーの問題に無自覚である。

【参考・引用文献】

中村香、2012、『学習する組織とは何か』鳳書房。
髙橋満、2009、『NPOの公共性と生涯学習のガバナンス』東信堂。
Argyris, C. & Schön, D. A, 1978, *Organizational Learning: A Theory of Action Perspective*, Jossey-Bass Publishers, San Francisco.
Ashton, D. N., 2004, "The impact of organizational structure and practices on learning in the workplace," *International Journal of Training and Development* 8:1, 43-53.
Billett, Stephan, 2001, "Learning through work: Exploring instances of relational interdependencies," *International Journal of Educational Research* 47, 232-240.
Billett, Stephan, 2002, "Critiquing Workplace Learning Discourses: Participation and Continuity at Work," *Studies in the Education of Adults*, vol.34 issue 1, 1-10.
Billett, Stephan, 2004, "Workplace participatory practices: Conceptualising workplaces as learning environments," *Journal of Workplace Learning*, Vol.16 Issue 6, 312-324.
Eraut, Michael, 2000, "Non-formal learning and tacit knowledge in professional work," *British Journal of Educational Psychology*, 70, 113-136.
Eraut, Michael, 2007, "Learning from Other People in the Workplace," *Oxford Review of Education*, Vol.33, No.4, 403-422.
Fenwick, Tara, 2008, "Workplace Learning: Emerging Trend and New Perspectives," *New Directions for Adult and Continuing Education*, No.119, 17-26.
Lave, Jean, Etienne Wenger, 1991, *Situated Learning: Legitimate Peripheral Participation*, Cambridge University Press. ＝ J. レイヴ、E. ウェンガー（佐伯胖訳）、2003、『状況に埋め込まれた学習 ── 正統的周辺参加』産業図書。
Lee, Tracey, Alison Fuller, David Ashton, Peter Butler, Alan Felstead, Lorna Unwin & Sally Walters, 2004, "Learning as Work: Teaching and Learning Processes in the Contemporary Work Organisation," *Learning as Work Research Paper*, No.2, The Center for Labour Market Studies, University of Leicester.
Livingstone, D. W., 2003, "Hidden Dimensions of Work and Learning: The Significance of Unpaid Work and Informal Learning in Global Capitalism," *SSHRC Reseach Network of the Changing Nature of Work and Lifelong Learning, Working Paper*, No.3, 1-11.

Livingstone, D. W. & Susan Stowe, 2007, "Work Time and Learning Activities of the Continuously Employed: A Longitudinal Analysis, 1998-2004," *Journal of Workplace Learning,* Vol. 19 No.1, 17-31

Marsick, V. J. & K. Watkins, 2001, "Informal and Incidental Learning," *New Directions for Adult and Continuing Education,* No.89, 25-34.

Schön, Donald A., 1983, *The Reflective Practitioner,* BasicBook. ＝ D. ショーン（柳沢昌一・三輪建二監訳）、2007、『省察的実践とは何か —— プロフェッショナルの行為と思考』鳳書房。

Senge, Peter M., 1990, *The Fifth Discipline: The Art and Practice of the Learning Organization,* Random House Audio. ＝ ピーター M. センゲ（枝廣淳子他訳）2011年、『学習する組織 —— システム思考で未来を創造する』英治出版。

Sfard, Anna, 1998, "On two Metaphors for Learning and Dangers of Choosing just One," *Educational Researcher,* Vol.27, No.2, 4-13.

Skar, Randi, 2008, "How Nurses Experience Their Work as a Learning Environment," *Vocations and Learning,* Vol.3, 1-18.

Watkins, K. E. & V. J. Marsick, 1993, *Sculpting the Learning Organization; Lessons in the Art and Science of Systemic Change,* Jossey-Bass Publishers, San Francisco. ＝ カレン E. ワトキンス、ビクトリア J. マーシック（神田良・岩崎尚人訳）、1995年、『学習する組織をつくる』日本能率協会マネージメントセンター。

第3章　若者の社会参加のポリティックス

はじめに —— 参加論の両義性

　若者政策の中で「参加」がとりわけ重視されている。近年の若者をめぐる議論では、「学校から労働への移行」が焦点となっているが、労働領域だけでなく視野を広げてみれば、学校のボランティア、大学等のサービスラーニングもこうした「参加」政策の一環としてとらえられよう。身近な例でいえば、震災を契機にして、若者の震災ボランティアへの参加が注目も集めていることも周知のことである。総じて、若者の「参加」に好意的な世論がつくられている。

　学ぶとは何か。この問いに対して、従来、日本の学校が典型的であるが、解説的な授業を通して学習者が既存の知識を覚えることを学習ととらえられてきた。これに対して、わたくしは実践コミュニティへの参加を学びととらえる。より正確には、参加におけるメンバーとの相互作用を通して、ものの見方・考え方、価値、あるいはアイデンティティそのものをつくりあげるプロセスとして学びをとらえる。こうした個体主義的学習観を批判しつつ立論する立場からは、若者の学ぶ機会を広げるものとして、社会参加はさしあたり「望ましいもの」である。

　他方、参加論を語る際に決して忘れてはならないフレーズがある。かつて、ある研究会で「ソフトのミックス・シリーズ」の検討をしたことがあるが、そこでの言葉、「もはや人びとをハングリー精神によって動機づけることが不可能な状況下で、それに代わる動機づけとして、参加を唱える。できるだけ多くの人びとを物事の決定に参加させることを通じて、彼らにやる気を失

わせないことが必要不可欠になる」(飯田ら 1984) という言葉を忘れることはできない。当時の大平首相の肝いりでつくられた研究会であり、その後の自由主義的改革の諸政策にも大きな影響をもったが、それにしても大蔵省がよくもいうものだと変に感心した覚えがある。

これを社会参加の「両義性」といってよいが、こういうだけですますわけにはいかない。なぜなら、教育研究では、現状あるいは政策を批判的に把握・理解するだけではなく、それをどう実践に活かすのか、ということが問われるからである。つまり、若者の社会参加の意味を批判的に吟味するとともに、それを学びの場 (空間) としてどうつくるのか、ということを構想する必要がある。

本章ではまず、社会参加をどうとらえるべきか、その基本視点を確認する。次に、その上で、これまで展開されてきた青年・若者政策における「参加論」をめぐる「言説」を検討し、その視点の転換を整理する。ここでは社会秩序政策としての性格をもちながらも、若者がエージェンシーとしてライフコースをつくりあげる上で、「参加」の経験をもつことの意義を確認することになろう。最後に、いかなる「参加」が求められるのかという実践の視点を明らかにしたい。

1　社会参加をどうとらえるべきか ── 参加論の基本視点

(1)　参加と責任

一般に、社会参加が政策的な課題となるのは新しいことではない。しかし、そこに大きな視点の転換が見られている。例えば、社会福祉の領域を見ても、1960年代には行政の政策決定過程への住民参加が運動の課題であったが、福祉の市場化がすすむ中で、多様で、柔軟な供給主体として、福祉サービスの担い手としての参加論へと議論は変容している。また、奉仕活動の義務化などの策動があったが、文部科学省は震災でも各大学に学生をボランティア活動へ動員することを奨励している。その評価はいろいろあるだろうが、サービスの提供への参加ということへの国の期待と主導性がますます強く

なっているのが現段階の特徴の一つである。つまり、社会参加をめぐる議論は大きな広がりをもち、かつ、多様な契機をとおして奨励されているということ、先の飯田チームの発言にあるように、「物事の決定に参加させる」ことだって厭わないということを見逃してはならない。

したがって、社会参加をどうとらえるのか、という基本的な視点を確認しておくことが大切である。この点では、アマルティア・セン（2000）の参加論が重要な視点を提示している。センは、以下の2つの意味で参加をとらえる。

第1に、まず、参加の概念は自由と自発性を不可欠の性格とすることを確認する。つまり、「参加の概念は、人びとに特定の社会プログラムを押しつけたり、特定の社会関係への参加を強制したりする試みに対立する」（セン 2000: 138）ものであるという。しかし同時に、わたくしたちは責任を負うのだ、という。ここで責任というのは、自由の価値を十全に発揮しようと努めるという意味である。そして個人の理性的・自立的選択を尊重するためには、主体的存在として責任を負うべきものとして自らを形成しなければならない、と指摘する。

第2に、一方で、参加の概念は、より積極的な意味で責任との関連をもっているという。つまり、「所与の制度やルールのもとで自己の選択や行為に責任をもつという〈個人的責任〉」だけではなく、所与の「制度やルールのあり方を社会的に決定していく責任であり、政治的参加の自由そして民主主義のもとで人びとが協同して担うべき〈われわれの責任〉」（セン 2000: 138）である。つまり、民主的な社会をつくる主体として、自らを成長させ、そして社会をつくることが「われわれの責務」として求められる。

これは社会秩序を形成する際の「連帯性原理」の考え方を包摂し、かつ、それを越えたとらえ方である。つまり、連帯性原理の考え方は、個人と社会とが「運命的に相互に包絡されている」ということにもとづいて、共同の善のために行為する権利と義務を国民に求めるが、より積極的に、既存の諸制度の継承ということを越えて、より望ましい社会そのものをつくる責任をわたくしたちに求めている。

若者論では、若者をめぐる構造とエージェンシーとの関係が問題となるが、ここでは2つの点を確認しよう。①若者の自主性や主体性が実質的に確保されねばならないこと、②責任を担う主体として、個人としての成長とともに、社会をつくる集団的な主体としての力量を形成することが求められる。この意味で、成人教育は参加論との接点をもつ。より具体的には、若者たちが自分と社会を形成する主体になるために、その学びをいかに支援するのかということが問われるのである。

(2) 社会参加の諸領域

先の検討が社会参加の目的をめぐる議論だとすれば、もう一つの問題は、どのレベルで社会参加を議論するのかという論点がある。近年の若者論は、政策的にも「移行」(教育から労働への移行)の困難をめぐるもの、不安定就労に起因する諸問題に収斂している。社会参加でいえば、労働への参加だけが問題となっているといってよい。

成人への「移行」では経済的自立がもっとも重要な基礎となるから、こうした焦点化は当然のことだともいえる。しかし、3つの理由で社会参加をより広くとらえ、議論すべきである。第1に、どのような労働への参加なのかを見る必要がある。この議論は非正規雇用から正規雇用への移行を前提としている。もちろん、個別に見れば、そうした「移行」を実現する若者がいることも確かである。しかしながら、将来社会を展望して見るとき、正規・非正規の分断を前提として議論すべきなのだろうか。第2に、労働への参加という目的からしても、その可能性を広げるものはキャリア教育や職業教育・就労支援の施策だけではない。就業と社会関係資本との関連という点からいえば、インフォーマルな社会関係をつくる契機として、より広い領域における若者の社会参加の意義と可能性を再検討する必要があるのではないだろうか。第3に、先に確認した社会をつくるエージェンシーとしての若者の成長という点からいえば、労働は参加の一つの領域ではあるが、それだけではない、文化活動や政治的参加を含めより広い社会の領域で参加を考える必要がある。

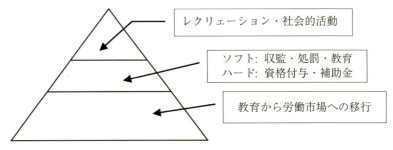

図3-1　社会参加政策の3つのレベル

　この点、ロンクルたち（Loncle & Muniglia 2008）の議論が参考になろう。彼らは、①社会にとっての若者をどうとらえるのか、②政策の手段という2つの点から、3つのレベルを区別している（**図3-1**）。

　第1層が、フォーマルなシステムとして行われる「教育から労働市場への移行」である。通常、学校教育や職業訓練システムを通して、すべての若者を対象にして施策が行われる。第2層は、この「移行」の困難な若者に焦点を当てた施策である。その中には、主に労働市場との関連で行われる資格付与や、労働、補助金などの施策がはいっている。これをハードな政策という。もう一つが、いわゆる逸脱行動に対する処遇である。逸脱行動を犯した若者を収監する、処罰したり、よりソフトな対応としては教育的な働きかけを含む施策である。ここでは国家やNPOなどが担い手となる。第3層は、社会的活動やレクリェーション活動などで、有意義な参加を通して、社会的・個人的発達、社会的な価値や規範に適う行動への統合がめざされる。

　なぜ、こうした実施主体を含めた若者政策の構成を見る必要があるのだろうか。第1に、自由主義的改革の中で諸政策であるから、この原理をつらぬく一貫した考え方があるはずであろう。労働市場政策だけが他の諸政策と異なる原理で構成されることは考えられないではないか。したがって、労働市場政策を理解するためにも、他の諸政策にも目を配る必要がある。第2に、若者政策そのものが「包括的」になっていることである。これは後の分析でも見るが、政策が包括性を志向しているときに、そこから労働だけを摘出して論じることはできないのではないか。第3に、これも後の議論と関連する

が、若者の労働への移行ということを考えても、現在のような労働市場政策だけでは限界があると考えるからである。

　以上から、わたくしたちは若者の参加を論じる視点と議論すべき領域を明らかにしてきた。これを受けて次に、政策の展開を検討していこう。

2　子ども・若者の社会参加政策

はじめに

　かつて宗像誠也は、教育政策とは「権力によって支持された教育理論である」と述べ、さらに「権力はなぜある教育理念を支持し、そのような教育を実施しようとするのか」ということを問う必要性を指摘している。これは広く国家政策を理解する上でも欠かせない視点となろう。

　以下ではより具体的に、①子ども・若者をめぐる状況、とくに教育、家族、労働をめぐる状況がどのようなものであったのか、ということの理解を踏まえ、②その〈問題〉をいかにとらえたのかという政治的な視点を明らかにし、子ども・若者の社会参加に焦点をあて政策の展開を素描していきたい。

(1)　「豊かな社会」の子ども・若者──「モラトリアム人間」という青年像

　1960年代の高度成長の中で子どもの学歴構造も大きく変化した。1960年代にはすでに高校、つまり後期中等教育修了はなかば「義務」的な性格をもつまでになっている。学卒労働市場の発展によって、高校卒業者、高等教育修了者もスムースに就職することが当然視されるようになり、かつて就職の「日本的構造」といわれた学校と会社の制度的な関係がこの頃に形づくられた（苅谷 1991、苅谷ほか 2000）。

　これを**図3-2**のように構造的に理解すると、子ども・若者たちの教育進学を可能にした家庭、新卒一括採用した従業員に対して企業内教育と厚生福利施策を通して安定した生活を保障する企業、それを媒介する学校教育という三者への信頼と安定した諸関係に包摂されてきたといえる。このトライアングルが、いわゆるフォーディズム型の学校から労働世界への移行を可能にし

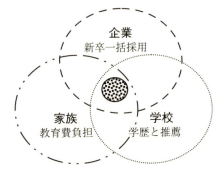

図3-2　フォーディズム型移行：家族・学校・企業のトライアングル

てきたわけである。

　この時期に「モラトリアム人間」(小此木 1979) が象徴的な言説となったのはゆえないことではない。「豊かな社会」の中で子どもたちは物質的に豊かさを享受することができるようになり、また、科学技術の恩恵にも浴すことができる。しかしながら、学校生活の肥大化もあり、当事者意識や主体性に欠け、大人になることを躊躇う若者たちの「心の問題」が見逃されている。子どもたちの生活体験・自然体験が乏しくなってしまっている。こうして問題はすぐれて教育問題として定義されることになる。

　その頃ちょうど、1960年代に紹介された生涯教育論が日本の教育政策にも反映するようになる。つまり、生涯教育という視点に立って、学校教育と社会教育との区別と関連が次のように整理される。社会教育は、学校教育と比べて、個人の自発的な学習・活動を基調として柔軟性に富んだ形で展開される。社会教育は青少年の自発性・活動性を回復・伸張させる機会を提供したり、そうした自発性・活動性を基礎に自己を確立することを支援するのに適している。とくに社会教育は日常生活の場である地域社会を基盤に展開されていることで、異年齢の仲間関係や多様な人間との交流の場を提供したり、地域に存在する自然との接触の体験を支援することが可能になるはずである。そうした機会に参加することを通して、青少年の自発性と自己確立を支援することが可能となるはずではないか (社会教育審議会建議 1974) と。

　従来、勤労青少年の補習教育と青年団活動を主要な対象としてきた社会教

育の存在理由がこうして再構築される。この文書で「学校外教育」と表現された活動は、1992年の生涯学習審議会答申では「学校外活動」としてより広義に定義され、それ以降の生涯学習政策の大きな柱の一つとなっていく。

この時期の政策の特徴として次のような諸点をあげることができよう。

第1に、青少年の問題は社会構造的な問題というよりも、青年期の発達課題という視点から、その人間形成をめぐる機能不全の問題として理解されている。つまり、総合的な施策の必要性は指摘されながらも、すぐれて「心身の育成」という教育の問題としてのみ理解された。しかも、ハビーガースト流の発達課題の達成が課題となるが、そこでは、一人ひとりの問題というよりは層としての青年たちが対象となった。

第2に、したがって、政策では個々の青少年というよりも少年団体、青年団体の育成に重点が置かれ、その活動への若者の参加・統合が問題としてとらえられている。例えば、「参加と連帯などの体験をすることのできるグループと団体の育成とその活動の促進につとめる」ことが課題とされる（青少年問題審議会「青少年に関する行政施策の基本的な考え方」1972年）。「愛国心」そして「たくましい日本人」という青少年期に身につけるべき「徳性」は、この集団活動における教育訓練・実践を通して身につけるものであり、「青少年がなるべく早い時期から集団に参加する機会をもち、集団活動を豊富に経験することが」(社会教育審議会答申 1981) 重視された。

第3に、これと関連するが、1979年には青少年問題審議会から「青少年と社会参加」という意見具申がだされるように、すべての政策文書で青少年の自主的・主体的な参加の重要性が指摘されている。しかしながら、注意する必要があるのは、この社会参加はあくまで集団活動への参加にとどまるものであったことである。つまり、子ども・若者たちは政策的に育成された組織の活動に参加するなかで、大人の指導を受けつつ、その社会・集団に内在する既存の規範を内面化する対象としてとらえられている。つまり、社会的絆理論にもとづき逸脱行動を防止する「青少年対策」としての性格をもつとともに、大人が未熟な子ども・若者を「育成する」という視点にとどまるものである。

(2) 「自由な社会」の子ども・若者——「パラサイト・シングル」という青年像

　1990年代の日本社会の構造改革の中で、先に特徴づけたような青年層の移行様式と安定した生活を支えてきた基礎が掘りくずされる。いわゆるフォーディズム型の移行体制の解体である。中でも、この変化をもたらしたもっとも重要な要因は、経済のグローバル化のもとでの労働市場の流動化政策であろう。1980年代の政策文書にもすでに見られていたが、完全雇用政策を放棄し、労働組合の弱体化や自由主義的改革による規制緩和を通して、パートタイム労働、有期雇用、派遣労働、契約労働など、多様で、かつ不安定な労働市場が急速に拡大してきた。とくに製造業を中心とした高卒労働市場は大きな打撃を受け、その性格を変容させていくことになる。

　この結果、若者たちは現代的貧困の一つの形態である不安定就労層に転落していくことになった。子ども・若者たちに対する社会保障政策の貧弱さもあって、彼らは親の世帯に同居し続けることになる。結婚することもなく、アルバイトや不定期の収入だけにもかかわらず、親と同居する若者たちは、親からの所得移転を通してときに働く若者よりも「豊かな」消費生活を享受しているものとしてとらえられる。**図3-3**のような関係を、親の世帯に寄生しつづける結婚しない若者たちは、パラサイト・シングルと「週刊誌的」にセンセーショナルに表現された。しかし、YOYO型のライフコースへの転換・固定化とともに家族に包摂しえない状況が広がるとき、「ユースホームレス」や「ネットカフェ難民」に転落し、社会的排除の現象形態として社会

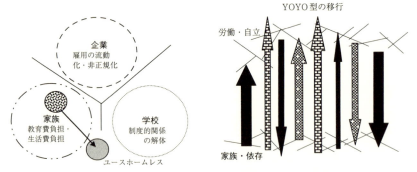

図3-3　ポスト・フォーディズム型移行：パラサイト・シングルからホームレスへ

問題化することになる。労働市場からも、そして家庭からも排除される若者たちの顕在化である。

　ときあたかも、日本の自由主義的社会構造改革の時期であった。このイデオロギーは、一方では、国家の役割をできるだけ排除しようとしつつ、他方では、そこから生じる社会問題には厳罰による統制と自己責任という規範意識を強調する。親や社会に「甘え」た若者、「道徳的に堕落」したものとして若者はとらえられる。パラサイト・シングル論（山田 1999）は、こうした時代精神に見事に共鳴する言説であったといえよう。

　こうした認識を政策に端的に反映したものが、1999年の「『戦後』を超えて──青少年の自立と大人社会の責任」である。ここでは、青少年の非行や凶悪な犯罪の増大などが生じている事態を、個人の自由をはき違え、放任や勝手からあらわれる現象としてとらえ批判する。また「戦後」日本の憲法、教育基本法などの法律が尊重してきた国民の権利よりも、国民としての「義務と責任」など、社会全体の意識改革の必要性を指摘する。これを抽象的に表現すれば、個と「公共」との調和、自由と「規律」との調和、の強調である。なによりも、規範意識を内在した自立的個人が求められ、そのために「市民としての共通の基盤を、国民一人ひとりが自らの内に確立する」ことが求められる。

　では、これを担うのはだれなのか。新自由主義のイデオロギーにもとづく政策らしく、国家ではなく地域社会にその役割を期待する。すなわち、「新たなコミュニティを形成し、地域コミュニティを基盤とする多様な活動・取り組みを推進していくことが今日の青少年をめぐる問題への対応の方向としてもっとも根幹的」である、と。その場合でも、「利用者の自己責任の徹底」が大切であるという言葉をつけ加えることを忘れることはない。

　こうした自由主義的視点のもとにおける子ども・若者政策を引き継いだものが2003年にだされた「若者自立・挑戦プラン」である。これは文部科学省だけでなく、厚生労働省、経済産業省、経済財政政策担当大臣で構成される戦略会議の政策であり、ある意味で「包括的」な施策をめざすものである。また、若者の職業的自立を国家政策として位置づける姿勢を明確にしたこと

とあわせ、この政策文書は日本の子ども・若者政策が大きな転換期を迎えたことを示すものといえよう。

しかしながら、よく見ると、その内容は包括的なものとはいいがたい。「若者を中心とする『人材』」、とくに、労働力政策として若年労働力の育成に焦点を絞った計画であった。具体的には、キャリア教育・支援体制の構築、専門的人材の養成などがめざされ、こうしたプランをうけて、若者を対象とするジョブカフェ、若者自立塾などの開設が全国ですすめられた。さらに、若者を道徳的に批判するのではなく、「支援」へと視点の転換を図ったといわれるが、施策のなかでもとりわけ重視されるのが、若者の創業チャレンジによる起業イデオロギーの強調であったことは銘記してよい。それはワークフェアとしての性格をもち、「自立」や「競争」の意識を強調する社会秩序政策としてとらえられる（髙橋 2004）。

(3) 子ども・若者支援推進計画 ── 若者の社会的包摂と社会参画

既述のように、2009年、子ども・若者政策を推進するための総合法として「子ども・若者育成支援推進法」が制定される。これにもとづく「子ども・若者ビジョン」（以下、「ビジョン」という）には、「一人ひとりを包摂する社会をめざして」という副題がついている。ここに計画の視点と焦点が端的に示される。つまり、施策の主な対象は、ニート、引きこもりなど困難を抱える子ども・若者たちである。こうした子ども・若者たちを対象に、包括的・個別的・継続的な包摂のための支援を図ろうとするところに新しい政策の特徴がある。

「ビジョン」では、7つの理念のもとに、包括的といわれる施策の体系を構成する。そこでは、県や市町村など自治体レベルに「子ども・若者地域協議会」を設置し、労働、保健・医療、福祉、矯正保護など多様な行政機関が子ども・若者の「円滑な社会生活」の実現に向けて連携しつつ施策を展開する体制を構築しようとしていることがわかる。3つの重点課題として、①子ども・若者が生き生きと、幸せに生きていく力を身につける取り組み、②困難を有する子ども・若者や家族を支援する取り組み、③地域における多様な

担い手の育成、があげられる。

　第1に、これまでの政策は、若者をめぐる問題を、彼ら自身の「甘え」、少し強くいうと「道徳的堕落」としてとらえてきた。これに対して、このプランでは、子ども・若者は社会的に排除されている、子どもの貧困は深刻である、彼らはいまや故郷を失くした「難民」としてとらえられている。したがって、政策では、こうした困難を抱え、かつ排除された子ども・若者を「包摂」することのできる社会をいかにつくるのか、ということが問われ必要があると述べている。つまり、問われるのは若者ではなくて、社会のあり方そのものだという。

　第2に、国際的な政策の影響である。このビジョンでは「子どもの権利条約」の理念をうけて、子ども・若者たち一人ひとりの「最善の利益」を尊重することが理念として確認されている。もちろん、これまでの政策の中でも一人ひとりの成長を図るということがとりあげられてこなかったわけではない。しかし、1970年代から1980年代の心理学的な発達課題論を受けた議論と異なるのは、それが包括的アプローチの中に位置づけられていることではあるが、パーソナル・アドバイザーが個別的、継続的に支援していくリスクアプローチをとっていることからもわかるように、ある意味では施策の心理学化が深まったともいえるように思われる。

　第3に、子ども・若者の社会参加の重視である。この点も、従来の政策のなかでもくり返し、視点や課題として強調されてきた。例えば、1970年代の各文書の中でも「行政施策は、究極的には青少年が国家・社会の有意な形成者となること」であり、このために地域社会のさまざまな活動に積極的に社会参加することが重要であると指摘されている。しかしながら、ここでの視点は、将来社会の形成者となるために、既存の地縁集団や諸団体に、大人の配慮と援助のもとに参加をしつつ、その参加を通して社会・集団の価値や規範を内在化するという社会化のプロセスを重視した「参加論」にとどまっていた。いわば未熟な青年期という理解にとどまっていたわけだが、新しい政策では、子ども、若者の意見や意志決定への参加そのものが固有の価値をもち、大人の意見と同等に尊重されねばならないということを強調する。

3　若者と生涯学習政策

(1)　個別化への応答としての教育政策

　日本の自由主義的改革が宣言され、この改革がすすめられるのと歩調を合わせるように、日本の教育政策の中心に生涯学習政策が浮上している。「いつでも、どこでも学ぶことのできる」生涯学習社会の構築が目標とされる。1960年代、教育機会の均等、階層・階級間の不平等を解消するために提唱された生涯教育政策は、その性格を変容させ、ライフコースの不断の分断を前提とした学習体制の制度化と整備が問題となる。

　従来の労働社会では比較的安定した生活を享受してきたといってよいだろう。安定したとは、経済的にも、精神的にも満ち足りた生活という意味ではもちろんない。標準化された生活のなかで将来をある程度見渡すことが可能であったという意味である。しかし、いまや状況は一変している。不確実性と制御不可能性が強まりつつある。

　よく知られているように、ドイツの社会学者 U. ベック（Beck 1986＝1998）はこうした近代化の特徴を「再帰的近代化」によるリスク社会の到来としてとらえる。第一の近代化がつくりあげてきた労働社会と福祉国家施策のもとで私たちは「労働の権利」を求め、常勤の形態の完全雇用をめざしてきたが、こうした目標が放棄され、その実態が解体しつつある。具体的には、労働の柔軟化のもとで、賃金形態の多様化、雇用の柔軟化、機能の柔軟化がすすめられている。ライフサイクルの中で失業や転職を経験することが避けられないものとなり、派遣労働・契約労働・有期雇用・裁量労働など、かつて不安定労働者など貧困の問題としてとらえられてきた状況が男性を含めて普遍的な私たちの運命となりつつある。もはや正規労働と非正規労働の区別する境界も曖昧になりつつある。こうした事態をベックは、標準化され安定した生活から「脱標準化され、断片化された多元的半就業システム」への転換としてとらえるが、いうまでもなく、これこそ不確実性や制御不可能性をうみだす生活の個別化の基盤にほかならない。

　こうして、家族や地域社会の紐帯の解体とあいまって、諸個人の生活は多

様化し個別化する。そのことは、ますます若者が自分の人生の計画や組織化について自己責任をもつことを意味する。つまり、彼らの人生はますます省察的な過程をへて自らつくられるものとなる。したがって、ライフイベントが重要な意味をもつことになり、また、それ自体が学びのプロジェクトとなる。

　かつての安定化し、標準化された生活を前提として構成された社会保障制度、教育制度の基礎が掘り崩され、新たなパラダイムにもとづく教育戦略をとることが不可欠となる。ここにグローバリゼーションへの政治的応答として生涯学習政策が重視される根拠がある。

(2)　若者政策と介入戦略の転換

　こうした構造変動、制度的な改革が若者にどのような影響を与えているのか。とくに、「移行」の変容の中での若者たちに関する調査研究が、少ないといわれながらも世に問われつつある。マスメディアでも取り上げられ、社会的な関心を呼んでいる。こうしたことを背景にして、社会的に排除された若者に対する支援施策が「包括的」と銘打ってだされることになるが、2つの特徴があることを再度確認したい。つまり、①施策の中心が個々の困難のなかにある若者に対するリスクアプローチであること、②パーソナル・アドバイザーに典型だが、ある意味では施策の心理学化が強まっていることである。

　まず、第1層の学校教育を見てみよう。小学校から大学など、学校教育ではキャリア教育が科目横断的な教育の課題として重視されている。必要なことは、職業に関する技術や知識を学ぶことではなくて、「職業観・勤労観」の養成、つまり、小学校の低学年から自分の将来を考え、仕事に興味関心をもつこと、その目標の実現のために努力することが求められる。このキャリア教育は大学でも制度化され、すすめられている。あるいは学生の起業支援のための講義などが開講される。就労支援としても、「日本型デュエルシステム」、若者自立塾、ジョブカフェ、企業支援などの施策が展開されている。主に、教育と労働の領域ではあるが、確かに、一定の包括性を備えた施策が

展開されている。

　他方、2000年代初頭に始まる改革では、若者の「社会的包摂」が課題となるが、とはいえ、福祉国家的な補償的な施策、つまり、金銭的な給付や公的な社会保障の充実を通して無業あるいは失業の期間を職業能力開発に投資するというようなスキームをとることはできない。なぜなら、新自由主義の視点からは、①財政的理由から大規模な投資はできない、②労働のモラールの維持という点からも問題となろう。当初の戦略は、若者の失業というような経済問題を政治問題化することであるが、それはパラダイムの転換過程では有効性を発揮するが、誘導のための戦略にとどまる。直接的な戦略としては、第二の予測しえないような諸問題に対処しうるシステムの構築が求められる。

　ドイツの社会学者 M. ビンケンスによれば、「国家介入戦略は、ある一つの目的をめざした直接的介入からより広いバリエーションをもつ戦略」(Wingens 1985: 86) へと転換するという。かつ、その施策は直接的効果をもってはならないという。なぜなら、効果のある施策はやがて限界に突き当たるからである。とすれば、ポスト・ケインズ主義的戦略として労働の流動化・柔軟化をすすめる労働市場政策、これと関連する継続教育政策が重要となる。制御・社会的介入戦略への重点の移行である。教育政策は効果のない施策であるが、だからこそ有効なのだ。

　周知のように、新自由主義者は、「自由」「選択」「競争」そして同時に「責任」を強調する。ドイツにおいてもわが国においても、これとの関連で社会国家改造計画の具体的施策として高等教育政策、あるいは社会人入学のような継続高等教育政策が中心的な課題となりつつある。それは1960年代から70年代の福祉国家的施策のもとでの「教育機会の均等」とは異なる射程をもつ。高等教育政策では社会人の高等教育機会へのアクセスが強調されるが、それは社会的権利の保障を通した社会秩序政策としての性格が極めて強い。

(3)　生涯学習戦略──自己責任と強制

　確かに、リカレント教育は科学・技術の高度化や急激な変化への対応を課

題としているが、労働力の流動化政策と結びつくとき、労働力の需給調整の意味とともに、競争秩序の形成をめざし業績主義の内在化させることに基本的なねらいがあると見てよい。なぜなら業績主義イデオロギーによれば、危機の要因である失業は構造的問題ではなくて、個人の問題として知覚される。失業は個人の運命であり、職業的成功や失敗は個人の資格や職業能力に帰される。個人に責任が帰されるために決定的に重要なことは、資格を取得したり、職業能力を高めるための機会が「いつでも」「だれにでも」開かれていることであろう。この扉は成人にこそ開かれる必要がある。

　次のようなマートンの言葉が想起されよう。だれにでも機会が開かれているとき、真の失敗とはそれにチャレンジしないことである。もし「失敗」するとすれば、この「失敗は二重の意味での敗北を示している。すなわち、成功の競争でずっと後れをとったという明示的な敗北と、成功に必要な能力や道徳的気力をもっていないという暗黙の敗北がこれである」(マートン 1949＝1961：155)。

　したがって、若者の就業支援の施策は、その効果があったとしても、それは限定的にならざるをえない。一つには、これらの施策に参加するのは、できるのは若者のうちのほんの僅かな層にすぎない。専門学校や大学を卒業するような若者の一部が来ることを想定しているにすぎない。

　それよりも問題となるのは、教育的施策の限界である。もちろん、それは就労支援の施策に参加するなかで正規雇用を見つけることのできる若者が存在することを排除するものではない。しかしながら、若者の非正規労働への雇用はまさに構造的な問題である。日経連の労働市場政策のなかでテンポラルワーカーとして位置づけられた非正規労働（契約・有期・臨時雇用など）が大きなシェアーを占める構造をつくりながら、その僅かな席をめぐっての競争をつくることこそが、社会秩序政策のねらいである。

若干のまとめ

　以上、見てきたように、子ども・若者はつねに政策・施策の対象として重要な位置を占め続けてきた。1960年代から70年代にかけては層としての青

少年の社会統合の視点から諸集団への参加と社会化論として、1980年代から90年代には「道徳的に堕落した」若者への社会秩序政策としての社会参加論として、そして、2010年代には社会的に排除された「弱者」への支援として政策がつくられる。その都度、若者たちはジャーナリズムや研究者がつくりあげた言説により構築され、消費され、政治化され、そして施策の対象とされ続けてきた。

最後に、若者の社会参加をめぐりどのように議論すべきなのか。いかに社会参加をつくるべきなのか、という点について述べたい。

おわりに ── 社会参加をどうつくるのか

(1) 若者の福祉レジーム論

「移行」をめぐっては、困難な中にある若者に対して、より積極的な労働市場政策とともに、家族形成、住宅、社会保障の体系的な整備の必要性を、欧米、とりわけスウェーデンやデンマークなど北欧諸国の政策の経験を参照しつつ、あるべき姿を示す研究が多く見られる。確かに、これらの経験は日本の政策を批判的に吟味し、将来展望を描く上で重要なものであることを否定しはしない。しかし、児美川孝一郎（2010）がいうように、福祉国家体制の中で一度若者政策の原型が形成された場合と異なり、そもそも若者の施策が不在であったという社会的・歴史的文脈を軽視して議論することは生産的ではあるまい。つまり、社会的、政治的文脈が異なる中で、社会参加の問題を考えなければならない。

そもそも若者政策として見た場合、北欧・欧米諸国とどのような構造的な違いがあるのか、という検討が必要となる。欧米の若者の「移行」の比較研究では、必ずといってよいほど、若者の「移行」と福祉レジーム論との接合を検討した研究が見られる。日本の場合、福祉国家サービスの役割が不十分な一方、排除された若者を包摂する上で家族が大きな役割を果たしているが、では、それはタリアなど南欧型（あるいはsub-protective）とどの点で類似性をもち、どのような違いがあるのだろうか。あるいは、フランス、ドイツ、そ

してオランダなどとどのような類似性があるのだろうか。また、それが、若者の政策形成でどのような意味があるだろうか。こうした検討が不可欠である。

(2) ライフコースの形成空間

もう1つ、若者の「移行」の課題が、就労にとどまらずライフコースを主体的にデザインすることであるとすれば、このライフコース形成と関連する領域を考える必要がある。宮崎隆志（2011）は、これを「ライフコースの形成空間」と呼んで、〈家族〉・〈学校〉・〈職場〉とともに〈地域〉をあげている。つまり、従来の施策の枠組みでは、このうち前の3つが重視されてきた。〈家族〉の経済的基盤や文化的資本が進学や就職の進路を規定する役割を果たしている。〈学校〉は学歴とともに、経済状況が厳しくなるとともに学校歴が問われる。〈職場〉は仕事の同僚や先輩・上司たちとの関係が重要な要素である。

ここで2つのことをつけ加えたい。第1に、問題は領域ではなくて、参加の質をめぐる問題である。①ライフコースの形成空間ということの意味は、若者が主体的に自らの進路を形づくることだが、その選択と経路をつくる力は、フォーマルな教育機関をふくむ3つの領域よりも、社会的生活領域にある実践コミュニティへの参加の経験が重要である。②実践コミュニティへの参加は、そこに参加する人たち同士の信頼関係や愛着を育む力ともなる。つまり、社会関係資本は、経済資本や文化資本とともに就職や社会参加の機会を広げる力をもつ。社会的排除や孤立のもつ問題は、こうした経験の機会が継続的に奪われるというところにある。

第2に、若者が自らのライフコースを主体的にデザインすることのできるように支援をどうすすめるかという問題である。これまでの施策の問題点の一つは、意欲と関心のある若者だけが来館する、参加することを前提としたアプローチをとっていることにある。イギリスのユースワーカーのように、困難を抱える若者に職員たちが積極的に働きかけるような仕組みが必要となろう。それは心理学的な相談支援のような個別アプローチに終始するべきで

はない。

(3) どのような社会参加をつくるのか

では、どのような参加をつくるべきなのか。

個々人がボランティア活動やコミュニティ・サービスに参加することがただちに意味をもつわけではない。それが、自発的な意思にもとづく参加であるのか、共通の課題をめぐる参加であるのか、多様性をもつ人びとの協同性や民主主義を活かした実践であるのかどうかが問われる必要がある。

では、若者が決定に参加すればいいのだろうか。決定過程への参加は大切である。しかし、事業仕分けのように、議論もなく決定に参加しても、満足はえられるかもしれないが意味はない。多様な社会的課題をめぐり自主的で、自発的な活動によって、この諸課題を解決するだけではなく、この実践の中で仲間や市民との対話を通して信頼関係をつくり、また、新しい考え方や知識そして価値を学んでいく過程への参加が求められるものである。

したがって、その支援は、スポーツ・文化領域の活動への参加を含めて、ときに世代を越えた広がりをもつ実践への参加を地域でつくるコミュニティ・アプローチをとった組織的・教育的な働きかけとなろう。A.センの参加論を踏まえれば、NPOなどの組織的な行動を通して自己のアイデンティティや能力を発達させることの重要性を認識すること、多様な意見やアイデンティティをもつ人びとが相互にコミュニケーションをとりながら共通の目的や活動、ニーズ、価値などをつくりだすこと、個人が生活する社会的条件と、個人の生活の計画化と組織化とを省察すること、これらを支える力となることが、わたくしたち社会教育の役割として期待されよう。

【引用・参考文献】

飯田経夫チーム・大蔵省大臣官房、1984、『ソフト化社会の光と影』大蔵省印刷局。
乾彰夫、2010、『〈学校から仕事へ〉の変容と若者たち ── 個人化・アイデンティティ・コミュニティ』青木書店。
乾彰夫編著、2006、『不安定を生きる若者たち ── 日英比較 フリーター・ニート・失業』大月書店。

小此木啓吾、1978、『モラトリアム人間の時代』中央公論新社。
苅谷剛彦、1991、『学校・職業・選抜の社会学：高卒就職の日本的メカニズム』東京大学出版会。
苅谷剛彦・石田浩・菅山真治、2000、『学校・職安と労働市場 ── 戦後新規学卒市場の制度化過程』東京大学出版会。
児美川孝一郎、2010、「『若者自律・挑戦プラン』以降の若者支援策の動向と課題」『日本労働研究雑誌』第602号、17-26頁。
社会教育審議会建議、1974、「在学青少年に対する社会教育の在り方について ── 家庭教育、学校教育と社会教育の連携」。
社会教育審議会答申、1981、「生涯教育について」。
セン, A.（石塚雅彦訳）、2000、『自由と経済開発』日本経済新聞社＝ Amartya Sen, 2000, *Development as Freedom*, Anchor Books, New York.
高橋満、2004、『ドイツ福祉国家の変容と成人継続教育』創風社。
高橋満、2009、『NPOの公共性と生涯学習のガバナンス』東信堂。
中西新太郎・高山智樹編、2010、『ノンエリート青年の社会空間』大月書店。
ファーロング, アンディほか（乾彰夫ほか訳）、2009、『若者と社会変容 ── リスク社会を生きる』大月書店。
部落解放・人権研究所、2006、『排除される若者たち ── フリーターと不平等の再生産』解放出版社。
本田由紀編著、2007、『若者の労働と生活世界 ── 彼らはどんな現実を生きているか』大月書店。
マートン, ロバート・キング（森東吾ほか訳）、1961、『社会理論と社会構造』みすず書房 ＝ Robert K. Merton, 1949, *Social Theory and Social Structure: Toward the Codification of Theory and Research*, Free Press.
宮崎隆志、2011、「高校中退者の中退後支援の課題 ── ライフコース形成空間に着目して」労働政策研究・研修機構『ビジネス・レーバー・トレンド』2011年（10月）、22-28頁。
宮本みち子、2002、『若者が《社会的弱者》に転落する』洋泉社。
宮本みち子監訳、1996、『若者はなぜ大人になれないのか ── 家族・国家・シティズンシップ』新評論。
山田昌弘、1999、『パラサイト・シングルの時代』ちくま新書。
Beck, U., 1986, *Risikogesellschaft: Auf dem Weg in eine andere Moderne,* Suhrkamp.
Loncle, Patricia & Virginia Muniglia, 2008, "Youth Participation, Agency and Social Change: Thematic Report," *The Project Youth- Actor of Social Change (UP2YOUTH)*.
Vogel, Joachim, 2002, "European Welfare Regimes and the Transition to Adulthood: A Comparative and Longitudinal Perspective," *Social Indicator Research*, 59, 275-299.
Walther, Andreas, 2006, "Regimes of Youth Transitions: Choice, Flexibility and Security in Young People's Experiences Across Different European Contexts," in: *Young,* 14 (2), 120-139.

Walther, Andreas, Baebara Stauber & Axel Pohl, 2005, "Informal Networks in Youth Transitions in West Germany: Biographical Resource or Reproduction of Social Inequality?," *Journal of Youth Studies*, Vol. 8, No. 2, 221-240.

Wingens, Mattias, 1985, *Weiterbildung und Gesellschaftliche Ordnung*, Weimheim und Basel, Beltz Verlag.

第2部　アート教育と意味構成

第4章　震災とアート教育の可能性
―― ホリスティックな学びの意義 ――

はじめに ―― 希望をつくるミュージカル

　学ぶとは、私たちにとってどのような意味をもつだろうか。そもそも学ぶとはどのようなことか。ミュージカルは被災者にとって希望をつくる力をもっていた。では、そのミュージカルでは、どのような学びのプロセスが支えているのか、学ぶことが震災の被災者たちにとってどのような役割を果たしたのか、ということを実証的に分析することを通して、これらの問いについて考えてみたい。

　ところで、成人教育研究で影響力の大きいJ. メジローら（Mezirow et al. 2000）は、学ぶとは、経験をとらえる認知枠組みの再構成であり、これは省察にもとづく合理的なプロセスであると主張する。これについて、すでにいくつかの批判をしている（高橋 2009）[1]が、その論点の一つが、学びにおける感情（affect）の問題である[2]。被災者が求める学びとは、あるいは必要な学びとは認知的なふり返りなのだろうか。そうではあるまい。被災者たちが悲しい経験を忘れることなく、しかしながら、希望をもって自らの人生をもう一度つくる意志を育むような学びが求められるのではないだろうか。つまり、学びにおける感情の問題を正面から問わねばならないのである。

　この点、アートによる教育が学びにおける感情（affectやemotion）を重視し、かつ精神的な回復の大きな力をもつこと（音楽・絵画療法など）、あるいは地域づくりの力になることもすでにいくつかの研究がある（Archer-Cunningham 2007、佐藤・今井 2003）。しかし、学びにおける感情の意義を強調しているものの、その分析は思弁的であるか、多分に印象記述的であり、信頼性と妥当

性に欠けるといわざるをえない。アート教育では、「世界と自己の再発見」（佐藤・今井 2003: 22）とか、「自己検証」（北田 1999: 103）を通して「世界に出会う」という趣旨の表現（北田 1999: 38、佐藤・今井 2003: 22）がよく使われる。それはどのような意味なのだろうか。思弁的な議論を越えて学びのプロセスをミクロに分析したい。

　ここで、もう一つ研究で留意すべきことがある。社会教育の研究では、学習者中心といいながらも、実践の分析は研究者やファシリテーターの視点から語られることが少なくない。しかし、震災をめぐる研究では、学習者の深い理解、とくに彼らの声を聞くことはとりわけ重要である。被災者たちは、深い悲しみに傷つき苦悩しているが、その苦悩のあらわれは女性、高齢者、あるいは子どもによっても一様ではない。学習の意味を問うとき、「だれの声を聞くべきか」という問いが突きつけられるが、もっとも深く傷ついている被災者の声である、とわたくしたちは応答したい。

　こうした諸点を踏まえつつ、本章では、①ミュージカルでは、どのような学びのプロセスをとるのか、そこで感情がどのように変容するのか、②何が人びとをその深いところで変えうる力をもつのか、③このミュージカルへの参加によってどのように意識や行動が変わっていったのか、ということを明らかにしたい[3]。それは、従来の学習論を批判的に検討することに結びつく課題でもある。

1　「ありがとう」を伝えるプロジェクト

(1)　感謝を伝えたい

　3.11の震災からおよそ1年後の2012年3月、宮城県東松島市で被災した人たちが中心に参加したミュージカルが東京銀座で上演された。このミュージカルとその参加者が分析の対象である。

　彼らが住む東松島市は、3.11東日本大震災の津波で大きな被害を受けている。死者1,037人・行方不明259人（2012年5月26日現在）という多くの犠牲者がでている（2011年3月現在、市の全人口、世帯数は43,142人、15,080戸だっ

た)。また、市街地の約60％が浸水し、家屋全壊2,133戸、半壊・破損4,160戸、床下浸水2,659戸（概数）の住宅被害、道路も市内全域で大きな被害をだしている。

　なぜ、このような状況のただ中にあった人たちがこのミュージカルのプロジェクトに取り組んだのか。呼びかけには、以下のように紹介されている。

> 2011年3月11日の大津波は、わたしたちの大切な家族や友人を奪いました。
> 体も心も傷つき、もう終わりだと思いました。
> でも、日本中・世界中のみんながわたしたちを救ってくれました。
> 感謝してもしきれないけれど、わたしたちには返せるものが何もありません。
> でもせめて、直接「ありがとう」と言いたい。
> 津波に負けちゃいけない、津波を忘れちゃいけない。
> わたしたちの涙や悲しみ、くやしさ、感謝を忘れちゃいけない。
> だから100人の体験をもとに台本を書き、うたをつくりました。
> わたしたちは支援への感謝を歌と踊りと語りで世界に発信します。

　大切な家族や友人を失って茫然自失の中にいる被災者たち、彼らに対して、日本全国から、そして国際的な広がりをもつ物心両面の支援が寄せられた。しかし、彼女たちが感じたのは、感謝の気持ちとともに「支援を受けつづけること」の辛さである。そこで、「だったら、感謝を伝える舞台をつくろう」という趣旨でプロジェクトが始められる。

　被災した人たちの参加を促す上で、「感謝を伝える」というポジティブな目的は大きな意味をもつことになる。なぜなら、表現の主体になる一般的なむずかしさとともに、特有の障害があったからである。つまり、「夫や娘を失くしたのにミュージカルなんて、どう思われるだろう」と、とりわけ深く傷ついた被災者ほど躊躇せざるをえない状況がある。周りには、ミュージカルに批判的な人たちがいたことも事実である。

(2) 生きている意味をつかんで欲しい

　しかし、目的は「感謝を伝える」ということだけではない。発起人の前谷さんは次のようにねらいを述べている。

　　やっぱりみんな、娘亡くなったとか、親亡くなったとか、兄弟亡くなったとか、そういうので、本当にみんな死んだような顔をしてました。……「自分が生きててよかったのかな」ってよくいうんですよ。……生き残ったけどつらいの。だから、やっぱりそういう人たちがね、これから生きていくためのきっかけっていうかな。……このミュージカルは、これからみんなが生きていくための、周りの人たちに喜んでもらえるようなきっかけにするための、あなたたち生き残った人たちの活動をしてねっていうメッセージだったんです。手法はミュージカルにしただけだったっていうか、それだけなんですよ。

　「公式」には「ありがとう」をいうことが目的だが、「生きる意味をもういちど確認してほしい」という発起人の強い思いが込められていた。震災後、少し落ち着いてきたとき仮設住宅や避難先の友人をたずねると、みんなが悲しみに落ち込んでいる、立ち直る気力を失って茫然自失の状況にあることがわかり、なんとかしなければならないという思いを強くしたのである。この共感（empathy）こそ、人びとを活動に駆り立てる力となる。

　避難してしばらく身を寄せたかつての劇団仲間である寺本建雄氏[4]の支えもあり、とにかく活動を始める。寺本氏はミュージカルの構想を練り、歌とセリフをつくる準備をすすめていく。本格的な練習は2011年11月からだったが、前谷さんたちは新聞社、テレビ・ラジオ、市の広報など、あらゆる媒体を使って参加を呼びかけている。

　しかし、被災者たちが自らすすんで参加するのはむずかしいことであった。傾向として見ると、普段から社会的活動・学習活動をしていた人たちがミュージカルにも参加している。ただ、それであっても友人・家族からの働きかけがなければ参加には結びつかなかっただろう。周囲の批判的な目があ

り、自分たちの立ちあがろうとする気力も失っていたからである。

(3) 参加者 ── 身も心も傷ついて倒れそうな人たち

　参加者は、みな震災・津波により過酷な体験をしている。たくさんの家族・親族、友人を亡くしている。どのような経験をしてきたのか、これを理解するには、ストーリーのなかで表現される出演者のセリフを紹介するのがいいだろう。なぜなら、このセリフは出演者の〈語り〉をまとめたものだから。

　　野蒜小学校が避難所になっているので、そこの体育館にも津波が入ってきて体育館のなかで洗濯機のようにグルグル人が浮かんで回りました。私も回りました。ギャラリーまで水が来て私は運よくギャラリーの人に引き上げられて助かりました［台詞1］。

　　どろどろの親父をペットボトル10本の水で洗いました。でもきれいになりませんでした。死に水が泥なんて情けなかった…父ちゃん、母ちゃんごめん［台詞2］。

　　夫と連絡が取れないまま不安な一夜を過ごしました。12日の朝、夜明けとともに避難所を回りましたが、捜せませんでした。35日目の4月15日やっと夫はゴルフ場で発見され、小野体育館で対面しました。それからずっと私だけ生きてて良いのだろうかと悩みながら生きています［台詞3］。

　だから、前谷さんが訪問したとき、みんなは「死んだような顔」をしていたわけである。
　もう一人、ある子どもの例を見よう。彼女は、避難の過程で街（建物だけでなく人も）が津波に流される様子を目撃し、さらに死体を跨いで避難するような経験をしている。もともと神経質なところもあったが、自宅が危険地区に指定され戻れなくなり、転校して間もなく不登校となっている。校名に

「津」(つ) という音がはいるだけで苦しむ子ども。しかし、転校先の同級生も先生にも、この苦しみを理解してもらえないで、「他のみんなは頑張っているんだよ」といわれてしまう。こうして心身に変調をきたしていく。母親は当時の子どもの様子を次のように証言する。

　　夕方から朝にかけて具合が悪い、頭痛い、吐き気がする、いろんな体調の不良を訴えるようになって、ご飯も食べられなくなったんです。全部戻してしまって。

　被災者として一括りに語られるが、被災の程度も、抱える問題の深刻さも多様である。夫や妻を、親や子どもを津波で失う、家屋やすべての財産を失うだけではない。被災後、夫が亡くなった後、遺産相続をめぐる争いが起こり、これを契機に嫁が家を追いだされる。このように人びとの絆がズタズタに断ち切られるという経験をした出演者もいる。親や子ども、そして妻・夫を亡くした被災者たちは、だからこそ精神的にも憔悴し、立ちあがる気力も奪われていたのである。
　こうした被災者たちがミュージカルへの参加を通して、いかに意識を変容させてきたのか。これを示したのが図4-1である。このプロセスをより詳細に分析していこう。

2　ミュージカルの力 ── 協同のプロジェクトへの参加

(1)　語ることの力
　このプロジェクトは被災者に生きる意味をもう一度確認してほしいという願いから始められた。前谷さん曰く、「方法としてミュージカルをとっただけ」である。しかし、このミュージカルは、一つの作品とつくり、観客に向けて協同しつつ表現することであり、この表現者として参加することに大きな意味がある。その表現方法が「語ること」、「歌うこと」そして「踊ること」の3つの側面である。

82　第2部　アート教育と意味構成

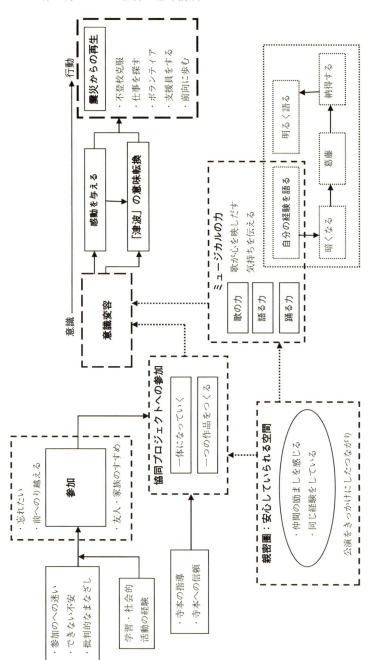

図4-1　ミュージカルへの参加と意識変容のプロセス

まず、「語ることの力」を見よう。ミュージカルのセリフはすべて出演者の声を集めて書かれている。そのために被災者の方々を訪ねてヒアリングを行ったり、練習場で車座になって参加者一人ひとりが自分の経験を語る場をつくっている。この「語られた経験」をそのまま表現している（これには出演者や観衆が耳を傾けるという行為が対応する）ところに方法的特徴がある。したがって、つらい体験を舞台で「自らの言葉」で表現しなければならない。「事実なので、事実のことを人に語るというのは、ものすごく、やっぱり辛いことなのです」、という。

被災者の学びを考えるときに、大切なことの一つは、悲しみ・悔しさ・後悔を〈言葉〉により表現するプロセスである。この過程が、自分自身の心と向き合い、新しい生き方の方向性を見つけ出すための学びとなっている。感情の社会的変容のプロセスである。

　　最初のほうは、他の人の台詞とかもあって、聞いてるうちに「やっぱり」とか、すごい気持ちが沈んじゃったりとかもあったんですけど、回数重ねてってたら、他の人はこういうことを経験したし、私もこういうことを経験したけど、それを乗り切ろうっていう気持ちになってきたので、重ねていったら、だんだん言うことは全然つらくはなくなっていきました。

この点について、ある参加者はふり返りつつこう整理している。

　　ミュージカルのセリフは寺本さんが参加者や被災者から直接聴き取ってつくりました。ですから参加者にとっては、震災時の様子を思い出すことになりました。そして、それを練習で反復するので現実を客観的に受けとめるように促されました。さらにそれを舞台で発表するのですから、受けとめた現実を自分自身に納得させる作業になりました。被災者が先へ進むためにのり越えなくてはならない自分の心との葛藤をミュージカルのなかでやっていたのですね。このミュージカルの凄さはここに

あったのだと思います。

　練習や舞台で被災者としての経験を語ること、それは、悲しみ、後悔などのつきあげる感情（emotion）を表現することだが、それに対峙して、これを乗り越えることによって意識が少しずつ変わっていく。練習の最初のころ、セリフをいうのは辛くてできなかった方が少なくなかった。自然と涙がどっとあふれでる。それでやめようとした方もいる。だが、仲間に励まされ、小さな声が出るようになり、練習を重ねる中でセリフとして表現できるようになったわけである。

　このプロセスを整理すると、以下のようになろう。自分の経験をセリフとして表現することにより悲しみ、後悔など情動として表出するが、他者との相互作用のなかで自分自身と内省的に向き合い、自己内省的な感情（self reflective feeling）として整理されていく（船津 2008）。だからこそ悲しみを超えて新しい一歩を踏み出す意志が社会的に形成されるのである。それが語りのなかで生きる力を回復していくプロセスである。

(2) 歌うことの力

　この「語る力」を支えるものが「歌うことの力」と「踊ることの力」ではないかと思う[5]。協同のプロジェクトとして表現するからこそ出演者たち相互の共感がより強くつくられていく。つまり、辛い経験を乗り越えるためには、それを支える仲間の存在が欠かせないのである。このプロセスをもう少し詳しく分析してみよう。

　まず、「歌うことの力」である。歌詞についても被災者の経験を聞くプロセスをとおしてつくられる。被災者の経験を丹念に引き出し、それを歌や台詞に仕立てあげる、この寺本さんの手法にも大きな意義がある。ミュージカル一般が生きる力を引き出すわけではない。

　　　先生の歌、CD聞いてね。この歌は、ほんとに一生涯、津波に遭ったあたしに合った歌だなというね。ほんとに、最後の「泣いてはだめ

だ」っていう、自分ながらほんとにうれしいっていうか、感動したっていうかね。(イン：うれしいけども、やっぱり涙が。) 涙が出るね。

　自分たちの気持ちに寄り添う歌詞と曲が被災した参加者の心を打つ感動をよんだのである。しかも、それは言葉ではなかなか表現できない心の状況にある人たちにとって、大きな意味をもったのではないだろうか。つまり、このミュージカルに挿入された歌だからこそ表現できたのである。

　　やっぱり自分の思ってることとかを話せるっていう人は、まだいいと思うんですけど、すごい被害受けて、話したくても話せないっていうときに、ミュージカルってものがあったから、少しでも話せたとは思います。

　こうした歌だからこそ、人びとを相互に結びつけ、曲がつくりだすリズム、歌詞から生まれる感覚が自己を拓いて相互浸透していくことを可能にする。「生きられた感情経験」(lived emotion) を共有していく。

(3) 踊ることの力

　もう一つの共感を広げる要素、それが「踊ることの力」である。それは、音楽に合わせて身体を動かして表現する、しかも、他の出演者と共鳴しつつ〈一体〉になって表現することの意味である。
　ある参加者は、それを次のように表現している。

　　ミュージカルだから、歌って踊って、人数が多いからやる気出ることと、何て言うんだろうね。私だよ。私だったら、やる気と、つらいことを忘れて、忘れられる。つらいこと、嫌なことはやる気に負けてしまって、やる気のほうが1人が2人、2人が10人って大勢になって、ミュージカルだからできることかな。

年齢超えて。嫌なこと忘れて、やる気が何倍、何十倍にもね。笑いも違うっていうか、1人より、笑うことも、だと思うんだけどね。1人が笑って、3人が笑って、5人が笑ってっていってるうちに、みんな笑っちゃうっていうか、叫ぶっていうか、そういうのを感じたね。（イン：元気をもらって同調してくような感じですか）。

仲間の辛い経験から紡がれる「語り」や「歌」に共感し、身体を動かし表現することによりつくられる情動（emotion）。だからこそ一人の出演者の喜びや元気が参加者に同調し、喜びが波動のように伝わっていくのである。寺本さんは、演出の指導でいつも明るく表現することを求めてきた。辛く、悲しいシーンのはずのことでも、思いっきり元気よく表現するように指導している。それは、歌のリズムだけでなく、踊りという身体表現を通してつくられる出演者が互いに響き合う〈共振〉から生まれるものであり、感情労働論で求められる感情操作とは異なり感情疎外を生みだすものではない。それによって「自己意識化された感情」(self conscious emotion)[6] として形成されていくのである。

(4) 安心していられる空間

このプロジェクトが被災者にとってもつ意味は、ミュージカルとしての表現方法だけではない。このミュージカルが、一つの実践コミュニティであることが大切な点である。この協同性は、つらい体験を乗り越えようとするとき、大きな意味をもつ。なぜなら、それは相互信頼と安心の空間をつくる条件である。先の「語り」との関係でいえば、辛い経験を語りながら立ち向かうためには、そこにいる人たちへの信頼、連帯感、安心感がなければならない。「歌うこと」「踊ること」を通して、こうした関係性が築かれているからこそ、突き上げる悲しみの感情がありつつも、出演者たちの相互作用をとおして「自己内省的な感情」とすることができたのである。

これをもう少し詳しく整理してみよう。まず、第1に、被災者たちが共通した経験をしていることである。被災して内陸部の被害を受けていない地域

に転居した方たちが一様にいうのは、「被災した者」と、「被災していない者」との温度差である。先の小学生の不登校になった少女は次のように感じていた。

> どうしても内陸側だと被災の程度が違うから、みんなあの日のことを忘れてるって。それは今でも言います。「だから、内陸の人たちは嫌いだ」って言うんで。だから、今でも地元に戻りたいって。やっぱり興味本位でみんな、「おうち、どうだったの？」とか、津波どうだった……。それがうんと嫌だったって。で、なかなか自分の居場所も見つけられなかった。

この「温度差」が耐えられず被災地に戻ってくる人たちも少なくない。これに対して、ミュージカルに参加した人たちは程度の差はあれ、全員が津波による被害を体験している。お互いの境遇を了解して配慮し合う関係がある。この他者理解が参加者に安心感を育むことになった。

> みんな被災者だから、境遇が同じでしょう。だから、話しすると、何て言うのか、すぐ溶け込むっていうか。みんな「うちもそうなの」とか、「私もそうなの」とかなっちゃうから、話もね、気持ちもすごく楽になる。軽くなるんだよね。（イン：被災していないかたに話をするっていうのは、全然違いますか）違いますね。やっぱり話してるうちに、被災しない人と話しすると、だんだんずれが出てくるんですよね。そうすると、なんか「だめだな」と思って、しなくなりますけどね。

第2に、演技をしていても、声に出すわけではないが、仲間の励ましを感じることができた。夫を亡くし、仮設で一人暮らしをすることになった女性も次のようにいう。

> （イン：プレッシャーはありましたか）ありました。毎日毎日が、台詞う

まく言えるだろうかとか、歌と踊りですよね。みんなについていけるかどうかとか、いろいろ悩みましたけど、何とか皆さんも応援してくれて、「いや、高橋さんの台詞があれだから」ってみんな心配してくれて。でも、みんなが励ましてくれて、何とかできました。

　つらい経験を語ること、くじけそうになるとき、仲間の励ましが乗り越える力となっている。
　第3に、出演者を支える関係はより大きな広がりをつくる。このミュージカルは支援への感謝を伝えることを目的としているが、これ自体が全国の支援をうけてすすめられたことである。被災者を支えようと多くの方々が支援の輪に加わっている。公演を実現するために東京の支援の会も独自につくられている。全国の支える力があり、それが、被災して孤立した人たちの周りに幾重にもつながりがつくられ、包み込んでいく。

3　被災者の意識・行動の変容

(1)　教室へ戻る宣言

　では、どのような意識や行動の変化が見られただろうか。ここで具体的な例として、不登校になった子どもの参加者の様子を紹介しよう。

　　教室に入れなかった。だけど、「あしたから入ります」って。みんなと一緒に勉強しますって宣言した子がいるんですよ。素晴らしいじゃないですか。すーっと鳥肌が立つぐらいの言葉。何にも代えられないですよ。どんなに子どもが心理的にね、傷ついていたか。そして、それによって、自分はそれでも学校に行かなくちゃいけない。だけど、みんなと一緒に教室で励むことできない。でも、1人だったらいいやって静かに保健室で勉強してた子が、「あしたから頑張ります」って。「もう保健室になんか行きません」って宣言した。

彼女を不登校から立ち直らせたものはなんだったのだろうか。第1に、ここでも他のおとなの参加者が自分たちと共通した被災経験をもつことを確認したことが大きい。共感の入口は共通の体験である。転校した学校で孤立し、先生や同級生に敵意さえもっていたのとは対照的な感情が芽生えている。

　歌は、最初は全然歌いませんでした。「こんな歌」とか何とかって、ばかにしてました、正直。でも、周りの人たちが、自分とおんなじだって分かったみたいで。「だんなさん亡くなったんだって、あのおばちゃん」とか、「あの人のうち、流されたんだって、お母さん」とか。「私よりひどいんだね」っていう言葉が出てきて、ミュージカルの話を自分からするようになった。分かるようになってきて、とにかく「さっちゃんと一緒だね」って。「みんな一緒だ」って。

第2に、多様な年齢層の人たちが参加していることである。

　そうです。あと、やっぱり年代がいっぱい参加者の人いて、その中でもやっぱり、「あの大人の人はこうだよね」とか、「あのおばちゃん、ああだよね」っていう中での話とかもしてたんで、いろんな年代広い中での参加がやっぱり。(イン：やっぱり年代がね、年代別だったっていうのが結構大きいってことだ。)うん。それは大きかったです。

このようにミュージカルは、子どもたち、若者、そして高齢者がお互いに対等に出演者として交流し、そして支え合う場を提供している。高校生も参加しているが、踊りの振り付けや演技指導で中高年の方たちを引っ張る役割をしている。彼女たちのほうが数段うまい。でも、一緒につくる作品だから、稽古の合間に教え合う関係が自然につくられるのである。経験の共通性とともに、多様な参加者が一つの作品をつくるために協同する体験、その中での語りのなかで意識が少しずつ変化していくのであるが、それが学びをつくるアートの力の一つである。

(2) 前に歩みだす被災者たち

これまで見たように、被災者といっても多様な被害の状況があり、一律に論じることはできない。しかし、被災者たちにとって、ミュージカルは確かに大きな意味をもっていた。もっとも大切だと思ったのは、以下のような語りに見ることができる。

> 津波でミュージカルして、ほんとに津波のおかげで、孫、娘と「前のほうで、お母さん、見たよ。またファイトだね」なんて褒められたりしたけど、津波があったからこの若さを保ってやれたんだなと。もう人生終わりかなと思うけども、ひと花は咲かないけど。

この方は津波で夫を亡くし、家も家財もすべて失っているが、この悲劇的な津波の意味が転換してることがわかるだろう。もう少し精確に表現すれば、悲しい、辛い記憶にミュージカルのすばらしい記憶が書き加えられたとでもいえよう。だからこそ、彼女の人生にとって、この実践の意味は大きいのだ。もう少し、成人の意識と行動の変容について紹介しておきたい。

> 先の両親を亡くして、泥水で身体を洗った悔しさをぶつけた方も、新しく仕事をはじめています。「悶々とした気持ちがミュージカルで吹き飛んだ。悔しさは日常にぶつけよう」と思うと。

> 津波で夫を失い、仮設住宅で引きこもりがちになった女性は、少しばかり表情が明るくなって、「心の底では引きずっている部分はある。でも、うわべだけでも笑えるようになった」といいます。そんなに劇的に変わるわけではないのです。でも、少しでも前向きに心を変えるきっかけとなったわけです。

> 同じく夫を失った(ゴルフ場で発見された)女性は、仮設住宅の被災者

支援サポーターとして活動を始めました。変わったのです。「ミュージカルは第一ステージ。心豊かに生きる次のステージはこれから探す」といいます。

それぞれ方向は違いがあり、また回復の程度も多様である。実は、この点が大切なことでもある。それは、もう一度自分の人生をつくる挑戦に歩みだしたことを意味するからである。ほんの小さな一歩だとしても、着実に。

おわりに —— ホリスティックな学びの意義

以上、ミュージカルへの参加から意識や行動の変容のプロセスを分析してきた。そこから3つの点を指摘し、まとめにかえたい。

第1に、ミュージカルのもつ意識変容や行動変容を促す力を、どのように理解するのかという点である。その具体的な側面は、「語ることの力」、「歌うことの力」、そして「踊ることの力」であることを指摘した。そこでは辛い、悲しい、悔しいという経験にもとづく情動（emotion）を、しかも、歌や踊り、語りなど多様な方法で表現することによって、他の参加者との関係を結びながら、自らの感情を内省することにより、自己内省的感情へと変容されるプロセスがあることを明らかにした。その場合、2つの点が大切であることがわかる。①ミュージカルが個人の課題ではなくて、一つの作品をつくるという協同のプロジェクトであること、②参加した被災者が安心していられる空間と認知されていることである。これは協同学習をつくる条件でもある。

第2に、学習をどう分析するのかという方法的態度についても触れておきたい。従来、社会教育の実践分析は職員の「語り」による、職員の活動プロセスの分析にとどまり、かつ学習者を社会的文脈に位置づけつつ分析する視点が弱かった。しかし、この事例でいえば、津波により家族や親族・友人たち、そして家財もすべて失って呆然自失の状況にあることを踏まえつつ学習を理解しなければ、その研究は意味をもたない。さらに、学習をプロセスとして

理解することの重要性についても確認できるだろう。ミュージカルへの参加を決意するところから、新たな行動に立ち向かうまでの一連のプロセスと影響を与える諸要素を学びのプロセスとして分析することが必要なのである。

第3に、これを学習論の再検討という点から考察してみよう。これまでの分析から、学ぶということが参加者同士だけでなく、これを支える支援者をふくむ諸関係のなかでつくられる動的なプロセスであり、感情や身体運動を含めたより多面的なプロセスであることを明らかにしてきた。身体を使い全身で表現すること、表現をとおして他者を理解すること、緊張や葛藤と対峙することをとおして、大震災の経験に新たな意味をつけくわえることができた。このように、学びに感情（emotionやfeeling）という要素があり、身体表現を含めて一つの作品をつくるという能動的で創造的な側面があるからこそ、被災者たちは少しではあっても前に歩みだす気力が育まれるのではなかろうか。それは、学習論でいえば、ナラティブ・アプローチとか、身体を通した学習という側面をもっている。ミュージカルは、身体運動、感情（feeling）、情動（emotion）、表現、内省（reflection）など学びのあらゆる要素を含んでおり、その意味でホリスティックな学びの機会をつくるアートである。

こうした点から見るとき、J.メジロー（Mezirow 1991, 2000）のように学びを個人的、かつ合理的な認知的なプロセスとしてのみ理解する立場は誤りである、少なくても一面的な学習把握といえよう。学びとはそもそも協同的なプロセスであり、感情（affect）を含め、すぐれてホリスティックなものである。

【注】
1 　ここではJ.メジローに対して、①個体主義的なアプローチであること、②学習の合理主義的把握であること、③人の学習を認知的側面でのみとらえること、④意識変容と行動とを切断して理解していること、⑤学習における権力の問題を捨象していること、などの点を批判している。
2 　感情論については、Evans（2003＝2005）を参照している。
3 　この調査は、発起人の前谷ヤイ子さんの協力のもとに実施された。ヒヤリングの対象は、被災してミュージカルに参加した7人の女性である。くわえて参加者の手記、ミュージカルの台本、新聞記事等を分析の対象にしている。MAXQDAで文章を分節化し、参加の中での意識と行動の変容をとらえるという視点から再

構成する方法をとっている。
4　寺本氏たちが所属していたのは、「ふるさときゃらばん」という劇団である。演劇を受け入れる地元の若者・住民たちを「実行委員会」に組織しながら、その地元の課題に則したミュージカルを上演し続けてきた。
5　Yorksたち（2002）は、デューイ、コルブ、メジローなどの経験学習をプラグマティズムとして批判し、現象学的視点から、経験にもとづく学習を4つの知の様式（Ways of Knowing）として整理している。それが、Experiential、Presentational、Propositional、Practical Knowingである。「語る力」はPropositional、「歌う力」「踊ることの力」はPresentational Knowingにあたる。

【引用・参考文献】

北田耕也、1999、『自己という課題── 成人の発達と学習・文化活動 ──』学文社。
佐藤学・今井康雄編、2003、『子どもたちの想像力を育む── アート教育の思想と実践』東京大学出版会。
高橋満、2009、『NPOの公共性と生涯学習のガバナンス』東信堂。
高橋満、2003、『社会教育の現代的実践』創風社。
畑潤・草野滋之編著、2007、『表現・文化活動の社会教育── 生活のなかで感性と知性を育む』学文社。
船津衛、2008、『社会的自我論』放送大学教育振興会。
Archer-Cunningham, Kwayera, 2007, "Cultural Arts Education as Community Development: An Innovative Model of Healing and Transformation," *New Directions for Adult and Continuing Education*, No.116.
Evans, Dylan, 2003, *Emotion: A Very Shot Introduction*, OUP Oxford. ＝ディラン・エヴァンス（遠藤利彦訳）、2005、『感情』岩波書店。
Lawrence, Randee Lipson, 2005, "Knowledge Construction as Contested Terrains: Adult Learning Through Artistic Expression," *New Directions for Adult and Continuing Education*, No.107, 3-11.
Mezirow, J., 1991, *Transformative Dimensions of Adult Learning*. San Francisco: Jossey-Bass.
Mezirow, J. and Associates (eds), 2000, *Learning as Transformation: Critical Perspectives on a Theory in Progress*. San Francisco: Jossey-Bass.
Yorks, L., & Kasl, E., 2002, "Toward a Theory and Practice for Whole-Person Learning: Reconceptualizing Experience and the Role of Affect," *Adult Education Quarterly*, Vol.52 No.3, 176-192.

第5章　ワークショップへの参加と自己変容のプロセス

はじめに ── 研究の課題

　ワークショップは、芸術・社会活動などのさまざまな分野にわたって、ある特定のテーマをもって実施されるが、参加人数・場所・実施スタイルなどは多様である。その多様性の中での大まかな共通点として、①グループアプローチ[1]であること、②講師から参加者への一方通行な「知識伝達スタイル」ではないこと（苅宿 2012: 79）[2]、があげられる。このような特徴の中で参加者は何を求め、何からどのような影響を受け、結果的にどのようなものを得ているのであろうか。

　ワークショップは、一方向的知識の伝授ではなく、参加型・身体化（体験）という特徴をもつグループ学習方法であり、その場の参加者の協働プロセスが重要である。しかし、ワークショップを実施する側の立場や理論としてまとめられた研究は数あるが[3]、ワークショップを受ける参加者側が「何を求めてそこに集まり、その場で何を感じ、どのような影響を受けて、自己内部に何が生成されていくのか」という具体的にプロセスを追った分析は少ない。したがって、本章では、実践されたワークショップの参加者のインタビューをもとに、ワークショップ内でおきる意識変容のプロセスを分析し、インフォーマル・エデュケーションとしての学びのプロセス及びその意義を明らかにしたい。

1　ワークショップの学び

　まず、ワークショップが創りだされた歴史をたどり、「学習」としてどのようにとらえられてきたのかという点に注目したい。歴史的な意味では、その始まりにジョン・デューイ (1859-1952) の名前があげられる。彼がいう「体験・プロセス・身体重視の参加体験型学習は、ワークショップの学びの持つ『結果を予め想定できない、オープンエンドで生成的なコミュニケーションが展開される場』だということを意識の基盤」(茂木ほか 2010: 15-16) として広がっていった。つまり、ワークショップは「参加者によって生起する相互作用＝互いの違いが創造力を生むことを大切にするので、参加者によってつねに変動し、あらかじめ学びのデザインを完全に記述しておくことは不可能で、参加者自身が能動的に（活動等の）意味付けを行いながら、学び自体を作っていく学び」(茂木ほか 2010: 11) である。このようにワークショップは、これまでの学校教育を支えてきた①行動主義学習観（「できること」を重要視する）、②認知主義学習観（「わかること」を重要視する）とは異なり、必然的に内包される協働スタイルという面から、③社会構成主義学習観（「分かち合うこと」を重要視する）と考えられている (苅宿 2012: 76-79)。

　「分かち合う」学習スタイルにはどんな特徴があるのだろうか。苅宿 (2012) は、ワークショップをデューイ的なアプローチで考え、「『コミュニティ形成（仲間づくり）のための他者理解と合意形成のエクササイズ』であるという。ワークショップは、エクササイズ、つまり、練習であり、学びである。ワークショップは目的でなく、コミュニティ形成のための方法なのである」(苅宿 2012: 18) と指摘している。そして、問題解決にあたってつねに合意形成が行われるとは限らず、反対に「協働」によって他者との多様なズレや行き違いが生じることこそ重要な結節点としてとらえている (高木 2012)。さらに高木 (2012: 24-25) は「現場で生まれる『混乱』『戸惑い』『躊躇』『食い違い』『対立』といった『揺らぎ』に肯定的な可能性を見出そうとする」[4]ことを重要な特徴とみなし、この揺らぎのある不安定な状態こそワークショップの面白さと深く関係があると語っている。高橋 (2013: 40-

41)も、ワークショップはそれ自体が目的ではなく、「創発的な協同関係」を通して、実践知をつくりだし、結果的に一人ひとりが「実践の中で省察」するプロセスを「学び」としてとらえている。「分かち合う」学習スタイルの「協働作業」が合意形成とズレの両面を参加者に与える特徴は、そこにいる学習者を「止まってみていない」点と言える。

ワークショップは「参加型体験」という学習スタイルであるため、「自ら動く（自分の身体を動かす）」という学びの身体化の重要性があげられる。そこでは身体を動かし「『いままで慣れっこになっている頭の使い方』は『停止』させて、『頭を使わないわかり方』や『使ったことのない頭』の使い方を経験する」(佐伯 2012: 61-64) わけである。身体化の重要性としては、自己実現へのプロセスを見出したA.マズローのいう教育システムにもつながるのではないだろうか。マズローは、芸術などによって引き起こされる至高体験時の身体感覚を重要視し、身体表現をとりいれることは認識指向の強い伝統的教育を補うことができ、「身体的な感覚中心の教育システムは、あらゆる教育に含まれるべき積極的な参加学習を要求することを指摘している」(Frager & Fadiman 1984＝吉福 1991)。

以下、学びの方法としてのワークショップの意義を、参加者の視点に立って究明していこう。

2　研究の対象と方法

本研究では、4つの異なるタイプのワークショップ（2009年12月～2012年11月の約3年間実施）に参加した中からアトランダムに11人を抽出し、半構造的インタビューによって「参加動機について」「どんなとき何を感じたか」「どのような影響を受けたか」などを中心に自由に語ってもらった。そして、録音したインタビューを文字に起こし、この文字情報を、木下康仁 (2003) 修正版M-GTAの手法に沿って分析した。

データ収集の仕方や内容公開にあたって、次のような倫理的配慮を行った。①インフォーマントの体調を配慮して、インタビューを複数回に分けて行う

表5-1　4つのワークショップの内容

ワーク名称	講師及び内容	概要
表現ワーク	講師：丸山里奈（演出家＆役者・教育カウンセラー・精神保健福祉士） 　演劇（即興劇や既成台本）・ムーブメントなどを用いて、ゲーム的な要素も多く取り入れて、限りない想像力の広がりを感じて自由な表現をしていく。	定員：約15。 実施日：月4回、約80分。 費用：500円
サイコドラマ	ディレクター：増野肇（精神科医師、サイコドラマティスト・元日本心理劇学会理事長・大学名誉教授） 　J・モレノ考案の集団精神療法。日常の役割から離れ、補助自我やグループの援助を利用しながら問題解決の糸口を探る[5]。日本人の気質にあうように精神科医師の増野肇が独自にアレンジした手法を取り入れている。	定員：約14。 実施日：毎月第3火曜、約150分。 費用：2000円
構成的グループエンカウンター	リーダー：加勇田修士（日本教育カウンセリング学会常任理事・ガイダンスカウンセラー・SGE公認リーダー） 　C・ロジャース[6]が展開したグループ・エンカウンターを國分康孝が構成的に枠組みを加えたグループアプローチ。「oneness、weness、Iness」という他者とのかかわりを体験し、グループの力を借りて、本音の交流を図る。	定員：約14。 実施日：祝祭日又は休日、8時間。 費用：5000円
ボーンメッソード	講師：元競技ダンス日本チャンピオン 　身体のエキスパートである講師考案のメソッドである。自分の身体の生理的感覚を甦らせる。姿勢・ウォーキングなどを通して、インナーマッスルとアウターマッスルの違いを理解し、日常生活での自分の身体の各部位の動き・働きを自覚していく。	定員：8人以下。 実施日：月1～2回、約90分。 費用：2500円

場合もあった。1人につき30分～1時間半と、実施した時間の長さの個人的違いは問題視しないことにした。②ワーク参加の前と後の日常生活（プライバシー）に触れている内容は、本人の承諾を得られた範囲のみ記載した。

　表5-1は、対象となった4つのワークショップの概要である。宣伝・広報の仕方はさまざまであるが、ネットやフライヤーにはワークタイトルと、日時・定員・価格・申し込み方をのせ、講師の紹介を簡単に記載した。

　次の**表5-2**はインタビュー対象者（ワークショップ参加者の一部）の属性である。○の横の数字は参加回数、名前の欄のfは女性であることを示している。

表5-2　参加者一覧

名前	年齢	職業	カウンセリング	薬物服用	表現ワーク	サイコドラマ	構成的GE	ボーンM
Zf	30後半	(元教師)	○	○	○74	○21	○3	○3
Yf	30後半	保育(パート)	○	○	○59	○16	○3	○11
Xf	50後半	看護師				○8	○1	
W	20後半		○	○	○52	○14	○1	○8
V	60中	(定年退職)			○34	○17	○1	○9
Uf	20後半	保育(パート)	○		○22	○12	○1	
Tf	30後半	事務	○	○	○36	○10	○2	
Sf	30後半	保育士			○24	○11	○1	○15
R	30中	事務			○91	○35	○5	○24
Qf	40中	事務(パート)	○	○	○58	○2	○3	○2
P	40前半	会社員	○		○32	○1	○3	○15

3　分析結果

(1)　分析結果のストーリーライン

　本研究の結果から生成された、概念とカテゴリーからの分析結果全体のストーリーラインを示すと次のようになる。概念は『　』、サブカテゴリーは【　】、カテゴリーは《　》、コア・カテゴリーは〈　〉で記す。

　人は、ワークショップにはじめて参加するにあたって、その《場に入る心がまえ》をもっている。それは人によっては経済的なことを意味したり、漠然としたスケジュール的な事情に対するものであったりする。しかし、その心がまえは、ワークショップの紹介者や講師などへの『信頼のベース』がある故に、「なんとなく」という曖昧な形であることが多い。最初はそこに居るメンバーが「どんな人か？　何人か？　自分をどうみているか？」などと気にして、集団の様子を探り『初めて会う人とのかけひき』が生じる。しかし、参加者はやがて『回数と時間の役割』で【場に慣れる】。そして【他者との関係性の構築】にエネルギーを注ぎ出すにつれて、ワークに参加する『新たな目的を明確化』していく。つまり、参加しながら【参加動機の形成】が行われていくわけである。

第5章　ワークショップへの参加と自己変容のプロセス　99

　次に、ワークの中での『他者からのフィードバック』に支えられながら、『他者というミラーに自分を映す』作業が始まり、さらに、ワークショップがもつオープンエンドの要素により、不意に出る自分の行動から『どれが本当の自分か？どれも自分』であることに関心を向けていく。また、時には『隠れている自分の能力に気づく』機会を得て、今まで考えたこともないような【未知の自分に遭遇】することにより、自分はどんな人間なのかをあらためてふりかえる。

　つまり、その場の他者と一緒にいることを《安心して自分を内省する》ようになるわけである。その作業で『成長している自分に励まされる』参加者は、ますます意欲的な行動をとる。『頭に頼らず「今・ここで」』起きている事柄に集中し、実際に『動くことによる感覚の目覚め』を心地よいものとして体験し、【身体を使う】ことの重要さに気づいていく。動くことから、時には不意に『過去の負の感情と再会』してしまうようなこともあるが、『楽しいと感じる』ことがエネルギーになり、このマイナスとプラスの両面の【感情の揺らぎ】が自己成長を促すといえるだろう。

　ワークショップは【非日常性の場であること】が重要な意味をもち、特殊な場の力を備えている。そのため『日常のしがらみから解放されて』、『サープラスリアリティに守られた世界』で、参加者は安心しながら『自分を試す』。最初は緊張していた人も、次第に【他者に自分を知られたい】という欲求が湧き、当初あった抵抗感は消えて、自分を《アウトプットする》という自己開示に目覚める。この変化は、このワークショップの活動内に限らず、【日常の世界に広がる】現象が生じ、その『社会性の広がりが自信をもたらす』結果を生む。そして、その自信によりさらに行動は広がる。

　以上のように、何回も参加を繰り返す参加者は、他者に受容される安心の場である限り、最初とはまた違う《場に入る心がまえ》を形成し、内省（インプット）と開示（アウトプット）を続けていく。これは〈受容体験による自己成長の欲求サイクル〉といえる。

100　第2部　アート教育と意味構成

(2) 受容体験による自己成長の欲求サイクル

〈受容体験による自己成長の欲求サイクル〉の3つのカテゴリーである《場に入る心がまえ》《安心して自分を内省する》《アウトプットする》の各々に含まれる概念について記述説明をすると、**図5-1**のようになる。

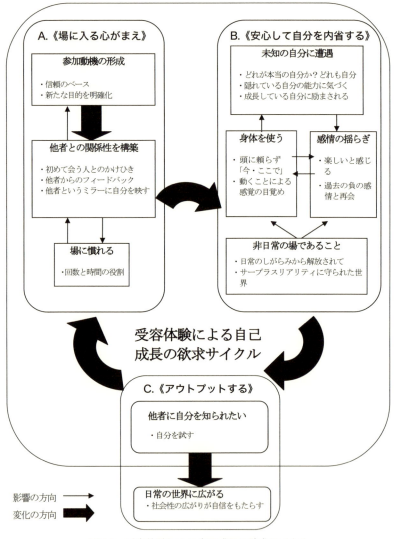

図5-1　受容体験による自己成長の欲求サイクル

第5章　ワークショップへの参加と自己変容のプロセス　IOI

A.《場に入る心がまえ》
【参加動機の形成】
① 『信頼のベース』

P：きっかけは、丸山さん（日常の担当カウンセラー）から話をもらって行くことになったんですが……（略）動機って、**なんとなく**ですね。

Tf：**この人**（担当カウンセラー）**のいうことにのってみようかなって。**

V：講師増野先生（サイコドラマ担当）は「こころの元気」ってあるでしょ？　毎月出してる、ね？　あれ、私とっているし、あそこによく**執筆なさっているんですよ。それで、よく読んでいたからね**。（略）書いてある内容がすごくいいなあと思って。

　Vさんのように、信頼できると思っている講師への興味・尊敬から参加した人もいるが、参加者共通にいえるのは、Pさんのような「なんとなく」という曖昧な参加動機の裏に、紹介者への信頼関係がベースにあることである。
　また、今回の参加者には「今の自分をどうにかしたい・何かを得たい」というような気持ちも心の奥にあると考えられるだろう。なぜなら、表5-2でわかるように参加者の7割以上が、今の自分に問題意識を感じてカウンセリングを受けていた事実がある。しかし、語りになると、最初は参加動機が明確でない表現になっているのも特徴の一つといえる。語りに参加動機があらわれない点については、ワークの内容自体があまりわからないまま参加を決定している事実に関係している。それにもかかわらず参加するのは、「信頼のベース」が存在していたからである。

② 『新たな目的を明確化』

　上記①でTfさんは「この人のいうことにのってみよう」という軽い動機であったはずだが、参加しているうちに次のような意識に変化していった。

Tf：**他者とかかわりたい**。「**これを何かに生かそう**」という、なんかちょっと自分の中でプラスにとらえようとする意識が、私の中にあるんです。

　また、次のRさんのように、途中から何かが吹っ切れたような決心をして、参加の姿勢が変化していった人もいた。

R ：自分の気持ちに嘘ついてばっかだったから、もう「嘘つくのはやめよう」みたいな。

このように、最初は曖昧な動機であっても、図5-1のようなサイクルの中で、参加経験数が増えていくことで、参加動機・目的は明確化され、新たに形成されていく。

【他者との関係性を構築】

グループアプローチの特徴で「他者」の存在の影響は避けられない。そのため、次の①〜③の概念が生じる。

① 『初めて会う人とのかけひき』

P ：あのー、一人で会場に行って、待っているとき**他の人がいて、なんとなく気まずい感じ**がして、一応挨拶はして、あの、名前はきいたものの、なんとなくこう**探るような感じ**とか、**向こうからも、こう、見られている**、とか、感じがして、凄く「**身の置き場がない感じ**」がしました。

Tf：「1回出たきりで、あの人こなくなった」とか言われたらいやだったの。

Qf：夜はメンバーちがうでしょ？……（略）いろんな人の面が見えるし。

参加申し込みを決心したものの、ワークの内容よりも、そこで出会う「他者」への意識が強く、緊張を感じる参加者が多い。「他者が自分をどうみているか」という他者の評価を気にしながら、まず「どんな人たちがいるか」と他者を観察することから参加をスタートしていた。

② 『他者からのフィードバック』

P ：**フィードバック受けることによって「嫌われてない」「馬鹿にされていない」ってことがわかる**と、「あ、そうなんだ」という自分のいままでの思い込みだったんだ、勘違いだったんだということが分かる。

Sf：「エンカウンター」も、やっぱ、こう、人といて気づいたりできて、一人じゃできないことやれてよかったです。

R ：「ああ、しゃべってくれるんだ」みたいな。一人で居るのとは違って、

「グループ」っていうのは大きいよ。
Q：一人って無理だな。精神的に保たれない。**人といて動くと活性化される。**
Yf：結構「**自分はできてない**」って思ってるとき、他の人が良くいってくれると、意外なときあるけど、そうなんだって思うし、うれしいかも。

　他者が自分をどう評価していくのかを気にしている中、ワーク中の自分の行動に反応してくれるのを期待する人がほとんどである。このフィードバックがポジティブな内容になると、「他者からの受容体験」となり、ワーク参加への取り組み方が一段と積極的なものになっていった。参加者の中には「自分なんか受容されないだろう」という自己肯定感の低い人が比較的に多かったようだが、この「受容体験」から自己のスキーマを修正していくきっかけをもった。また、集団に存在する「個である自分」と「他者（個と集団の両面）」とのつながりを意識し始め、フィードバックされることから「一人ではない」ことの重要性を感じていった。

③『他者というミラーに自分を映す』

Tf：意外と私は人を上から見ているなあと。人の、なんか、あの、「この人もっとこうすればいいのに」という目線が多いみたい。**まとめようとしちゃっている人を見ると、はあ、自分も結構そうしてきてて、今**までそうしないと落ち着かなかったんですけど、なんか最近、誰かやってくれる人いるんだったら託していいと思えるようになった。

V：まさに、**自分の本質的なものにむすびついて。**

　TfさんもVさんも他者と関わることで、自己像と向き合っていった。また次のWさんのように、他者を見ることから、他者に見られる自分を考えている人もいる。

W：そのとき○○さんのことあまり知らなかったから「えー！」と思って爆笑した。△△さんのなんだかんだ「地」が「素」がでるところも「何やってんだー」みたいな。面白いし、**人の違う面、なんつーかな、新しい面、それも大げさか。僕の思い込みで隠れている部分が見れる**のが、凄く新鮮で。（自分のことは）他者から見れば、なんだか見えてい

る部分ありますよね。

　Wさんは他者の未知の部分の発見を楽しみながら、各々の個性を受けとめる余裕がでてきて、自己を他者がどのように評価するかという点に、最初の頃より恐怖を感じなくなったという。

　Sf：あたしの中で「こういうのはあたりまえ」というパターン、**自分のパターン、癖っていうのがあって**、もちろん話しててわかるし、同じことあってもこういう風に考える人がいるってわかるけど、**グループワークで話してて、同じことも全然違う、(目の) 前にいる人がいってる！** なんか頭の中でわかってるけど、「あの人が、そう思ったんだ！」と。

　Sfさんは、書物や噂でもなく、そこに存在する「生身の目の前の人」の発言であるからこそ心が動かされたという点を語調を強めて語っている。他者との違いを肯定的に認め始めている。

　次のRさんは、自分だけ何かまちがっているのではないかと、昔の体験(いじめ)で思い込んでいることが多かったそうだが、「人間は所詮同じなんだ」と気づきだし、他者との接触が楽になった。

　R：グループにいるうち、**勝手な思い込みはなくなっていくし**、まあ、人はそんなに違わない、**みんな同じってわかってくる**。……他人の存在で自分がわかるみたいな。

　以上のように、「他者」との出会いの緊張からスタートして、お互い様子を見合い、やがて安心感がでてくると、「他者」という存在を「自己観察」に利用していく。自分に似ている人と出会ったり、違ったタイプの他者と関わったりするうち、自分の思考パターン・行動パターンに気づいていく。「他者を見る」ことは「自己を見る」ことにつなげていくことの目覚めは、行動の変化（114頁、**表5-3**）にもあらわれていた。

【場に慣れる】
　人間は必ず新しいものに「慣れる」という現象が生じる。個人差はあっても、その現象は「場」にいる人間共通の変容である。
①『回数と時間の役割』

Sf：やっぱり同じ方と何度も会えて、あったりするうちだんだんわかってきたりするので、楽しみになって。

P ：最初表現ワークのときは、やってる間中、ずーっといやでしたね。**やっているうち慣れてきてリラックスしていきました。二回目は随分リラックスしました。**

W ：**最初はなんですかねえ、違和感。**何やってるんだろうみたいな感じがすごくあったんですけど、**慣れていくうちに良さがかなり確証もってわかってくる感じ。（慣れていくことは）回数です。1回目はよくわからなくって、（回数が増えていくと）みえてきて。

　学習には何回も繰り返すことが有効で重要といわれてきたが、時間経過や回数をこなすことで、場に慣れていくため、落ち着いてワークに参加できるように変化していった。他者に対しても、ワークの内容に対しても、時間と回数を経ていくと、両方に理解が深まって、安心していくようである。この「安心」は自分を内省する作業にとって重要なことと語っている人もいた。

B.《安心して自分を内省する》

　【未知の自分に遭遇】することに「戸惑い」や「喜び」を感じたり、ふと過去を思い出したりすることで「揺らぐ」ことは避けられない。この不安定状態が、先行研究でもいわれるような「ワークショップの面白さ」でもあるのだろう。

【未知の自分に遭遇】
①『どれが本当の自分か？どれも自分』
　「ジョハリの窓」で示されるように、人間は自分のことが自分でもわからない部分をもっている。

Tf：自分がこれをやりたいなと思うものにふられたりするから、逆にそれが「えへへ」と思う時もあるし、**やってみて意外と「ああ、こういうの好きなんだ」と思う時もあるし、「やっぱりこれは苦手」と思うこともあるし。**

R：今よりも態度は悪かった。「楽しいですねえ」となんかいわれても、「そんなわけないだろう」みたいな態度で受けていたつもりはある。だけど増野さん（サイコドラマディレクター）がいうには、**そんな態度はでていなかったといわれる**。まあ、そのへんもグループワークの「**自己盲点**」なんだろうね。**自分でもビックリするけど、割り当てられた役が何故かいつもの自分になってて**。そうそう、どうやっても（架空設定でも）**いつもの自分で**。

Yf：みんながそういうけど、**自分じゃわからないんです**。冷たいんですかねえ、私。即興で思いつくままいっていると、皆が笑うけど、**私らしいのかな**。少しはアイディアだせてるのかな。

このように、自分のことが自分でわかっていなかった点に気づく一方、つねに「自分であること」も真実であり、他者を通して「自分ってどんな人間なのか」を客観視できるようになっていく。

② 『隠れている自分の能力に気づく』

上記の「どれも自分」という自己発見にも関係してくるが、「私って、こんなことができるんだ」という発見があった。

Zf：**最初はこわいものだなって思ってた**。びくびくしてた。ドキドキしてた。**やっているうち大丈夫になった**。……（略）はじめてですね、あんなかわしかたができるの。トラブった人をあんなにかわせたのは。一緒に帰れたし。

Sf：（即興で）急にやっていくのが苦手だったりするけども、相手がいて、こう、相手とのやりとりあると、こう、**やってけちゃうっていうか**、「そんなに（アイディアが）すぐでてくるものかなあ」と思っていたら、**意外と出てくるものなんだなあと**。

Tf：**裏切られるのを対応していく感じも、楽しい**。

苦手だったものが「できるようになった」という体験や、無理と思っていたことを実践できた体験により、隠れている自分の能力を評価し出していた。

③ 『成長している自分に励まされる』

Qf：今まで引きこもっていたから。（略）人としゃべるのがね、**前は全く**

しゃべるのが苦手だったんですけど、今はわりとしゃべっているんです。(略) なんかね、前よりね、**自信がついてきた感じ** (略) **抑圧していたものがもっと出せるようになった**。それに、みんなの前で大声出して表現していると、恥ずかしいっていうのを飛び越えて、**自信がつく**んですね。(略) 平気じゃないときあるけど、それはそれで**勉強になる**と思えるし。

Tf：今まで人とかかわらなかった10年間なんだろうって。やっぱり**人から学べる**。……もちろん相変わらずお風呂何時間も入ってますが(笑)。でも、ここに来たときはちがうし。(略) **変わりたいからきてるんだし**。

P ：ほかの人に見られても、なんていうんですかね、気にならない、というか**怖いと思わなくなってきた**。

Yf：知り合いが増えて、いろんなこと参加してみようかと。

W ：なんだかんだいって、**人の話を聞くようになったし**、その中で自分の**共感する部分が生まれて**。

　それまでは他者との関わりがなかった人が、ワークの中で自分を他者に受け入れてもらった体験をきっかけに、成長している自分を評価している。変わっていく自分の成長が、もっと変わっていきたいという次の成長意欲を促している人が多かった。

【感情の揺らぎ】
① 『楽しいと感じる』

Qf：やってみたら、事のほか楽しくって、これ苦手だなあっていうのもあるんですよ。でも次回は楽しいかもって思えて。

Tf：思惑と違う方向に進んだときに「対応する」ってのが、結構、私はガチガチだからしんどい。「ああ、そっちにいったかあ。つまんないなあ。こっちにいけばもっと面白いのに」って。逆に「**ああ、そういう展開?!**」って引っ張られて。「わー！どうしよう」と思うけど、**面白いし**。

W ：(続けて参加している)理由が何かっていうと、**なんか面白いからか**。

一番それが頭に浮かぶ。

Zf：(「ワークの狙いはどうであろうと、それでも楽しかったのね？」とインタビュアが聞くと) そうなんです。**んか、できてないんですけど、やれるのが楽しいです**。役をやっているうち楽しくなってくる。

　次の参加へつながるためにも「楽しい」という情動は重要である。「〜あるべき」という固定概念を捨て、感情を自由にさせることにより、今目の前でおこなっていることを「楽しいと感じる」ことが学習には必要であるのではないか。「楽しい」と感じたことで、さらに一歩他者やワークに踏み込んでいき、継続参加につながっているようだ。

②『過去の負の感情と再会』

　しかし、ワークショップへの参加は、何から何まで「楽しい」わけではない。ワーク中、過去の体験から情報を整理して現在の物事を判断するようなことは多い。そのため、ふと、昔の嫌な出来事や失敗経験を思い出してしまう。

P ：自分自身に向き合って、いろいろ親や学校、会社とか嫌なことを思い出すことはありますよね。でも**抉り返されて嫌なままでってことはないですね。言葉で触発され、昔の負の感情とかが思い出されてしまう**ことはありますよね。

Qf：きついですね。巻き込まれちゃって、具合悪くなる。

Yf：ときには「私って、**やっぱりダメなんだなあ**」って悲しい気持ちも。

　Pさんは、最初は他者の目がとても気になり、他の参加者に嫌われているという思い込みが強かった。最初のワークショップで、他の参加者にどちらかと好意的に思われていたにもかかわらず、「ますます嫌われてるなという感情が強まっていきました」という勘違いに苦しんでいた。常に過去の負の感情に縛られ、以前は、上記のような発言はなかなかできなかった。それが参加につれて変化していき、負の感情に前ほど振り回されなくなっていった。負の感情から目を背けず、それも大切な五感であると受け止めている。

　また、QfさんもYfさんも過去に辛い経験が多く、それを思い出すと具合が悪くなるが、結局二人とも少しワークショップ活動を中止して、休んで暫

第5章　ワークショップへの参加と自己変容のプロセス　109

くして再参加をする力がついたという。一旦中止して休むことが〈受容体験による自己成長サイクル〉の《場に入る心がまえ》に戻って再出発する意味を持っているのだろう。

【身体を使う】
①『頭にたよらず「今・ここで」』
　「頭よりとっさに動くしかない」のは、参加型（参加する＝自分の身体を動かす）という学習方法の特徴といえる。
　　W：やっていると何かが見えてくる。なんつーか、**頭じゃなくて見えてくる**。なんつーか、**いい刺激**もらってますね、正直。（略）僕の悪い癖、「**考える**」。
　　Sf：頭を柔軟に、想像力、**普段使わない頭のほぐし方**（略）**打ち合わせなしで話など始まるから**（即興）、**同じことしていても違う風に見えたり**。
　　Zf：**何も考えなくてやっちゃうんですけど、なんか、楽しいんです。**
　この現象は、4つのワークショップの中でも「表現ワーク」で多く経験する傾向があった。過去にとらわれず、「今」という現在に焦点を合わせる力は、「その場でおきたこと」を取り上げていく即興劇（インプロ）が動力になっている様子である。インプロでは考えている時間がないため、感覚的に動くことも要求され、最初はこのことに抵抗を感じていた参加者が多かったが、だんだんと即興性を楽しむ場面が増えていった。実施の回数が多くなるにつれて、インプロを望む傾向が見られた。
②『動くことによる感覚の目覚め』
　　W：やったあとの**感覚がすき。気持ちいい感じ**。なんか、**感覚が気持ちいい**。
　　R：過去との戦いになっちゃう（略）自分なりになんか出来上がっちゃったのがある。上半身に力はいっちゃって、その守らなきゃいけないみたいな（略）自分の中だけで、**身体と向き合っている感じ**。人って「**動いてなんぼだな。動きが大切**」。「動く」って、普段使わない手や足とかの動きを使うことによって、**何かが活性化されるっていうか、要は**

「自分の気持ちのままに動く活力」だなあ。身体を動かすと頭がよくなる、頭の中のおもりがとれるような感覚がある。

　頭の中の理屈でなく、身体を動かして感じる「心地よい」身体感覚が重要であると語っている。サイコドラマを担当している精神科医師である増野肇も、常にワークの中で「左脳ばかり使って『ああだこうだ』と考えるより、ここでは直感的な右脳をつかっていきましょう」と、言語だけに頼らず身体を動かすことをすすめている。「身体に聞く」というのがキーポイントになっている。「過去」にとらわれすぎたり、先のことばかり考えすぎたりする傾向がある人は、不安になりがちであるという。自分個人のライフヒストリーに意識を向けず、「今・ここで」実際に起きていること（具体的なこと）に目を向けないと、結局は「参加型のワーク」にはついていかれなくなってしまう。

　言い換えれば、頭で考えず積極的に参加して、具体的に「動く・語る」ことを増野はワークの中で重要視している。ワークショップはオープンエンドの協働作業のため、さまざまな過去の経験より、現実に「その場に居る」ことが重要だからである。

【非日常の場であること】
①『日常のしがらみから解放されて』
　集団精神療法サイコドラマの根本も、この日常の「役割」からとき放たれることを創始者のモレノは重要視している。また、構成的グループエンカウンターも、参加者はペンネームまでつくり「日常」の世界から抜け、自分を客観視することが重要とされている。

　Tf：**会社ってくくりになると、多分、なんていうか、こう、力関係がある**じゃないですか。(略) だからそういう「**しがらみ**」なしで。
　Xf：**こういう機会って普通ないじゃないですか？**
　P ：こういうのを参加するまでは、僕は家と会社の往復しかなかったし、会社に多くの時間を割いていたんです。でも、やっぱり**会社以外の人間関係みたいなものは必要で大きい**。

日常で関係がある自分の周囲と縁をきって、自由な状態になれる場として貴重に感じている。「しがらみ」とは「社会的役割」を背負わされて生きている時に感じるものである。なぜモレノがサイコドラマで現実の社会的役割からの解放を治療に重視したのかが、このことからも理解できる。

② 『サープラスリアリティに守られた世界』

　Sf：特殊なところだからいえたり。

　Tf：仮想は**仮想だけど本当はそういうことやりたいんだろうな**。こういう人になってみたいとか……どういう人やりたいかわからないけど、違う人やりたいとかな。人から見たら、そんなに違ってるように見えないだろうけど、**意識では全然違う自分になってみたい**。ここでいいなと思うのは、年齢関係なく、すごく違うNさんなんて、普段は触れられない。もう普段触れ合うなら、上司と部下になる人と、なんか「さえないお父さん」と「気の強い娘」ができる。**仮想家族ができて、それがやっぱりいい。仮想は仮想なんだけど、本当はそういうことをやりたいんだろうな、欲がでてくるのかな。**

　R ：深くまではいかない、非日常だから。確かに「あれ？」って自分でもビックリするけど。**割り当てられた役がなぜかいつもの自分になってて。**

　Qf：「嘘」って大事だなと思う。なんか仮面舞踏会じゃないけど。

　ワークショップの重要な要素は「日常」から解放されている点である。身体と感情が動きやすい環境を「非日常」という要素が作り出してくれているようである。しかし、参加者は常に現実と虚構のはざまで揺らぎ、たまにワーク終了後に「ここで（嘘の場の意味）できても、現実と違い過ぎて」とつぶやいていた人もいた。しかし、ワークショップに参加している自分から「日常の中の自分」を客観視しながら、自分の本心を探っていく人は多かった。そこにサープラスリアリティの力が存在しているといえる。

　ワークショップでできたときはうれしかったのに、「ワークショップの中だからやれるようになっても、現実にかえればやれませんよね？」といわれるとがっかりしたという声もあった。確かに、このサープラスリアリティの

体験が、現実の日常生活にどのような影響を及ぼすのかは、時間の経過を踏まえた分析が必要となる。

C.《アウトプットする》
【他者に自分を知られたい】
①『自分を試す』
Tf：一番怖いのが「何もいわれない」ってダメ。後でよくなかったといわれるほうがいい。話題にならないと「ああ、あたしはだめなんだー」、いや、そう思われてないだろうけど、もっと私を見て欲しいと思ってるんだろうと思います。

Xf：いや〜はずかしいんですけど（笑）ぜんぜん知られてもかまわなくて、あの方達だし。やっぱり人と知り合っていくことは、プラスの結果もらえるしね。もうはまりましたね。

P　：褒められると嬉しいから（笑）もっとやってみようかなみたいな感じになっていきます。

Sf：「自分でやる」って大人も必要なんだと職場でも話すんだけど。「やる」と違うのかなと思います。やっぱり自分の思ってることしゃべったり、カラオケや歌ったりするのも充分かもしれないけど、ちょっと違って「出す」のもなんかあるとちがうなあって感じますね。自分のこといいたいのかも。意外にそういう表現みたいなものをしたい、自分のこと話したい人はいるかもしれないって思いました。

　他者の様子を探っていた参加初期の段階から、ワークが進むにつれて、他者への緊張がなくなり、自己表現の気持ちよさにとどまらず、「他者に自分を見て欲しい」という自己顕示欲的な欲求に変わっていく人が多い。これは、ワークショップの中での参加者の行動に顕著に現れていた。例えば「表現ワーク」では参加回数が増えるにつれて、演劇が好きなわけでもなく奥手であった人も、先を争うかのようにインプロ（即興劇）に積極的に出演していくようになった。観る側より観られる側にまわりたがる人が増えている。また、構成的グループエンカウンターでも時間の経過とともにエクササイズの

狙いが構成されているわけだが、自己を開示することに対する抵抗感が自然と減っていった。サイコドラマでも自分の問題を開示して、ドラマの「主人公」を希望するようになる人が出てくる傾向は見られた。

　Q：あれがちょっと苦手で、まあ、今回は「それでもまあいいや」って。
　Tf：**ここで終われない**って感じ。**言い出したことは引っ込めない**。もうどうしようって思ってるけど。
　R：**自分が普段しない行動をする**。すると、何かの行動が広がるな。**マンネリ化から広がるな**。

メンバー間に信頼関係ができていくためにチャレンジできることが増えていくようである。自然に成長したいという向上心が高まっていくせいか、苦手なことを気にしないという意識が強まっている点が特徴である。自分に負荷をかけることを自己成長につなげる人も多い。

【日常の世界に広がる】
①『社会性の広がりが自信をもたらす』
　R ：（対人恐怖のため）普段、対面はすわらないけど、この時間だけは座れる。この時間だけできる。新しい世界に希望が出てきたけど、日常に戻ると「あれ、同じ行動しちゃうんだ」とがっかりもある。その葛藤、その葛藤がいいな。**もう少しなんだよな。あるところまで来ている気がする。**

Rさんは、対人恐怖で悩み、しばらくはワークショップの中の世界と現実の世界のギャップをいったりきたりしていた。しかし、何回かその間を往復しているうち、つまり図5-1の〈受容体験による自己成長の欲求サイクル〉をまわっているうちに、意識がかわり、希望と失望の間の「葛藤」を楽しみだし、毎回ではないが、日常でも行動出来るときが訪れる予感をもち始めたという。すでに、他者からみて、対人恐怖の症状はかなり取れているといわれている。

　Qf：他の外の習い事も、パンフレットみて、前からやってみたいけど、そのままで。今回また見て「**やってみよう**」と思ってすぐ電話して。

でも最初はこわいんですよ。カラオケとか絵とかもやりだしたのは最近で、意外に人としゃべれるんだと気づいて。

Tf：今まで人と関わらなかった10年間なんだろうって……相変わらずお風呂何時間でも入ってますが。でもここに来た時はちがうし。

R：何かの**行動が広がるな**。マンネリ化から広がるな。**新しい世界に希**

表5-3　日常生活における意識・行動変容

名前	インフォーマント自身が気付いた日常（行動）の変化など。
Zf	仕事を辞めて孤独だったが、ワークショップで友達ができ、出かけることが増えた。
Yf	基本的に孤独感は変わらない。自分の問題がはっきりしてきた。家族から離れ、自立して独り暮らしをしたいと思うようになった。
Xf	転職した。思い切り自分の好きなことをしていいと思うようになった。
W	病名もかわり精神科主治医に良くなったといわれた。薬の種類と量がガラッと変わった。 前より家族の言いなりにならなくなった。
V	（行動として変化はあまりない。相変わらず積極的な生活を送っている。）
Uf	少し自分の思うことを素直に言える交友関係が増えた。以前は、就職先で休暇を取るにも他人にお願いして逃げていたが、段々逃げずに自分で言うようになった。
Tf	10年以上他人と会わないように生活していたが、今は視線も合わせられる人が増えた。 摂食障害で何件も病院をかわっても同じだったが、今では外で食事を取ることができるようになった。7～8時間もお風呂に入る癖は基本的に変わらないが、たまに時間が減った。
Sf	辞めるつもりでひとまず休職していた職場に復帰した。それまでは職場と家の往復だけで毎日が終わっていたが、仕事以外に興味をもつようになり、例えばパフォーマンスなど観にいくようになった。活動的な自分にビックリしている。
R	高校時代の辛い体験（いじめ）で人間不信になったため、グループに最初抵抗があったが、勇気を出して参加して、ワークショップが生活の主軸になった。グループが支えになっていることに気づき、人を信じられるようになってきた。視線恐怖が取れてきた。
Qf	病院と家の往復だけの独り暮らしで、働くことを数年間諦めていたが、現在定職につくようになった。カウンセリングもすっかり減り、習い事にもチャレンジし（カルチャーセンターに勇気をだして申し込む）、外部にいろいろ知り合いが増えていった。他者との関わりに自信がつき、精神科主治医に症状も良くなったといわれた。
P	会社と独り暮らしの家の往復で、若い時の引きこもり経験もあり、他者とのかかわりが苦手で仕事以外で他人とコミュニケーションはとらなかった。しかし、今では、会社の飲み会の幹事を引き受けたり、社会人劇団に入って公演に出演したりしている。

望が出てきた。

P：（ワークショップは）単なるひまつぶしではなく、ここでこういう、なんていうんですかね。心と身体のバランス調整して会社に行く、会社にいくとそんなに何もかも楽しいものばかりでない、**そこで狂った自分を微調整するっていうような場として。そういう場をもつのは自分にとって重要な時間だなとおもっています。**

上記のような語りと、生活（行動）の事実を、インフォーマント全員にきき、表の形にまとめて記載したものが**表5-3**である。

全ての参加者自身の長いスパンにおける学習のふりかえり（省察）ともいえる。参加者本人の「感じていること・意識」と参加後の生活（行動）の変化との関係性が明確な人もいることがわかる。

図5-1の分析結果図の上部の点線枠の中の概念は、ワークショップの中でリアルタイムに生まれてた概念であるが、それと重なる部分をもつ下部の点線枠の中の【日常の世界に広がる】は、ワークショップの外側で生じた概念である。アウトプットすることはワーク内でも起きているが、そこからワーク外でも起きている人がいることは表5-3でわかる。

このように非日常であるワークショップでの気づき（意識変容）が引き金になって、ワークショップの外（日常）に影響を及ぼして行動変容を起こしている可能性があらわれている。

おわりに ── ワークショップにおける学びの意義

3-(1) 分析結果によるストーリーラインでわかるように、「参加者は何気ないきっかけや軽い動機で場に集まったのに、他者からの『受容体験』→『自分を出す』という行動変容に移っていった」というこの結果を、ワークショップの学習方法の形として、(1) グループアプローチの特徴、(2) 感じる・動くという観点からもう一度見なおし、相互作用の中で起きる受容体験から広がっていく結果に目を向けて、(3) 受容体験と自己成長の関係、(4) 行動変容、に焦点を合わせてまとめることにする。

(1) グループアプローチの特徴

　ワークショップの主な特徴である「グループアプローチ」である観点から分析結果を見なおすと、「他者と自己」という関係に目を向けることになるが、「1対1」と「複数（集団）対1（個人）」の2種類に分けて考えられる。

　次の**図5-2**は、「1対1」という観点からの個人間のイメージである（○が自己で●が他者を示している）。図5-1の分析結果図の「場に入る心がまえ」の他者とのかけひきから始まり、「安心して自分を内省する」作業に移り、他者に自分を出す「アウトプットする」という一連の流れの中でイメージが変化している。つまり、参加当初は、図5-2の (A) 自分より他者が大きく見え、外側にある存在・相交わらない関係であるが、ワークが進むにつれ、(B) 他者が自分と等身大であることを感じ、他者や自分のことを客観視できることが増えていく。そして、その安心感から (C) 他者の抱えた問題までも内包して自分の可能性・能力を信じてアウトプットする力を得る。

　図5-3は「集団と個人」の関係のイメージ図であるが、これは他者とのか

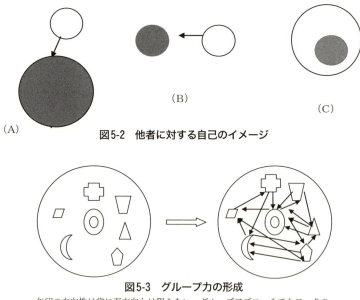

図5-2　他者に対する自己のイメージ

図5-3　グループ力の形成

矢印の方向性は常に双方向とは限らない。グループアプローチでもワークの内容や、リーダーやメンバーの力量で、矢印の出現数は異なる

かかわりをあらわしている矢印（→）が、常に双方向とは限らないことに注目したい。他者へのフィードバックや他者からのフィードバックにおいても、語りの中で個人名はあがっても内容的に「特定の誰なのか」ということにはまったく関心がなく、自分以外はすべて単なる「他者」という存在としてとらえ、ワークが進むにつれてこの矢印は増えていった。この矢印が増えていくことはグループ内の協働作業が成立していることを表しているわけである。言い換えれば、集団で行われる学習でも、例えば「講師から一方的に知識を伝達するスタイル」ではこの矢印は生じにくい。多方向の矢印の数が多いほど、個々のメンバーが一つの集団のように絡まりあい、集団のエネルギーを持ち始めることになる。このように、ワークショップでいう「協働作業」は、参加者間の「1対1」という横のつながり（相互作用）ではなく、グループ力を形成していく「1（個人）と複数（集団）」の関係こそが重要といえるのではないだろうか。

(2) 感じる・動く

　本章で取り上げた4つのワークショップの共通点としてあげられるのは、講師（リーダー）が一人いるグループの形で行われていたが、参加したメンバーによって左右される参加者主体のオープンエンドであった。例えば「サイコドラマ」はそこに参加した人の具体的な日常の問題を取り上げていくし、「構成的グループエンカウンター」も自己発見を促す意味で、そこに参加した人々のフィードバックを利用している。「表現ワーク」も答えがないテーマを共有して「感じる・動く」ことを中心にクリエイティブにアイディアをだしあうワークであり、「ボーンメッソード」も個々の異なる身体に向き合って身体を感じていく。つまり、すべて参加者の「感じる・動く」によってワークショップの内容が作りだされていくわけである。座学とは異なり肉体を動かし、そこで生まれる感情の揺らぎと身体感覚の相互を自由に利用しているわけである。参加者主体の特徴ともいえる。

(3) 受容体験と自己成長の関係

　分析結果にでてきたコア・カテゴリーである「受容体験による自己成長の欲求サイクル」について、もう少し掘り下げてまとめることにする。

　C.ロジャースは臨床経験から、他人に受け入れられた人は自分ですすんで受け入れる気になりやすいということを発見したが、彼は人間が矛盾から解決へ向かうための自己修正能力をもっていることを確信しており、この自己修正能力は自己成長に向かう有機体の内在能力と関係していると考えている（Frager & Fadiman 1984＝吉福 1991）。このことは本研究でも再確認できたことである。「自己修正と自己向上のサイクルは、障害を乗り越え、心理的成長を促進する主な方法である」(Frager & Fadiman 1984: 358-359＝吉福 1991) とロジャースが考えたように、このサイクルはワークショップ内でもつねに見られた。ワークショップという場が、このような自己成長に向かう内在能力（自己成長の欲求と表現したが）をベースとして、1人でもメンバーが変われば「場」は新たなものとなり、他者との関係性を構築していき、そこで生じる「受容体験」は自己成長に組み込まれて循環（サイクル）していたわけである。実際、インタビューの中でも自分を内省する作業を通して「変わりたい自分」や「変わった自分」に気づく具体的な言葉が見られ、他者からのフィードバック体験から、自己受容と他者受容の両面を体験していた。

(4) 行動変容

　上記の (3) で述べたように人間には成長欲求が内在しているため、図5-1の分析結果「アウトプットする」カテゴリーを参加者は通過していった。インタビューからも「他者に自分を知られたい」という欲求により、参加当初より積極的な行動を取り出している。ここにたどりつくには「他者」との関係から自己を「内省する」作業を経過していた。これはレヴィンのグループ理論にもあるように、他者を見るように自己を客観視することができるようになると人間は行動を変えていくことができる（Kenneth 1981）ということである。また、シェリフの調査研究（Kenneth 1981: 117）でも見られたに、グループの影響が個人の行動を変化させる力にもなり、今回の研究でも

表5-3のような行動変化が多くの参加者に一度に表れているのも、グループの力が作動するグループアプローチであるがゆえに起きた現象かもしれない。

以上全体をふりかえると、人間が本能的にもっている「自己成長に対する欲求」が力動になっているといえる。この力点にどのように刺激を与えていくかが、学習の根本にもつながっていくのだろう。

本研究では、参加者が30代という成人者が多かったが、成人教育の重要な構成要素に、「グループ過程の活用と学習経験への生徒の直接参加」の2点が挙げられている（Kenneth 1981: 99）。この点ではワークショップは意義のある学習スタイルといえよう。

そして、今回の結果に重要な要素となった「自己成長の欲求」に目を向け、時間の経過にともなった個人のライフヒストリーを追っていくことにも意味があるだろう。

【注】
1　ワークショップは、グループダイナミックの理論に基づき、組織開発や住民運動と結びつき、やがて社会問題解決に導入されていく歴史をもつ（茂木ほか 2010: 19）。
2　これは、学校教育によく見られる知識の獲得を狙いとする学習とは異なり、「分かち合う」という社会構成主義学習観である（苅宿 2012）。
3　比較的に早くからワークショップに注目してきたといわれている社会教育の分野でも、さまざまなワークショップの特徴を記載している資料は多く見られるが、参加した側のインタビュー分析（意識の変化）に力を入れた研究は少ない。茂木たちは（茂木ほか 2010: 63-79）、基本的にワークショップを計画するワークショップデザイナーに注目しており、参加者の意識の変容に注目している研究がなかなか見られない。
4　このように既存の知が解体され、不安定な揺らぎとともに新しいものを「いまここ」で生成することを「まなびほぐし」の学習論という。
5　サイコドラマは「主演者」「補助自我」「観客」「舞台」「監督」によって行われる（國分 1990）。
6　日本のカウンセリング界に最も影響をあたえたパーソン・センタード・アプローチを提唱し、教育の人間化・人権問題の緩和などに意欲を見せ、晩年には世界各地でワークショップを開催した。

【引用・参考文献】

苅宿俊文、2012、「まなびほぐしの現場としてのワークショップ」苅宿俊文・佐伯胖・高木光太郎編『まなびを学ぶ』東京大学出版会。

木下康仁、2003、『グラウンデッド・セオリー・アプローチの実践』弘文堂。

國分康孝編、1990、『カウンセリング辞典』、誠信書房。

茂木一司・上田信行・苅宿俊文・佐藤優香・宮田義郎編、2010、『協同と表現のワークショップ』東信堂。

佐伯胖、2012、「『まなびほぐし（アンラーン）』のすすめ」苅宿俊文・佐伯胖・高木光太郎編『まなびを学ぶ』東京大学出版会。

高木光太郎、2012、『まなび学のキー・コンセプト』東京大学出版会。

高橋満、2013、『コミュニティワークの教育的実践——教育と福祉とを結ぶ』東信堂。

Frager, R., & J. Fadiman, 1984, *Personality and personal growth:* 2nd edition. Harper & Row, Publishers Inc., New York.＝吉福伸逸監訳、1991、『自己成長の基礎知識2——身体・意識・行動・人間性の心理学』春秋社。

Kenneth, E. R., 1981, *From character building to social treatment, the history of the use of groups in social work*, Greenwood Press.＝大利一雄訳、1992、『グループワークの歴史——人格形成から社会的処遇へ』勁草書房。

第6章　美術館経験と意味構成

はじめに

　2011年3月11日の東日本大震災は、東北地区を中心に未曾有の人的・物的被害をもたらした。この被災地にある歴史遺産だけでなく、博物館の展示物も大きな打撃をうけている。博物館職員たちは、博物館の回復・再開の作業と併行して、ただちに震災を記録にとどめる活動をすすめるとともに、家族や友人をたくさん失って悲嘆にくれている住民たちの回復を支援する活動を始めている。

　本章でとりあげるのは、こうした被災者を支援する博物館の取り組みの一つ、仙台市博物館の特別展「東日本大震災復興支援　若冲がきてくれました：プライスコレクション　江戸絵画の美と生命」の実践である。

　成人教育研究の焦点は、人びとの学びのプロセスを明らかにすることにある。しかし、日本の博物館ではハンズオンの展示やワークショップなどの手法が使われるものの、日本の博物館教育研究では階層的視点をもつ研究は皆無であり、かつ、学習のプロセスを解明しようという研究も見られない。博物館教育論における構成主義的アプローチへの認識論的転換の意味がまだ十分理解されていない状況にある（高橋 2009）。

　例えば、成人教育の領域では、学習者の役割をめぐり、自己主導的学習が提唱されてきた。この立場には、さまざまな批判がすでにある。メリアムとカファレラたちは、自己主導的学習の研究を、①学習の目標に関するもの、②学習のプロセスに関するもの、③学習者の特性と関連させるもの、の3つに分類し検討している。学習のプロセスをめぐっては、教師と学習者との関

係に限定しつつ、自由で、自立的な学習者を想定する個体主義的なとらえ方をしていると批判してきた(高橋 2009)。しかも、ブルックフィールド(1993)が指摘するように、この議論は、自由と自律性をことさら強調するアメリカ的なイデオロギーを暗黙の前提としており、しかも、白人男性の権力が反映している。この点で、構成主義の立場に立つ状況的学習論は、学習を実践コミュニティへの参加や参加のあり方としてとらえる視角をもっている。しかし、高橋が指摘するように (高橋 2009)、学習の過程を相互作用一般に解消しており、教育者の役割を捨象する傾向がある。

いずれにしても、問われるべきは、学習のプロセスにおける教育者と学習者、学習者間の相互作用のあり方である。この点、博物館教育では、教育者である学芸員と学習者は直接の関係の中で相互作用するだけでなく、展示物を介して、学習者である来館者に働きかける。本章では、フーパー‐グリーンヒルの「解釈戦略」の枠組みを使いながら、まず、①来館者たちが、展示作品との相互作用を通して、どのように作品を解釈するのか、そのプロセスを明らかにする。その際に、②キャプションや、展示解説の役割についても検討する。こうした考察を踏まえ、美術館の企画展が、震災で被災した人たちにとってどのような役割を果たしうるのかを実証的に明らかにする。それは、震災からの復興における美術館のもつ可能性を明らかにすることである。

1 調査と分析の方法

(1) 調査の手続き

ここで調査の手続きについて説明しておこう。まず、学生を2つの見学グループに分けて、1つのグループには見学前に作品鑑賞のポイント及び特別展の趣旨について学芸員による説明を行った。これは、学芸員の説明が見学行動や理解にどのような影響を与えるのか、という点を確認するためである。しかし、見学の経路は、学生自身が決定することとした。どの作品を選択するのか、見学のペースも、作品の前で見学する時間も、友人と会話するかどうかも自由である。

見学者に対して、見学前と見学後に自由記述式のアンケートを実施した。見学前のアンケートでは、①博物館訪問経験、②博物館に対してもっている印象の2点を聞いている。見学後のアンケートでは、①印象に残った作品、②キャプションの役割、③「鳥獣花木屏風図」(Birds, Animals and Flowering Plants in Imaginary Scene) の印象、④自分が感じた展示の意図、⑤博物館の印象の変化、などについて自由記述をしてもらった。著者・調査者の役割は、これらの指示を与えることと、一緒に見学しながら、必要なメモをとることだけである。これらの情報を補完するために、必要に応じてヒヤリングを実施したが、引用は主にアンケートの記述によった。

(2) 分析の方法

分析は、木下 (2007) による修正版グラウンデッド・セオリー・アプローチ (M-GTA) の手法に従って分析を行った。このアプローチは、基本的には、GTAの手法を使うが、データの「断片化」という技法 (the technique of slicing the data) を用いて理論の一般化をめざすのではなく、分析焦点者の視点を介して (the knowledge through the Analytically-Focused Person)、現実場面において実践者が実践に適用する知見をえることをめざすアプローチである。分析テーマは、「展示物を通した見学者の意味構成のプロセスの解明」である。

2 見学者の解釈戦略

(1) 解釈戦略とは何か

「若冲展」に来館した人たちは、展示物を見たとき、何に注目し、そしてこれをどのように解釈していくのか。フーパー - グリーンヒルたち (Hooper-Greenhill et al. 2001a, 2001b) は、これを解釈戦略としてとらえ整理している。ここでいう解釈戦略とは、解釈のレパートリーとして理解される。より具体的には、見学者たちにより作品や博物館についての解釈で使われる言葉や表現に注目する。ここでは、解釈の「語り」で使われる表現の側面に注目して、次の4つに分けることにする。①ビジュアルなアートの質、②社会文化的文

表6-1 「若冲展」の解釈戦略

ビジュアルな質	色彩：15、構成：10、空間：11
技法・技術	技法・技術：18、素材：1
社会文化的文脈	時代先進性：4、メッセージ：0、世界観1、感情：8、アーチスト：3
キャプション・解説	キャプション・解説：6

脈（主題、アーティスト、個人的関係）、③制作過程における技法・技術、④キュレーターの4つである。

「若冲展」のなかでもっとも印象に残った作品をあげてもらい、その解釈を「解釈戦略」の枠組みで整理した。見学者25人のうち、何人が各項目に言及したのかという度数と、その内容に着目して分析を行った。

表6-1に見られるように、「ビジュアル」な側面、「技法・技術」などがもっとも影響を与えていることがわかる。「社会文化的文脈」では、「感情」が多いこと、「キャプション・解説」も6人があげている。この結果を参考にして分析をすすめる。

(2) ビジュアルな質

これは3つの側面をもつ。それは、「色彩」、「構成」、「空間」である。

色彩 Colour（15／25見学者）：もっとも見学者が注目するのは、絵画の色彩である。15人が若冲らの作品の魅力として、この「色彩」のインパクトをあげている。その例を見てみたい。

> 日本画で使われていた「赤色」の原料は鉱物でしょうか？ 特筆すべき発色で、唇に良くない外資系リップスティックの鮮やかさに匹敵するかもしれない。柴田是真『お多福鬼図』、赤よりは朱色に近い色が当に好みで、作品の大きさも心わしづかまれる。

> 若冲の絵は、朱色が特に鮮やかで絵の中で映えて綺麗だと思いましたが、クジャクの青色と模様も目に焼きつくものでした。他の多くの作品は薄い絵の具で描かれているものが多いなーという感じがしていたので、

第 6 章　美術館経験と意味構成　125

濃いくっきりとした青に引き付けられました。

　扇に塗られた色が非常に鮮やかであり、また、扇の柄に、さまざま色が施されていたのがとても綺麗だったから。色の組み合わせ方が斬新で、実際にこのような配色の扇を見てみたいと思ったから。

　最初の引用には、素材への言及が見られるが、「鮮やか」な色彩をとりあげる人が多いことがわかる。この「色彩」が、「好み」、「目に焼きつく」、「惹きつけられる」、「綺麗だった」というような感情を誘発している。美術館では、多数の展示物が配列されているが、「色彩の鮮やかさ」は大きなインパクトになり、見学者を惹きつける重要な要素となる。

　構成 Composition（11／25見学者）：「構成」の側面について見ると、この展覧会ではとくに絵画の構図に登場する動物などの「色彩」、「表情」、「大きさ」などの対比が注目されている。こうした対比に、「美しさ」、「繊細な工夫」を感じることができる。

　白と黒のような色の対比だけでなく、おびえているカラスと笑って楽しそうにしている犬、というように感情の対比なども見受けられるとおっしゃっていたのを聴いて、よりいっそう興味深く思いながらみました。

　大きな屏風いっぱいに描かれた象と牛のインパクトの強さ、色の対比、また大きな動物と対比されて描かれていたカラスと子犬に繊細な工夫を感じたからだと思う。

　作品を、大まかに全体を見渡してみると、大きくて白いゾウと小さくて黒いカラス、大きくて黒いウシと小さくて白い子犬というコントラストが美しいと思った。また、細部に注目してみるとゾウの穏やかな表情や、ウシの荒々しくて若々しい表情、また白い子犬がかわいらしい表情

でウシに寄り添っていたり、カラスが何やら不安げに象の背中から下を見渡しているのがわかり、パッと見だけではわからないが細かい部分にまでコントラストが用いられていて、それが印象深かった。

　こうした対比は、江戸時代の日本絵画に特徴的な技法であり、視覚的に強いインパクトをもつだけではなくて、繊細で確かな技法に感嘆するという経験を生みだしている。展示物を通した意味構成のプロセスを解明するとき、見学者がまず注目するのは、鮮やかな色彩であり、ここで指摘されている大胆な構図による描き方などの視覚的情報である。しかし、ここで大切なことは、この引用にあるように、これらのインパクトによって、見学者は展示された絵を注意深く鑑賞するように働きかけられているということである。一般的に、美術館では展示物を通して学習するが、これらの要素が相互作用を誘発しており、そこに作者たちの卓越した力量を見ることができる。
　空間 Space（10／25見学者）：作品自体の大きさ、その大きな画面の中の登場する動物たちの大きさが、「雄大さ」や「心を揺さぶる」インパクトをもっていたと受け止められている。

　　白い背景に、大きく達磨が描かれています。作品自体サイズが大きく、展示スペースの最初のほうにおいてあるのですが、見た瞬間に目に飛び込んできました。作品の大きさも心わしづかまれる。

　作品の選択の際に指示した、「もっとも印象に残った」というワーディングが影響を与えたことが考えられる。

(3) 社会文化的な文脈 Socio-Cultural Context
　この社会文化的文脈は「主題」、「アーティスト」、「個人的関連」の3つの側面からなる。
　主題 subject-matter（4／25見学者）：この「主題」とは、作品が何を伝えたいのか、教育的・宗教的・政治的なメッセージなどを含んでいる。

「鳥獣花木図屏風」です。美術のことは良くわからないですが、**想像上のも含めてありとあらゆる鳥・獣・草花がいきいきとごった返すように描かれていて気に入りました**。江戸時代の絵なのに、かなりはっきりとした色彩で、現代の本の表紙のように描かれていて（なんとなく昔は色があせているイメージがあります）印象に残りました。

この「鳥獣花木図屏風」には、想像上の動物、鳥類なども含めて大きな屏風に描かれており、「鳥・獣・草花」がいきいきとした印象をつくりだしている。ここから生命の躍動感を感じることができるという。日本画に描かれる生命の躍動感を東日本大震災で被災した地域に住民たちへのメッセージを感じるという語りである。

今回の「若冲展」から見学者たちがどのようなメッセージを読み取ったのかということについての詳しい分析は後に取り上げたい。もちろん、個々の作品によってどのようなメッセージなのかは異なっている。見学者たちが「若冲展」全体の経験から何をメッセージとしてつかんだかを読み取りたい。

アーティスト Artist（3／25見学者）：これはアーティストそのものへの関心である。「若冲展」となる展示作品のなかには丸山応挙の作品が含まれている。以下の引用は、応挙の作品だからとくに注目して観賞していることが語られている。

　　　　円山応挙の「牡丹孔雀図」作者の名前を知ってはいたものの、作品を
　　　　実際に見るのは、始めてだったので印象的だった。

だれが作者なのか、彼らがどのような評価を得ているのかが、見学者の鑑賞に影響を及ぼす要素になる。それは既存の知識が評価を方向づける認知枠組みとして機能することを示すものである。

個人的関連 Personal Associations（8／25見学者）：「個人的関連」とは、見学者が作品を見ることによって受ける見学者の個人的な感情、つくりあげる

イメージなどがあげられる。これは8人の人たちがあげている。「可愛い」、「愛らしい」、「ほっとする」、「清々しい」などの感情の表出である。

> この絵を見たとき、**思わず「可愛い！！！」と言ってしまうような、とても愛らしい絵だったからです**。日本画の展覧会というと難しいイメージがありましたが、こういう**少しほっとするような絵**もあるんだな、と嬉しくなりました。そしてこの絵を見る人がおばあちゃんから学生まで、みんな顔を緩ませていたのが印象に残りました。

> 私は、その絵の前から動けなくなりました。胸にも肉がよっていて、おじさん臭がするといえばするのですが、表情があまりに険しいので、**不潔な感じもせず、むしろ清々しささえ感じます**。何か悩んだときにはこの絵の前に立って、じっと彼の目をみつめていたい、と感じました。

この展覧会は、おとなだけでなく、できるだけ多くの子どもや若者に日本画を見る機会を提供することをめざして企画されている。したがって、出品された絵画も、キャプションも子ども向けの表現を使うことを意識していることが特長の一つである。この配慮が、子どもだけでなくおとなの見学者にとっても感情を解きほぐす効果をもったことがわかるだろう。感情を素直に表現することのできる「安心」な空間をつくることに成功しているといえる。この点は、成人の学習環境の重要性として指摘されてきたが、美術館教育では、学芸員が展示物、その配置、キャプションの表現等を通して、この空間をつくる役割を果たしている。

(4) 制作過程における技法・技術 The Technical Process of Art Making

これは絵の制作の過程における「素材」への注目と「技法・技術」的な側面だが、ほとんどが「技法・技術」に集中している。この側面への注目は、ある程度、美術や美術史に精通しているかどうかによって違いがあることが考えられる。また、キャプションや学芸員の解説を聞くことによっても影響

を受ける。

「技法・技術」Technique（18／25見学者）：ここでの引用は、ある程度美術や美術史に関心をもってきた見学者の感覚であろうと考えられる。ここでとくに注目したいのは、「技法・技術」に関する認知的な面よりも、自分の感覚としてとらえていることである。

　　色を使って非常にきれいに表現されている作品があるかと思えば、墨の黒一色で描かれた作品もあって、**作品の表現の幅の広さのような若冲の技術と表現力を美術に通じていない私でも感じることができたように思える**。色のある作品は、非常に細部まで色が慎重かつ調和をもって取り入れらている印象を受けた一方、黒一色の作品は黒だけで描かれている景色や動物を引き立てるとともに白い部分との対比で、黒で描かれた部分の存在感を際立たせ、単色な作品のなかに美しさを強く感じた。

　　一筆描きとも思われる墨の確かな一筆で、ありふれた屏風が奥行きのある世界に変わるようだ。……これ見よがしの遠近法を用いているわけではないのに、衝立の向こう側が存在しているのでは、という懐かしい感覚があった。

　日本画でどのような技法が使われているのかは、多くの人たちが理解しているわけではない。しかし、若冲の作品だけとりあげても、多彩な表現技法が、それぞれの主題にそくして使い分けられている。例えば、一筆書きの水墨画、鮮やかな色彩を使った細密画、タイルを引き詰めたように描く画法など多彩である。色彩のインパクト、構成の妙への驚きに惹きつけられた見学者は、さらに深く技法にまで注意を寄せて日本画についての理解を深めていく。

「キュレーター・解説」（6／25見学者）：この側面は学芸員が行う見学前の解説や、キャプションに書き込まれた解説の表現によって見学者の解釈が影響を受けることを示している。

最初の説明で、白と黒のような色の対比だけでなく、おびえているカラスと笑って楽しそうにしている犬、というように**感情の対比なども見受けられる**とおっしゃっていたのを聴いて、よりいっそう興味深く思いながらみました。

　作品とタイトルのギャップがとてもかわいらしく、タイトルをみた後ではなんだかすねているようにもみえました。正式な名前とは別に、あのように親しみやすい名前をつけるのはとても効果的だと思いました。

　キャプションや解説は、「着眼点・視点の提供」、「作品の時代背景の情報」、「技法の理解」、さらに、「解釈の枠組みの提示」をするものではあるが、しかし、見学者たちは、キャプションの解説を見て一方的に情報を摂取するだけではない。この点が大切な点である。つまり、まずは、作品に素直に対峙しながら感じたことを明確化し、あるいは、自分なりの理解をつくりあげる。これとキャプションの情報を対比させながら批判的に吟味し、自分の理解をつくりあげていくのである。例えば、以下の引用に見学者に典型的な観賞におけるキャプションの利用法がわかる。

　よく読むようにしていたが、混雑して目を通せない解説も多くあったと思う。作品を鑑賞するうえで解説は役に立った。**わたしは、はじめに作品を見てから解説を読み、また作品を見直すと新たな発見や気付きがあっておもしろいと思った**。

　作品を鑑賞して、自分がありのままに感じた、または考えたことと解説のプレートに書いてあることとを比較してそのズレなどを知って楽しむのに役に立ったと思います。

　この点は、意味構成のプロセスにおける学芸員の意味付与の機能と、見学

第6章　美術館経験と意味構成　131

者たちの相互作用とのあり方を示す点であることが指摘できる。ここに学習における主体性や能動性を見ることができる。つまり、学習者は一方的に影響を受け続けるものではない。キャプションを読むのかどうか、どのような順番で読むのか、その解釈と自分が感覚としてつかんだものとをつき合わせて、これをどのように理解するのかは学習者が選択し、つくりあげていく。つまり、観賞の仕方自体を自分がコントロールしつつ意味を構成しているのだ。

(5)　小括 ── 解釈戦略の相互関係

　この「若冲展」や「鳥獣花木図屏風」という作品を見学者たちは、どのようなプロセスを経て解釈してきたのだろうか。これまで個々の要素に注目して考察してきたが、観賞のプロセスという視点から整理したいと思う。

　まず、見学者の目に飛び込んでくる「ビジュアルな質」という側面に注目する。朱色など、くっきりした色彩、屏風など巨大な空間、描かれる対象物の大小の対比、色彩の対比など、これらの技法が使われることによって、見る者に強烈な印象を生みだしていく。これに続いて「社会文化的文脈」という解釈戦略が作動する。ここでは作品をじっくり眺めること、それを味わうこと、そこからでてくる感情やメッセージの理解にもとづいて、一人ひとりの見学者に固有の理解がつくりあげられていく。もちろん、各作品や作者についての既存の知識が影響をもつことはいうまでもないが、この分析でも確認したように、来館者たちはそれを鵜呑みにするわけではない。既存の知識

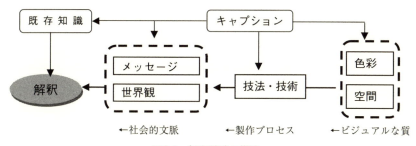

図6-1　解釈戦略の構造

や情報と、作品を通して感じる自分の理解とを照らし合わせつつ、固有の理解をつくっていく。つまり、ここには見学者の内省のプロセスがあるのではないかと考えられる。そのときに、①見学者のこれまでの経験や社会文化的におかれた状況＝社会文化的文脈の理解、そして、②「キャプション」や学芸員の解説などが解釈に影響を与えることになると考えられる。

3 「鳥獣花木屏風図」の解釈戦略

(1) 鳥獣花木屏風図とは

　以上の分析は、今回の「若冲展」でもっとも印象に残った作品の解釈戦略に関するものであった。見学者たちは、「ビジュアルな質」や「制作過程における技法・技術」に注目して作品を理解しようとしていることがわかる。

　では、次に、共通の作品として「鳥獣花木図屏風」をとりあげ、これについての解釈戦略を見てみたい。若冲のこの作品は、巨大な画面に86,000もの色鮮やかなタイル上のコマを敷き詰めてつくった作品である。江戸の人たちにとっても身近な鳥獣から、象など海外の鳥獣、そして不死鳥や麒麟など架空の鳥獣などが描かれている。一対の屏風の中央には、白い象と活き活きと躍動するような不死鳥が配置されており、地上の楽園であるかのように感じさせる。

　まず、全体的な配置を見てみたい。

　表6-2に見るように、「色彩」や「技法・技術」への注目は同じ傾向であるが、「構成」や「空間」に代わって、社会文化的文脈、とくに、「メッセージ性」や「世界観」への注目をあげていることが特徴であるといえる。「技法・技術」への注目は、この作品そのものの類例をみない技法がもつインパ

表6-2　「鳥獣花木屏風図」の解釈戦略

ビジュアルな質	色彩：18、構成：1、空間：2
技法・技術	技法・技術：20
社会文化的文脈	時代先進性：4、メッセージ：7、世界観：11、感情：0、アーチスト：1
キャプション・解説	キャプション：2

クトからきている。

(2) 解釈戦略

ビジュアルな質：「色彩」（18／25見学者）

　若冲のこの作品を印象深くしているものは、その作法と色彩である。18人の人たちが「色彩」をあげている。それは、日本画は「しっとりと色あせている」という先入観があるからこそ、鮮やかな色彩が圧倒するような印象を見学者たちに与えることに結びついている。

　　展示作品に日本画特有のしっとりと色あせているものが多い中、**突如として色鮮やかで豪華な屏風が現れた**、そんな印象でした。その色彩のためか圧倒されるものがあったし、やはりプライスコレクションの象徴ともいえるのだろう。

　　あまりに色鮮やかで華やかで、着色は最近し直したのかと考えました圧倒的な作品だったのでただただ魅入るだけでした。

　　江戸時代の作品にもこんなにまでも**色彩鮮やかでポップささえ感じるものがあるの**だということに驚いた。

　この指摘のように、参加者たちは、まず色彩の鮮明さに驚きの声をあげる。それは、日本画に対する先入観を根底から変えるインパクトをもつ作品である。そして、この作品が特別展のシンボルとなるものであることを感じとる。

制作過程における技法・技術（20／25見学者）

　この作品は、四角の升目一つ一つに彩色をして構成するという特殊な表現法を使っている。「解釈戦略」の中で、もっとも指摘されている側面が、この「技法・技術」である。

1マス1マス丁寧に色付けされたこの作品は、とても遠くからでも近くからでも見るものに違った視点を与えているんじゃないかと思いました。

　まずはその大きさに驚き、そして**細かい升目をひとつひとつ描いていったことに驚き**……升目の中にも何色か重ねてあったので、ものすごい根気のいる技法にただただ驚嘆しました。デザイン性の高さに、からっとした色使いに江戸芸術の美を感じました。

時代的先進性（4／25見学者）
「色彩」と「主題」への着目は、「技法・技術」の特徴と相まって、この絵の「時代的先進性」を強く印象つけることになっている。見学者はこの絵の前に立つとき、まず、これまでに見たことのない（少なくても筆者たちにとっても）その技法のユニークさに驚嘆する。

　四角に区切られたマスで構成されるこの作風がとても斬新だと感じた。また、描かれている動物も神秘的でありながらどこかユーモラスで、江戸時代の自由な発想に驚いた。

　ぱっと見た時は、西洋の絵だと思った。それは、たぶん、キリスト系のモザイクアートのように見えたからだと思う。また、色の使い方もとてもはっきりとしていて、あまり動物をリアルに描こうしているように思えなく、なんとなく、**これまで見てきた若冲の絵とは異なっている感じがして、違和感があった。**

しかも、気の遠くなるような、細密な作業があったであろうということへの驚嘆、同時に、遠隔から俯瞰したときの壮大さ。江戸時代という時代性、日本という地域性を越えた感覚に先進性を感じとるのではないか。これが、「紫陽花双鶏図」などで魅せた写実的な作法をもつ若冲だからこそ、さらに

驚かされるのである。

社会文化的文脈
「メッセージ性」Finding the message （7／25見学者）
これは「展示会」の意図の理解とも関連するが、「若冲展」におけるこの絵の役割はプライス夫妻のメッセージが端的に込められているところにある。見学者は、このメッセージを「色彩」と「主題」から読み取る。それは「生命の躍動」、「生きる」ということへの「肯定感」なのだといえる。

> この作品は今回の作品展の顔にもなっていたが、この絵は被災地へのメッセージなのではないかと思った。動物も植物もすべて生きている。震災でたくさんの命、ものが失われたが、今あるものはすべて生きている。自分だけでなく周囲のもの全て命を持って生きている。その実感を大切にして生きていこう、ということを私自身感じた。

> 全ての生き物が平等に同様に、生きていていいんだ、というような生への肯定感。

> まさに「生命のパラダイス」という感じで、夢が詰まった作品であると感じた。とても色彩豊かで、作品全体の印象は明るく、動物の表情もいきいきとしており、植物も動物もみなキラキラと輝いているようだった。

世界観（11／25見学者）
見学者たちは、まず、「色彩」と「技法・技術」に注目するが、少し間をとって眺めると若冲がこの絵に込めたメッセージが浮かび上がる。それが、ここでの「世界観」である。キャプションには「仏教的世界観があらわれている」とあるが、時代性や地域性を越えた作品だからこそ、見学者たちは仏教というだけではなく、それを越えた宗教観、世界観を読み取っていく。

いろんな動物が書かれているのは、**仏教の思想が関係している**、と説明にはありましたが、私には「ノアの方舟」から出てきた動物たちのようにも見えました。津波がきて全てを流してしまったあと、また緑が生い茂って再生した自然のなかに還っていく動物たちのような……そんなイメージもうけました。

　この作品からは、**さまざまな仏教観、宗教観が入った作品に感じられた**。とくに架空の動物が描かれていた屏風には麒麟や竜と言った架空の動物たちが描かれ、そのような動物が地上の動物たちを見守り、**架空の世界と現実の世界が融合された印象を持った**。

　この世のすべては生命の神秘とその輝きに満ち満ちているのだな、また私自身もその一部なのだと深く感じ入りました。

　このように、東日本大震災を経験した見学者たちにとっては、この宗教観のなかに「生命の躍動感」、「生への肯定」などのメッセージを読み取ることができるのである。この絵から読み取る感覚は、被災の経験と結びけられて意味が構成されている。つまり、ここが大切な点であるが、作品の理解とは、identity-relatedな解釈といってよいだろう。プライス夫妻も、そして学芸員たちも、こうした芸術のもっている復興を支援する力に期待していたに違いない。

4　震災からの復興と美術館経験

　表6-3は、学芸員の解説がどのような影響を与えるのかということを考察するために、両グループに分けて「若冲展」から読み取るメッセージの内容を整理している。Aグループは解説を受けた学生、Bグループは解説を聞かないで鑑賞した学生である。ここから一見してわかるように、学芸員からの

表6-3 「鳥獣花木図屏風」のメッセージ

	Aグループ	Bグループ	計
美術鑑賞の楽しさ	6	7	13
日本画の面白さ	4	2	6
日本文化の再認識	4	4	8
震災からの復興	8	8	16
生命の躍動・生の肯定	4	4	8

解説を事前に聞くかどうかは、展示物をとおして伝達されるメッセージの理解とはほとんど関連しなかったということである。したがって、両グループの区別はしないで、見学者の博物館経験を通して理解したメッセージの内容を示してみたい。

(1) 日本文化の認識の転換

美術鑑賞の楽しさ・日本画の面白さ

見学者たちは、この美術展からどのようなメッセージを受容し、そして、どのような意味を構成しているのだろうか。

まず、一般的に、美術鑑賞や日本画、日本文化そのものへの興味・関心の喚起がある。

　　昔の日本画が親しみやすいものであり、ユニークな技巧が凝らされており、そうした美術の鑑賞は楽しいものであること。

　　この特別展は、今まで日本画をあまり観たことのなかった人に、**日本画の楽しさや美しさを伝えるとてもよい機会だった**と思います。かくいう、私も日本画はつまらないものだという印象がありました。ですので、この展覧会は観ることができて、本当によかったと思います。「楽しければなんでもあり」という思いがこの展覧会から伝わってきます。

　　老若男女誰にでも伝わるような説明やニックネームをつけて絵を展示することで、**今まで日本画を難しいものとして敬遠していた人たちにも、**

子どもたちにも楽しんで欲しいという思いが伝わってきた。自分自身、日本画は難しいものと思っていたが、何がどうしている様子が描かれているのかわかるだけでも、作品を楽しむきっかけとなることが分かった。

日本文化の再認識
日本画への関心は、さらに日本文化にまで広げられて理解されている。

> 江戸時代を「江戸時代」として、固定された過去のできごととしてとらえるのではなく、実は現代でも通用するような作品が創られていた、とても身近な時代であるのだということを伝えたいのだと感じた。

> 日本古来の絵画の味わい深さを訪れた人たちに知ってもらおうとしたのではないのではないかと思います。西洋文化が取り入れられた明治時代以降、日本古来からの絵画の描き方も徐々に変化し始めています。そのような中、もう一度あらためて江戸時代の作品を見てもらう事によって、昔ながらの日本特有の文化の再確認をしてもらうということが今回の特別展の1つのメッセージではないでしょうか。

(2) 震災からの復興へのメッセージ
生命の躍動・生の肯定
他方、「生命の躍動・生の肯定」は、次のような語りにあらわれている。

> 若冲の絵は、動物や鳥が描かれているものが多く、生命力を感じました。個人的には、花や人間だけが単体で描かれているものよりも、動物や鳥が一緒に描かれていたものの方が、なんか絵全体がいきいきとしているように感じて、じっくり見てしまいました。少し格好良くいうと、若冲の絵は「世界は生命が共生している空間」なのだ、「視界入るもの中に生命はあふれているのだ」ということを思い出させてくれました。

今回の若冲の特別展を振り返ると、**動物や植物を対象とした、鮮やかでいきいきとした作品が印象的だった**。そこに意図されているものはやはり展示会に訪れたものに「生命力」を感じさせることだと思う。私の個人的な感想に過ぎないが、この展示会でみたなかに、無機質な作品や、人間の闇を感じさせるような作品は一つもなかったように思われる。生命力あふれる作品を見せることによって、それを見るものを楽しませ、心を明るくし、希望を持たせることが、今回の若冲展に込められた思いであると考える。

　絵自体は躍動的に描かれているわけではないが、鮮やかな色彩や動物や鳥という対象が画面全体に描かれる構図が生命観や躍動感を感じさせることに成功している。若冲がそれを意図したかどうかではなく、少なくても、プライス夫妻が今回の「若冲展」で願った目的は見事に実現している。

震災からの復興

　まず、もっとも多いのは「震災からの復興」というメッセージである。これは「生命の躍動・生の肯定」というメッセージと関連している。つまり、若冲が描きだす世界から伝えられる「生命の躍動」が、見学者一人ひとりの内面に生きることのすばらしさを感じさせるのである。

　「震災からの復興」というメッセージについては、以下のような語りがある。

　　観ている人は、元気をもらえると思います。**震災があった私たちは、若冲たちの世界にすっぽり包まれることで、現実世界を忘れることができました。そして、もう一度、現実世界で頑張ってみようかな**、と思えてくるのです。ですから、この展覧会は「元気だして生きてこう」ということを伝えようとしていると私は思いました。

　若冲の作品のほとんどが写実的でとてもリアルな印象を受けた。その

ような作品を東日本大震災の後で鑑賞することによって、日々の風景や動物、草木の中に普段目にしない美しさ、力強さを改めて感じる目、感覚を伝えたかったのだと思う。

(3) 博物館の意味転換

見学前のアンケートでは、見学者たちにとって、「退屈な場所」、「無味乾燥」な空間であり、博物館はあまり魅力のある施設ではなかったようである。この実験でもなければ、こうした見学者たちが博物館を訪れる機会はなかっただろう。見学者たちにとって、今回の「若冲展」はどのような影響をもったのだろうか。結論をいうと、博物館の意味が大きく転換していることが指摘できる。つまり、「閉鎖的」で、「つまらないところ」から、「面白い施設」、「親しみやすい施設」と転換しているのである。

感覚を研ぎ澄ませる

美術の作品を観賞することが「面白い」というのは、「楽しい」ということだけではなく、この見学が見学者の「感動」を感じさせるものだったということが指摘できる。また、個人ごとに離れて観賞したはずなのに「作品を共有する場」というように、作品鑑賞をとおしてコミュニケーションが成り立っていることも関係しているのではないだろうか。

博物館に対しては敷居の高いイメージをもっていたが、今回は**楽しんで展示を見る**ことができた。美術に対する教養がなくても**純粋に美しい作品を見て、感動する**ことでき、気軽にぜひまた訪れたいと思いました。

すばらしい**作品を皆で共有する場**であるというイメージ、美しい作品に出合い、その作品が表わすもの・背景などについてあれこれと思いを巡らして**感覚を研ぎ澄ませる、知的な楽しみがある場**というイメージが加わった。

自分を豊かにする

解釈法を学ぶとか、知識を得るということでだけではなくて、人の深いところで変える力をもつことを実感したのではないか。

> 博物館はどちらかというとつまらないというイメージがありましたが、そのイメージががらりとかわりました。**自分の芸術性を感化するものがある場所である**と考えるようになりました。**色々な素晴らしい作品をみて、さまざまな知識を吸収し、自分が豊かになったように感じられました**。初めて作品をみることが楽しいと思いました。

> 今回の博物館見学を通して、博物館は美しいものを鑑賞する場所だなと思いました。いろいろ学ぶ場所だと思っていましたが、**ただ鑑賞し、感動したりできる場所**なのだとあらためて認識しました。

メッセージを共有するコミュニティ

見学者によって感じられたこの機能は、「若冲展」の特殊性で、すべての博物館、その展示を通してもつものではないのではないかと思う。復興への願い、このメッセージを見学者に伝えること、これは「若冲展」が意図したところではあるが、それが見事に実現したことがわかる。それは、新しい意味での学習のプロセスにほかならない。

> **数多くの作品を見ていくうちに、1つ作品だけでは感じられないような世界観やイメージがなんとなく見えてくるような場所**なのかなと思うようになりました。

> 博物館は展示することに目的があるのではなく、**展示を通して伝えたいことがあり、それが目的である**ということを感じた。

> **見に来る人々に対してメッセージを発信する場、美しいものを皆で共

有する場だと感じた。

　成人教育の学習において、学習者同士の安心で安全な空間をどうつくるのか、ということが大切であると指摘されてきた。博物館での学習は、自由選択的で、その学習も個別性を特長として理解されてきた。しかし、この指摘のように、若冲展では、学習者のコミュニティがつくられている。ここに、震災からの復興において、この展示が大きな影響をもった意味がある。

5　美術館教育への示唆

　この研究は、博物館の来館者研究の試論的な研究であり、博物館経験を見る視点も実証の方法も初歩的な試みである。それでも成人の学習研究としていくつかの重要な知見が得られた。

　第1に、来館者たちは、若冲の企画展において、どのような解釈戦略をとっていたであろうか。この研究では、「ビジュアルな質」の側面である「色彩」、「構成」、そして「空間」に来館者たちはまず着目することを明らかにしてきた。日本画においては、この「構成」や「空間」のつくり方が大きな意味をもっている。とくに、白と黒、大小、穏やかさと荒々しさの対比などが、観る者に視覚的に強い印象を焼き付ける力となっている。「製作過程における技術・技能」も影響を与える要素である。しかしながら、それで終わるわけではない。来館者たちは、作品をじっくりと眺めながら「生命の躍動感」や、描かれている主題から固有の感情をつくりだしていく。その際に、来館者一人ひとりのアイデンティティに固有の意味をつくりだしていくのである。

　第2に、キャプションや、学芸員たちによる解説はどのような意味をもつのだろうか。この調査からは、キャプションや解説は、「技法の理解」や「作品の時代的背景の理解」を助け、かつ、「解釈の枠組み」を提供していると受け取られているが、しかし、来館者たちは、それを単純に受容するのではなく、作品等から感じられる意味と、これらの情報の意味を照らし合わせながら、自分たち固有の経験の意味をつくりあげていること。そのプロセスとい

う点では、視覚的な情報から制作過程に関する認知的な知識を加え、鑑賞を通して感じられる自分なりの感覚とを総合するという手順をたどりながら理解をつくっている。

　第3に、今回の企画展は、被災者たちの震災からの復興への意思形成にとって、どのような意義があったのだろうか。地震と津波で家族、友人、知人を失った被災者たちにとって、この企画展から得たメッセージは、「生命の躍動」、「生きることへの肯定」である。くり返しになるが、この絵から読み取る感覚は、被災の経験と結びけられて意味が構成されている。つまり、ここが大切な点であるが、作品の理解とは、identity-relatedな解釈といってよいだろう。プライス夫妻も、学芸員たちも、こうした芸術のもっている復興を支援する力に期待していたに違いない。そして、この意図は、見事に果たされたといってよいだろう。

　博物館への来館は、すでに構築されてきた既存の博物館の意味により規定される。例えば、「退屈なところ」という意味が付与されれば、その来館者は自ら博物館を訪れることはない。しかし、新たな博物館経験を通して、これも新たな博物館に対する意味が再構築される。その際に、作品などについての知識など認知的な学習よりも、心動かされる感動体験が重要な意味をもつ。本来、美術鑑賞は、すぐれて個人的な事柄である。絵画の鑑賞から得られる意味も、個別性を特徴とする。しかし、この企画展では、作品、展覧会全体から伝えられるメッセージが来館者の内省にまで届くことにより、一つの「解釈のコミュニティ」に包み込まれる感覚が生まれる。若冲作品のもつ世界観、このコミュニティに包み込まれているという感覚こそが、この企画展を成功に導く鍵なのではないだろうか。

【引用・参考文献】

木下康仁、2005、『分野別実践編　グラウンデッド・セオリー・アプローチ』弘文堂。
木下康仁、2007、『修正版グラウンディッド理論アプローチ』弘文堂。
高橋満、2009、『NPOの公共性と生涯学習のガバナンス』東信堂。
Ash, D., Rahm, J., & Melber, L. M., eds., 2012, *Putting Theory into Practice: Tools for*

Research in Informal Settings, Boston: Sense Publishers.

Brockett R. G., Hiemstra R., 1991, *Self-directtion in Adult Education: Perspectives on Theory, Reseach, and Practice,* Routledge, New York.

Brookfield, Stephen, 1993, "Self-Directed Learning, Political Clarify and Critical Practice of Adult Education," *Adult Education Quarterly,* Vol. 43, No.4, 227-242.

Candy P. C., 1990, *Self-direction for Lifelong Learning: A Comprehensive Guide to Theory and Practice,* Jossey-Bass, San Francisco.

Collons M., 1988, "Self-directed learning or an emancipatory practice of adult education: Rethinking the role of the adult educator," *Proceedings of the 29th Annual Adult Education Reseach Conference,* Faculty of Continuing Education, University of Calgary.

Davidsson, E., Jakobsson, E., eds., 2012, *Understanding Interactions at Science Centers and Museums: Approaching Sociocultural Perspectives,* Boston: Sense Publishers.

Dylan, Evans, 2001, *Emotion; a Very Short Introduction,* London: Oxford University Press.

Falk, J., Storksdieeck, 2005, *Using the Contextual Model of Learning to Understand Visitor Learning from a Science Center Exhibition, Wiley InterScience* (www.interscience wiley. Com), publishes online 18 July 2005. http://onlinelibrary.wiley.com/doi/10.1002/sce.20078/pdf/ accesed 6 February. 2016.

Falk, J., Dierking, L.D., 2000, *Learning from Museums; Visitor Experiences and the Making of Meaning,* New York: AltaMira Press.

Falk, J., Dierking, L.M., 2013, *The Museum Revisited,* San Francisco: Left Coast Press.

Falk, J., Adelman, L.M., 2003, "Investigating the Impact of Prior Knowledge and Interest on Aquarium Visitor Learning," *Journal of Research in Science Teaching,* 40 (2), 163-176.

Falk, J., 2011, "Contextualizing Falk's Identity-Related Visitor Motivation Model," *Visitor Studies,* 14 (2), 141-157.

Glase, B.G., & Strauss, A.L., 1967, *The Discovery of Grounded Theory: Strategie for Qualitative Reseach,* Aldine, Chicago.

Hein, G., 1998, *Learning in the Museum,* London: Routledge.

Hooper-Greenhill, E., 1994, *Museums and their Visitors,* London: Routledge.

Hooper-Greenhill, E., ed, 1999, *The Educational Role of the Museum,* London: Routledge.

Hooper-Greenhill, E., 2000, *Museum and the Interpretation of Visual Culture,* London: Routledge.

Hooper-Greenhill, E., et al., 2001a, *Making Meaning in Art Museums 1: Visitors' Interpretative Strategies at Wolverhampton Art Gallery,* RCMG, University of Leicester. https://www2.le.ac.uk/departments/museumstudies/rcmg/projects/making-meaning-in-art-museums-1/Making%20meaning%201.pdf/ accessed 6 February 2016.

Hooper-Greenhill, E., et al., 2001b, *Making Meaning in Art Museums 2: Visitors' Interpretative Strategies at Nottigham Castle Museum and Art Gallery*, RCMG, University of Leicester. https://www2.le.ac.uk/departments/museumstudies/rcmg/projects/making-meaning-in-art-museums-2-1/Making%20Meaning%202.pdf/ accesed 6 February 2016.

Knowles, M., 1970, *The Modern Practiceof Adult Education: Andragogy versus Pedagogy*, Association Press, New York.

Knowles, M., 1975, *Self-directed Learning: A guide for Learners and Teachers*, Association Press, New York.

Mezirow, J. and Associates, eds., 2000, *Learning as Transformation: Critical Perspectives on a Theory in Progress*. San Francisco: Jossey-Bass.

第3部　女性のライフコースとエンパワーメント

第7章 健康学習とおとなのエンパワーメント
―― 医療生協保健委員の活動を通して ――

はじめに ―― 課題の設定

　健康学習の目的は「健康の問題を明確にして、その解決にたち向かう意識と、その力量を形成する」(松下 1992: 90) ところに求められる。しかも、松下が指摘するように、健康問題は個別性の強い問題であるにもかかわらず、同時に、普遍性をもちつつ学習として広がる可能性を秘めている。本章が健康学習を取り上げる意図の一端もここにある[1]。

　周知のように、1986年WHO（世界保健機構）は、新しい健康戦略として「ヘルスプロモーション」の考え方を提唱し、これをきっかけに、従来の疾病対策から生活のあり方（ライフスタイル）そのものに注意が向けられるようになり、また、行政や医療の専門家からの一方的なサービス提供のあり方が見直されるようになった。こうして健康教育はエンパワーメントの時代に入ったといわれる。具体的には、「参加（傾聴）」―「対話」―（「問題意識と仲間意識の高揚」）―「行動」アプローチを基本として市民のエンパワーメントがめざされる。また、このエンパワーメント理論はヘルスプロモーションと基本理念を共有し、医療従事者と住民、患者が対等の立場で参画することをめざしているのだが、それはいかにしたら可能になるのだろうか。

　こうした問題関心から、わが国の健康教育を見るとき、いまだこうした理念を実現するにはほど遠いといわざるをえない。松下ら（松下 1981, 1983, 1990）の先駆的実践とその理論的整理があるにもかかわらず、いまだ専門家が素人相手に啓発するという旧来のKAB[2]モデルの域を出られない状況が一般的である。あるいは、恐い病気と脅して健康教育を行う保健信念モデル的

な手法にとどまっている[3]。

　山形県鶴岡市による健康教育もご多分にもれず、保健師の健康学習に対する先進的認識や問題意識とは裏腹に、実践としての対応の遅れが目立つ。目標としての地域住民による自主的学習活動の構造は、21人の保健師のもとに1,300人の保健衛生推進員[4]が配置され、住民の自主的な保健活動を制度として奨励するものではあるが、その実質は従来のトップダウン的、行政主導型であり、このような手法によっては問題解決は困難である。

　　「任期が1～2年と短く、当番意識でやっている感じ」「役としての意識はあり、健診の取りまとめや受診勧奨は行うものの、推進員自身が問題意識を持っての健康づくり活動へは結びつきにくい」「鶴岡市全体の研修会に参加するリーダーはよい刺激を受けてくるが、他の人へ広がっていかない」「決まりきった事業をこなす活動になっている」「保健婦への依存が高いので、自主性を高めたい」[5]

　このような保健師による保健衛生推進員の評価が、そのことを如実に表わしている。かつて、結核等の感染症疾患の解決のために健康学習、保健活動に取り組み、大きな効果をあげてきた保健衛生推進員の存在は、しかし、時代や疾病構造の変遷に適切に対応できないまま、現在では健診の一括申し込みや、呼びかけによる受診喚起という点で一定の役割を果たしているものの、保健活動の本来的意味から考えて、その役割、制度ともに形骸化しているといわざるをえない。だとすれば、松下のようなすぐれた、しかし希有な実践者の有無に依拠しない、かつ、健康学習をとおして人びとをエンパワーメントする実践はいかにして可能になるのであろうか。

　このようなことを課題として、本章では、山形県鶴岡市の庄内医療生協で行われている健康学習を取り上げ、ヘルスプロモーションにおける主体性の獲得について考える。以下、①医療生協について簡単に紹介したあと、②実際に医療生協において組合員の学習活動がどのようにつくられているのか、学習活動の構造と意義について分析し、その上で、③組合員の中でとくに保

健委員の活動に焦点を当てて、学習活動に基づく保健活動の実践を通してヘルスプロモーションにおける主体的参加を獲得する過程を、エンパワーメントの視点から検討する。なお、本章においてはエンパワーメントを「自らが置かれた状況の中で問題を自覚し、その状況をもたらしている社会の構造を再編するための実行力を身につけていくプロセス」(石田 2001: 31) と定義することにしたい。

1 医療生協について

　医療生協とは、日々の健康を願う人びとが、医師をはじめ医療従事者との協同によって、健康・医療と暮らしに関わる問題解決のために運動する、生協法にもとづく住民の自主的組織である。医療においては、営利を目的とする医療機関と、医療法人以外の非営利・協同組織があるが、この後者の中に協同組合組織としての医療生協は位置づけられる。2000年現在、医療生協は、39都道府県に119存在していた。

　これら医療生協の特徴をまとめると、①健康な人びとが中心となる医療団体であり、②保健・予防活動を重視し、③医療機関をもっており、④「班」という地域の組織をもっていることである。健康をのぞむすべての人が加入でき、組合員全員で医療機関を運営し、生活点でいざ病気というときに納得のいく医療を提供するとともに、健康を願う人々の要求にこたえて日常的に保健活動に取り組む。そして、この保健活動や、医療機関の運営に日常的に参加する場として、地域に生協活動の基礎単位である「班」を組織している。このような医療生協においては、組合員の共同に基づく自主的な活動をめざして、目標が定められている。大きく3つある。①参加から参画へ（計画からの参加）、②地域に見える・開かれた活動、地域・組合員の要求起こし、③医療従事者との共同活動、である。

　次に庄内医療生協について見てみよう。庄内医療生協は、1964年、昭和39年に創立された。当時、農業の機械化の中で農夫（婦）症が問題になっていたことや、高度経済成長政策の下で、労働者の健康破壊が深刻になってき

ており、人びとの医療と健康に対する要求が高まってきたことが背景となった。また、同年6月に発生した新潟地震が一つの直接的な契機になった。創立当初、組合員数529名、出資金は6万8,700円であった。また当時は、庄内地方が世界一脳卒中の発生率が高かったことから、高血圧への取り組みが中心となった。以下、庄内医療生協で行われてきた健康学習活動、保健活動に焦点を絞って、その歴史的経過を簡単に振り返っておきたい。

1967年に班づくりと班会の開催がはじまる。1970年代になると、医療生協主催の健康まつりが開催されるようになり（以後、毎年開催）、また、購買生協の各センターで、医療生協が担当する「医療健康相談」が開始される。また、この頃から、特定疾患ごとの各種患者の会が結成され、疾患ごとの学習会が開かれるようになる。「協立病院腎友会」（1977年）、糖尿病患者の「万歩会」（1980年）、「断酒会」（1981年）、「鶴岡協立病院心臓病友の会」（1987年）などはその一例である。1978年には、「一定の保健活動のできる活動者を養成すること」を目的に、利根保健生協や埼玉医療生協の先例にならい、保健学校を開校している。同じ頃、町村と鶴岡市内では小学校区を単位に支部運営委員会をつくり、総代会や理事会の方針を地域で具体化するとともに、班活動の経験の交流や、班だけでは困難な地域における健康づくりや保健予防活動をすすめていく方針を決めている。こうして、1980年代に入る頃には、組合員の地域における自主的活動のための基盤が整えられていった。支部運営委員会は、その後も理事会と班や組合員の中間機関として組織の強化に寄与している。

1980年代半ば以降になると、保健委員や組合員による活動が活発化する。ジョギング大会や健康ソフトボール大会、いきいきゲートボール大会等スポーツ大会を開催したり、健康チェックを年3回実施することを目標に据え、取り組みを開始する。

1980年代後半に入ると、食生活や運動など生活見直しの話し合いが行われるようになり、具体的な取り組みも始まる。食生活の欧米化などを背景に今後わが国において増加するであろうと考えられた大腸ガンについても、いち早く班会での学習会とチェック活動を開始した。このような流れの中で、

1992年、保健学校を修了するもののなかなか実際の保健委員としての地域保健活動に結びつかないことに反省が促され、「自分や家族の健康を守るために、生活を見直し、生活づくりのできる保健委員を育てること」「身の回りや地域に目を向け、地域の健康づくりのために力をかせる保健委員をつくること」を目的に、「保健学校」が「保健大学」へと改称される。保健学校での講義内容が先進地の医療生協から取り寄せた資料を参考に、各担当の医師と保健師が考えたものであったのに対し、保健大学では学習内容の企画から開校に至るまでのすべてが、保健大学卒業者を中心に組織された実行委員会によって運営されることになった。また、保健学校の知識重視の学習活動にはとくに反省が加えられ、保健大学ではあらたに、グループ同士の話し合い学習や血圧測定などの実習がカリキュラムの中心に据えられた。そして、保健大学開校から2年を経た1994年には、これら保健委員のより活発で自主的な活動をめざして、保健委員連絡会が発足している。

2000年には、庄内医療生協は、庄内地方の鶴岡市を中心とした1市8町村を中心活動地域に、35,000人を超える組合員で、鶴岡協立病院（244床）をはじめ、2つの病院と2つの診療所を運営しながら活動を展開している。班数は1,074班で、そのうち地域に組織された地域班は882班である。

2　庄内医療生協における学習構造

(1)　組合員の学習活動——「班会」での学習から「保健大学」へ

　組合員による学習活動は、通常班会に参加することから始まる。班とは、近隣の組合員同士を結んだ生協独自の基礎組織である。班会は、毎月1回とか、2、3ヶ月に1回の割合で開かれ（班によって異なるが）、人数はせいぜい4、5人から多くても10人くらいである。班会では、病院や組織運営に対する組合員の不平不満も自由に話し合われるが、大切なことは、それを学習の場と位置づけていることである。血圧測定や尿検査、体脂肪率測定等の健康チェックに加えて、「大腸がん」や「更年期障害について」など、毎回テーマを決めて学習する。基本的には組合員による自主班会がめざされ、毎回の

学習テーマも組合員の話し合いの中から生まれるものであるが、必要に応じて医療生協の医師や看護師が参加し健康講話を行うなど、学習活動をサポートする。

さらに、この「班会」にはじまる学習活動を一歩すすめたものとして、医療生協では、保健大学や社会保障学校[6]などの制度化された学習の場がある。保健大学は、医療生協の主催で1年に1回、約半年にわたって開校される。開校にあたっては、保健大学の卒業生が実行委員会をつくり準備をするなど、ここでも組合員による自主運営が原則となっている。講師には医療生協の医師や看護師に加えて、消防署の救急隊員や栄養士、介護経験者等が迎えられる。内容はおおむね次のようなものである。

・医療生協の理念と地域社会の保健活動について
・身体と生活の健康チェック（血圧測定、尿検査の実習を含む）
・骨粗鬆症のはなしと健康体操
・応急処置と蘇生法
・自分と家族のための介護について
・高血圧と減塩調理実習　等

(2)　保健委員の取り組み ── 学習活動から実践活動へ

こうして保健大学での一連の学習を修了したものには、同時に「保健委員」としての資格が付与され、組合員の学習活動や地域保健活動において、リーダー的な役割を果たすことが期待される。医療生協がめざす「班」を基礎単位として組合員の自主的かつ主体的な学習活動の継続・発展のためには、班の中にある程度科学的な保健知識や保健観をもったリーダーの存在が不可欠だと考えられるからである。保健委員の活動は、班会において班員の血圧を測るなどの健康チェックを行うことや、健康相談にのること、地域行事や健康づくり行事への参加、健康講話や講習会の企画・開催、健診利用の促進、新しい班づくりなど非常に多岐にわたっている。基本的には、班や支部における学習活動は、班長とこの保健委員によって組織されているのである。組

合員の立場から、「市民的専門性」をもちつつ地域保健活動の一端を担う保健委員は、いわば一般の組合員と医療従事者との中間的存在であり、あるいは両者の橋渡しをしているような存在であるということができる。保健学校の卒業生を合わせ、2000年現在、保健委員は、延べ人数で639名存在し、1,074班中264班に所属している。その多くは、60代を中心とした女性であるが、中には男性の保健委員も含まれる。

(3) 医療生協における学習の構造と意義

　ここで、庄内医療生協における健康学習の構造と特質及びその意義についてまとめてみたい。医療生協における健康学習は、班・支部・保健大学等の各ステージにおいて、組合員・保健委員・医療従事者が必要に応じて相互に関わりながら展開される。その特徴は、2つにまとめることができる。

　第1は、「班」での学習活動とそれに続く「保健大学」での学習と、学習そのものが段階的に構造化されており、学習として深まりをもつように組織されていることである。組合員の学習活動は、「班会」への参加による継続的な取り組みによって、人びとが共通に感じている問題を理解するため、生活体験に耳を傾け、あるいは情緒的、社会的問題を確認することに始まる。ここで参加者は問題の共同調査者へと巻き込まれる。続いて保健大学へとステージを移し、今度は医療従事者もともに参加して、前段階で明らかになった問題についての話し合いを発展させ、問題をさらに深く掘り下げる。そして、これらのプロセスを通して班の仲間や医療従事者に対して、少しづつお互いの考えを理解できるようになり、仲間意識が芽生える。

　第2に、学習に基づいて健康問題への自覚や理解を深めるという段階から、保健大学での学習を修了した市民自身が再び地域に戻り、今度は保健委員として保健活動を担い、また組合員の更なる学習を組織化する主体になるというサイクルとしての構造が構築されていることである。「班会」から「保健大学」へと続く一連の学習活動を通して組合員には批判的思考が培われ、問題の背景にある社会的・構造的な原因に目を向けるようになる。この批判的思考の目標が認識を超えたとき、個人的・社会的な行動へと発展し、保健委

員としての地域活動が生まれる。また、「市民的専門性」を身につけた市民自身が保健委員として更なる組合員の学習を組織する主体になるということにも重要な意義がある。なぜなら、問題は話し合いによって深まるものであるが、その話し合いは「班」のような小集団グループにおいてもっとも効果を発揮することが松下らによっても指摘されており、しかもその話し合いを継続・発展させるためにはある程度の専門性を身につけたものの存在が不可欠になるからである。さらにその役割を医療従事者ではない一般市民である保健委員が担うことで、従来陥りやすかった「与える‐与えられる」の構図からの脱却を可能にし、他の市民のエンパワーメントをも促進することが可能になるからである。

　このように、医療生協の健康学習において組合員が経験する一連の活動は、エンパワーメント教育理論における「参加」－「対話」－「行動」という基本アプローチの試みとして特徴づけることができるだろう。言い換えれば、医療生協の健康学習は制度として市民のエンパワーメントに寄与することができる可能性をもっているといえるのである。

3　組合員によるヘルスプロモーション参画の可能性

(1)　組合員の力量形成プロセス ── 保健委員の聞き取り調査より ──

　以上、医療生協で行われている学習活動のその構造について見てきたが、組合員は、学習活動とそれにつづく実践活動という点から、ヘルスプロモーションにおいて主体的な参加の実現をめざしていく。では、そのような主体的参加は、実際にはどのようなプロセスを経て、いかなる場合に達成されるのか、ここからは保健委員の事例から検討してみたい（**表7-1、7-2、7-3**参照）。

①購買生協における活動・学習の経験

　調査対象地となっている鶴岡市は、医療生協とは別に購買生協（共立社・鶴岡生協）による教育活動が非常に活発なところとして、よく知られている。この購買生協を母体とした教育活動は、「子育て・文化・福祉の協同」の先

表7-1　デモグラフィック・データ

A【女】：60代前半	B【女】：60代半ば	C【女】：70代前半
①母と夫と3人暮らし	①夫と二人暮らし	①一人暮らし
②信用金庫を結婚退職後子どもが生まれるまでは専業主婦。その後購買生協で23年間パートとして働くが母の介護のため離職	②運送会社勤務。結婚退職した後、専業主婦に	②県の労政事務所に勤務。結婚退職した後、専業主婦に
③保健委員活動歴5年	③保健委員活動歴23年	③保健委員活動歴6年
④購買生協のパートを始めた年、生協から勧められ班長になる／以後、共同購入だけにとどまらず、署名運動、総代会、生産者との交流会、文化祭等へ積極的に参加／地区理事を経験	④結婚して鶴岡に来たが知り合いが一人もいなかったので友達がほしいと思って共同購入に参加。夫の職場の奥さんの仲間で班を作り、班長になる。／地区理事を経験／生協食品研究グループ委員	④末っ子が小学校2年生になったころ誘われ地域に班を作り班長になる。以後15年あまり班長として共同購入にかかわる。／地区理事も経験／生協家計簿グループ委員／生協環境グループ委員
⑤架け橋で5年間ボランティア活動／鶴岡市社会福祉協議会協力員／コーラスサークル／太極拳／ストレッチ教室	⑤新日本婦人の会／くらし助け合いの会／山形虹の会／高齢協配食サービス／日中友好協会／太極拳教室講師／老人クラブ	⑤山形虹の会

表7-2　初期の活動内容と活動にかかわる個人的関心・動機

A【女】：60代前半	B【女】：60代半ば	C【女】：70代前半
①協立病院が自宅から近いため医療生協設立時から加入はしていたが、保健活動は何もしていなかった／自身の母も保健学校を卒業しており、積極的に健康学習には取り組んでいた	①医療生協の設立に夫も参加。自身も購買生協での活動を通して医療生協の班作りも進めたいと思うようになっていったため、班作りと出資金集めの活動を行う	①購買生協をやめる時期と前後して、親しくしていた協立病院院長婦人から班作りを勧められ加入／加入後まもなく班作りをはじめるが、購買生協の班のメンバーがそのまま医療生協でも班員となった
②在職中は健康にはあまり気を使っていなかったが、自分で勉強することが好きで、健康管理や介護には関心を持っていた／母の介護のために退職し時間的に余裕が出て、班長として運営委員会に出席するようになり、保健委員の勧誘を受け保健大学に入った／自分と家族の健康を考えて入学したが、保健委員として活動する中で、多くの人と交流し、地域とのかかわりを大切にしながら地域みんなの健康を守りたいと思うようになった	②昔は自身も体がとても弱く、家族も医療機関とのかかわりが頻繁だったため、健康については大変関心があった／自分や家族のためにも健康について勉強したいと思い、保健学校の第一期生に進んで参加。自信はあまりなかったがすぐに保健活動に入る／新たに保健大学ができたとき、もう一度きちんと勉強したいと思い、また第一期生として再入学する	②支部運営委員をしていたときに組織部の担当からの勧めで保健大学に入学／保健大学ではいろいろな人と知り合いになり楽しかった／夫はもともと自分が外に出る事に反対していたが、購買生協、医療生協と少しずつ活動を広げていき、認めてくれるようになった

D【女】：60代半ば	E【男】：60代前半	F【女】：60代後半
①夫と二人暮らし	①一人暮らし	①夫・長男夫婦・孫の三世代同居
②電話の交換手。8年前に夫が倒れ、介護のために離職	②購買生協職員。3年前に定年退職	②住み込みで家庭教師をしていたが、結婚により離職。以後は専業主婦
③保健委員活動歴5年	③保健委員活動歴2年	保健委員活動歴9年
④在職中は職場班に入り店舗利用をしていた他、署名運動やオイルショック時の灯油裁判などにも参加。退職後地域に班を作り班長に	④家族が共同購入／家族が班長経験	④設立時から加入。3歳下の妹が高校卒業後購買生協に就職し、そのつながりで自身も購買生協の活動に参加／不買運動への参加／生協家計簿グループ委員／生協育児グループ委員
⑤山形虹の会役員／山形県観光ガイドボランティア／町内卓球サークル	⑤大山共同の家デイサービス代表／町内囲碁サークル／町内ハイキング同好会／医療生協軽登山サークル	⑤共同の家の運営委員

D【女】：60代半ば	E【男】：60代前半	F【女】：60代後半
①夫が購買生協設立にかかわっており、自身も医療生協の設立運動から参加。在職中も時間の都合がつく限り学習会や生ワクチン運動に参加	①在職中は購買生協／医療生協ともに組合員としてかかわることはほとんどなかった	①保健大学に入るまでは本格的な活動参加はなかった
②自身も病気がちで、健康についてはもともと関心を持っており、在職中に時間を作って保健学校に参加するも、保健委員の活動には結びつかなかった／退職後すぐに支部運営委員になり、保健大学を卒業した仲間から勧められて保健大学に入り直す／保健大学での内容は、保健学校に比べて実践的な内容が多く、保健委員としての活動にはとても役に立っている	②定年退職後、時間的に余裕ができたころ、お隣さんであり、当時支部保健委員長をしていたFに誘われ保健大学に参加。当時は自分や家族の健康に役立てばという軽い気持ちだった／保健大学での内容は、初めてきく話ばかりで興味深かった	②自分の健康のために勉強したいと思い保健大学に入学したが、卒業後は地域保健活動をするのだという自覚は入学前からあった

表7-3　現在の活動内容

A【女】：60代前半	B【女】：60代半ば	C【女】：70代前半
①第1学区支部保健委員長／班長	①第3学区支部保健委員長／班長／支部運営委員長／支部理事／ボランティア委員会委員長／組合員母親実行委員会委員長	①前・第4学区支部保健委員長／班長／支部運営委員
②保健大学で得た実践的な知識や技術は保健委員として活動する上でも日々の自身の健康にとってもとても役に立っている／高齢者介護に関心があり、自主的に各種学習会に参加し勉強してきたことが、実際に母親を介護する上でとても役に立っている／班会では医者や看護婦から直接話を聞くことができとても勉強になる／医療スタッフとは随時支部の活動を通してかかわっており、対等の立場で発言できるよい距離感である	②鶴岡に引っ越してきて知り合いのいなかった自分が、地域の人から健康相談を受けたり、高齢者から声をかけられたりするようになって、人間関係の輪が大きく広がった／昔は体も弱く、緊張しやすかったが、保健委員や班長としての活動を通してとても健康になり、人前でも堂々と委員としての役割を果たせるようになったことは、大きな自信になっている／今では活動自体が生きがいとなっている／市の健康祭りに保健委員として参加	②生協での健康学習を通して、自分健康のありがたさを健康維持の大切さを痛感／保健委員活動や他の社会活動を通していろいろな人たちと会うことができ、教えてもらうことがたくさんある／活動を通じて顔なじみになった医者や看護師が日ごろから気軽に声をかけてくれたりしてうれしい／協力立病院の医師や看護婦は、他の医療機関に比べて、みなやさしく親切

駆的取り組みとして、これまでにも多くの社会教育学者によって取り上げられてきた[7]。また、医療生協との関わりも非常に強く[8]、両生協に加入している住民も多い。実際に、保健委員の多くが、医療生協での本格的な学習や実践活動に入る前に、購買生協で共同購入や各種学習会の活動に参加した経験を持つことから、教育学習活動が非常に盛んなこの鶴岡という土壌にあって、住民は早くから学習活動そのものに強い意識や関心をもち、また、生活問題解決のための地域ネットワークづくりや個人間・グループ間での連繋方法を学んできたことが考えられる。そしてそのような経験の蓄積が、医療生協における健康学習へと比較的自然なかたちで向かわせ、あるいは何らかの素地になったのではないかと考えられる。

②**保健大学での学習**

　保健委員は、生協主催の保健大学を修了しているが、聞き取り調査によると、保健大学への入学動機はみなそれぞれである。「だんだん年を取ってき

D【女】：60代半ば	E【男】：60代前半	F【女】：60代後半
①第6学区支部副保健委員長／班長／支部運営委員／支部理事	①大山支部保健委員長／班長／支部運営委員	①前・大山支部保健委員長／班長／支部運営委員長
②生協での健康学習を通して体の仕組みや病気について理解が深まり、今では地域の人たちからも健康相談をされるようになった／町内会との合同の企画で町の公園を使った健康チェックを3年前から開催。また、市立病院の看護師との協働による健康チェックの開催も検討中／食生活と健康の関係に特に関心があり、地域で減塩調理実習を長年継続。最近町のサークルとして認可された	②生協でのいろいろな学習を通して健康についての知識も増え、ウォーキングを始めたり、食事などにも気を使うようになった／最初は言われるままに活動していたが、最近では自分が学習したことを自分の支部の人たちに伝えたいという気持ちが出てきて班会や学習会の企画・実践に積極的である／周りから認知されるようになり、自覚も芽生え、医療生協の通信教育や市が主催する学習会にも参加するなど、その後の学習活動にも積極的	②塩分や栄養バランスの偏りなどに気を配るなど、学習会や保健委員としての活動を通して学んだ健康知識を日々実践し、家族全員の健康維持に努めている／班会や日頃の活動を通して医者や看護婦や職員と顔なじみになっており、話をしやすいという点で他の医療機関との違いを感じている／組合員とスタッフが自分の能力を活かして協力しており、組合員の意見や活動が医療生協を動かし、支えているのだと思う

て、自分の健康を自分で守っていくことを考えたときに、健康を維持・増進するためにきちんとした知識を得たいと思った」と入学したものもあれば、「ちょうど退職した頃に知り合いに勧められ、健康に関する勉強なら損はないだろう」と振り返るものもあった。しかし、全員に共通していたことが2つある。1つは、保健大学で得られる知識は自分や家族の健康のために活かしたいと考えていたこと、つまり、その後の保健委員としての地域保健活動を必ずしも視野に入れていたわけではなかったということ、そして2つめは、保健大学での学習については非常に評価が高く、保健大学での学習を通して、健康についての理解や認識が深まったことをそれぞれが実感しているということである。以下は、保健大学についての感想である。

「保健大学では本から得られるような知識だけでなく、血圧の測り方や人工呼吸の仕方を練習したり、減塩調理実習などもあって、内容はとてもわかりやすく興味深いものでした」「新しい友達がたくさんできて、みんなで血圧を測り合ったり、グループでテーマを決めて調査をしたことを発表したりし

て、とても楽しかったです。保健大学で知り合いになった友達たちとは、普段はそれぞれの支部で活動しているのであまり会う機会はありませんが、生協の健康祭りや保健委員連絡会などで会うことがあり、自分たちの班での取り組みについていろいろ話します」。

③保健委員としての活動実践

つぎに、実際に保健大学を修了してからの地域保健活動について見てみたい。保健大学を卒業後、直ちに保健委員としての活動につながるか否かについてはさまざまな要素が絡んでいると考えられるが[9]、活動を開始した当初を振り返ってある保健委員は、「当時は人前で血圧を測る自信もなかったし、何をすればいいのかわからなかったです。だけど、先輩の保健委員さんや支部長さんに何かと誘っていただいて、担当の組織部の方にもずいぶん支えられて何とか班会もやっていました」と話している。

保健委員としての活動は、班会や地域行事の際に健康チェックを行うことや、班長と共に班会を作っていくことなどさまざまなことがあるが、それらの活動は各種学習会を企画・提案するという作業を含む。これは、組合員として班会に参加していた頃の受動的な学習活動から、それを企画・立案、あるいは提供・運営する側へと立場が移行するということである。そしてそれは、すでに獲得してきた専門的知識や技術を活かして地域住民の健康の維持・増進のために有効な学習を模索することであると同時に、地域住民の生活や感情を見つめ直す機会になる。「班会一つを実現させるのも、実際はとても難しいです。共働きの家庭、寝たきりのおばあちゃんを家で介護しているのでなかなか家を空けられないという家庭、農家や商売をしている家などいろいろ個人によって生活も事情も異なりますから」という発言は、多くの保健委員から聞かれた。さらに、慣れないうちは簡単な医療行為にも不安を感じるが、成功の回数を重ね、地域住民に感謝されたり信頼されたりするようになると、それは自信につながり技術そのものも向上する。保健委員の一人は、「はじめは人が大勢いるところでは緊張してしまって、血圧を測っている私の血圧が上がってしまうような状態でした。だけど、班会の度に測っ

ているうちにだんだん慣れてきたのでしょうか、今ではみなさんに『測って、測って』って言われますが、いつでもどこでもぜんぜん問題ありません」と話した。また、そのように保健委員として活動を実践していく中で、新たな人とのつながりも生まれる。「医療生協で活動するようになって、たくさんお友達ができました。今ではずっと取り組んでいる太極拳教室も、コーラスのサークルもこの活動を通して知り合った方から誘っていただきました」といきいきと話す顔は印象的であった。

(2) 主体的参加の獲得

　このように、班会での学習から保健大学での学習、そして、それに続く保健活動の実践の過程で、次第に保健委員自身、あるいは周りとの関係に変化が現われる。いくつかの点をあげることができる。

　第1に、健康に対する認識の変容があげられる。それまで漠然としていた健康に対する関心は、病気を予防するための科学的知識や具体的な技術を習得し、また血圧が下がるなどの成果が見られるようになると明確な意識へと変わっていく。多くの保健委員が、自ら率先して運動や食事管理を行うようになっている。

　第2に、地域住民の健康を維持・増進するという意識の芽生えである。保健大学への入学当初、自分や家族の健康を守るためと考えていた気持ちは、保健活動を継続する中で地域住民の健康を守りたいという意識へと変わる。「自分が保健大学や他の学習会に参加して学んだことが、とてもよかった。この地域の人たちは、学習会に参加しようにも場所が遠くてなかなか容易でないから、この支部の企画として同じような学習会を開けたらいいと思う」という言葉がよく表現している。また、そうして得られた自覚や自信は、それ自体が更なる学習活動への動機づけにもなる。医療生協では、保健委員の学習活動の場として保健委員連絡会や保健委員交流集会等の各種学習会を制度化させているが、それ以外にも、市や町で主催される健康学習会に積極的に参加するようになったという保健委員は、「だんだん保健委員として周りから認知されるようになると、めったなことを言うわけにもいかないし、

もっと自分自身勉強しなければと感じる」と、強い自覚がうかがえた。

　第3に、医療従事者や組織部職員との関係の変化をあげることができる。班会や支部における学習活動を企画し、運営する際に、医師や看護師といった医療従事者や生協組織部職員と協同で何かを行うという機会が非常に多く、日常的に互いに対等な立場から関わるチャンスをもつ。このような接触のチャンスの増大は関係に変化をもたらし、従来の縦の関係から横の関係へと移行を実現する。「他の医療機関に行けばただのお客さんだけど、協立病院では顔なじみの顔がたくさんいることもあり、ほっとするし、話ができる感じ」という言葉は、そのことを端的に表している。

　第4に、他の関係諸機関との関係の変化という点を指摘することができる。医療生協の保健委員としての着実な活動の中に、少しずつではあるが、医療生協の枠を越えた他の関係諸機関とのつながりができつつあることがうかがえる。保健委員は、保健大学での学習やそれに続く保健活動の実践を通してさまざまな力をつけていく。そして保健委員が力をつけると、自治体や関係諸機関との関係に変化が生じる。例えばいくつかの支部では、医療生協における健康チェック活動の一定の意義が認められるようになった結果として、保健師からの要請を受けた保健委員が市の健康祭りの一部を担当するようになったり、また別の保健委員は、行政に働き掛けをして医療生協の支部として取り組んできた減塩調理実習を町内のサークルとして認可してもらうことに成功した経験を通して「自分たちで運動することの大切さを痛感した」と話した。他にも、内容によっては老人会や婦人会、こども会に参加を呼びかけるなど、交流を徐々に深めてきているようである。このように保健委員が力をつけ、その力を活かして活動を継続していくと、活動そのものが力をもつようになる。それは、保健委員たちの活動が認められるようになると、活動メンバーが行政や関係諸機関に対して発言をしたり、問題提起をする機会を得ることが可能になるからであり、新しい関係の構築を模索し続けることができるようになるからである。

　みてきたように、班会や保健大学における学習活動と、それに続く地域保健活動の実践を通して、保健委員はさまざまな力を獲得していく。そして、

そのことによって、意識の変容が起こり、周りとの関係に変化が現われ、ヘルスプロモーションにおける主体的参加を実現させていくのである。

おわりに ── 健康学習とエンパワーメント

　以上、現在庄内医療生協で行われている健康学習を取り上げ、医療生協における健康学習の構造および特質がどう組合員のエンパワーメントに寄与しているかについて述べてきた。また、保健委員の活動を取り上げ、その具体的事例に照らして、学習活動とそれにつづく実践活動とが実際にどのように保健委員をエンパワーメントするのか、エンパワーメントに関わるさまざまな要因の相互関係とその相乗効果についても指摘してきた。ここでまとめをしておきたい。

　健康学習をとおしてのエンパワーメントが志向しているのは、個々人のヘルスプロモーションをめぐって、市民・患者と医療従事者によるサービスの計画・供給過程への参加や資源の管理が権利として認められることであり、エンパワーメント・モデルとしてのパートナーシップ関係を構築することである。それは、市民と医療従事者が対等の立場で協働するために、相互に従来の役割・機能を変容させることを要請するものでもある。しかし、伝統的に日本においては「お医者さんあげる」(組織部職員)の言葉に代表されるように、極めて権威的であった医療従事者に対して、一般の市民が対等の立場で関わるということは並大抵のことでは実現できない非常に難しい問題であった。その意味でも、従来の行政や社会的サービスでは完全に克服できなかったこの課題に対し、既存の制度へのオールタナティブとしての役割が期待されてきた自主的市民活動でもあるわけだが、その取り組みが従来の行政やその他社会的サービスへの異議を唱える段階にとどまっているならば、真の意味で市民活動として独自の地位を確立することや、また「お医者さんあげる」の状況を打破することは難しいであろう。それはまた、言い換えれば、相互信頼関係を築くために、市民の側の意識と専門的力量形成の課題、全体的なボトムアップに加え、専門スタッフの養成、政策提言能力の向上など、

すなわちエンパワーメント・モデルがめざす「問題の状況をもたらしている社会構造を再編するための実行力を身につける」という目標を視野に入れた、極めて教育的な課題が存在することを示唆している。他方、今後は組合員のヘルスプロモーション参画による医療従事者側へのインパクトについても論じていく必要がでてくるであろう。

　本章で取り上げた医療生協における健康学習では、「班会」での学習から「保健大学」への学習と学習そのものが段階的に構造化されており、さらに、保健大学を修了した市民が再び地域に戻って地域保健活動を担うとともに更なる市民のための学習を組織する立場になるというサイクルとしての構造が構築されていて、この「参加」－「対話」－「行動」というプロセスを通して、組合員のエンパワーメントに寄与する可能性をもっていることを指摘してきた。また、その一連の取り組みが保健委員という独自の専門性を身につけた市民自身の主導によって行われるところに重要な意義があることも指摘してきた。そして実際に、そのように医療従事者と組合員を「媒介」する存在である保健委員が、このプロセスを通して専門的な知識や技術を獲得し、ネットワークを形成し、医療従事者とのパートナーシップ関係を構築することによってヘルスプロモーションへの参画を実現しつつあることも明らかにしてきた。さらにいえば、このような学習活動や保健活動が、どちらも地域に組織された「班」を基盤に展開される中で、地域社会における参加や連帯、あるいは交流の場の提供による地域の活性化といったオールタナティブな価値を創出する可能性も指摘できるだろう。「班」という組織を基盤にして、その活動の中に地域社会を大切に位置づけた保健委員の取り組みは、それ自体地域をつくるおとなの実践としての意味をもっているといえるのである。

　以上のように、医療生協における健康学習の実践事例は、ヘルスプロモーションをめぐって一般市民がいかに主体的参画を実現することができるのかという問題についての一つの可能性を提示しているのではないだろうか。

【注】
1　本章は高橋満を研究代表とする鶴岡研究会の共同の成果であるが、執筆は高橋

第 7 章　健康学習とおとなのエンパワーメント　165

が「はじめに」、それ以外を山田が担当している。
2　1950年代に入ると、知識 Knowledgeが態度 Attitudeを変え、続いて好ましい行動 Behaviorをとるようになるであろうとする考えのもとに頭文字をとったKABmodelが展開された。
3　現在では、保健師教育の中にエンパワーメントの考え方が取り入れられているものの、エンパワーメントという用語自体はまだまだ一般的ではないといえる。
4　保健衛生推進員は、地域において、住民の自主的な保健衛生・健康増進を推進するとともに、健診事業や健康教室等保健活動全般にわたって、市と連繫・協力しながら活動することが任務である。推進員は、町内会・自治会から選出され、市長から依頼状が交付されている。なお、鶴岡市においては、平成10年に保健衛生推進員連合会も発足している。
5　『平成11年度保健活動のまとめ』鶴岡市健康福祉部健康課。
6　社会保障学校は、くらしの相談員を要請することを目的に1983年に開校された。講師には、協立病院医師の他、市役所の年金係や医療ソーシャルワーカーらが招かれ、内容は、「くらしと社会保障」「老後の年金生活」「老人の福祉と医療」「健康保険制度」等である。
7　共立社・鶴岡生協による教育活動については、たくさんの報告があるが、私たちの研究室においても1998年に調査済みであり、その結果は、東北大学教育学部教育社会学・社会教育学講座（2001）にまとめてあるので、詳しくはそちらを参照されたい。
8　購買生協と医療生協の関わりは、医療生協設立時にさかのぼる。医療生協設立当時、購買生協は既に10年間の歴史を刻み、全国でも注目される活発な班活動を中心に前進の中にあった。新潟地震の被害に対し全国の生協からカンパが寄せられ、その残りを資金に医療生協が設立されたという経緯があり、その後も両生協は連携を強めている。例えば、1970年代から「くらしのセンター構想」により、購買生協各センターにて、医療生協が担当する健康相談が開始されており、また、1988年には両生協の共同出資により「大山協同の家」が建てられ、地域の教育活動の拠点になっている。1992年からは、両生協の共同で「コープくらしのたすけあい活動」が開始されている。
9　実際には、保健大学を修了したもののうち日常的な保健活動に結びつくものは全体の1割か2割という現実があり、その原因の究明は課題である。この点については東北大学大学院教育学研究科成人教育論（2002）を参照。

【引用・参考文献】

石田路子、2001、「主婦たちのエンパワーメント ―― 生協活動から自主的活動、そして地域づくりへ ―― 」『生活経営学研究』日本家政学会経営学部会。
東北大学教育学部教育社会学・社会教育学講座、2001、『少子化・高齢化・国際化と教育』東北大学教育学部。
東北大学大学院教育学研究科成人教育論、2002、『健康学習と住民のエンパワーメ

ント〜庄内医療生協の事例をとおして〜』(東北大学大学院教育学研究科)。
松下拡、1981、『健康問題と住民の組織活動 —— 松川町における実践活動』勁草書房。
松下拡、1983、『住民の学習と公民館』勁草書房。
松下拡、1990、『健康学習とその展開 —— 保健婦活動における住民の学習への援助』勁草書房。
松下拡、1992、「健康教育と住民の意識の変革」『地域づくりと自己教育活動』筑波書房。

第8章　エンパワーメントを支える学びの構造

はじめに

　社会教育における女性の学習研究について、槇石多希子が研究史を適切に総括している。それを要約すれば、「1970年代以降の成人女性の教育研究は、行政の展開する『女性問題学習』を研究の中心においておこなわれてきた」(槇石 2005: 25)、という。これに対して、槇石たちは、「社会的活動への参加と女性の学習との関連をとらえる」(槇石 2005:25) 必要性を強調し、新しい労働をめぐるエージェンシーとしての女性たちの活動と学習との関連を実証的・理論的に論述してきた。本章は、こうした問題意識を引き継ぎつつ、とりわけ女性たちが学習を通して、いかに自己変革をとげていくのか。趣味的な学習から始まりつつも、その学びのプロセスを通して、いかにエージェンシーとして社会的活動に参加していくのか。これらのプロセスをミクロに解明しようとする研究である。

　事例としてとりあげるのは、宮城県仙台市の社会学級である。全国的に見ても、いま、この社会学級をもっている自治体はほとんどない。社会教育法の規程にあるにもかかわらず、多くの自治体では消滅している。にもかかわらずなぜ、社会学級を紹介するのか。結論的になるが、ここで社会学級を事例としてとりあげるのは、この制度仕組みのなかで学習した市民たちが仙台市の行政の審議会委員として政策形成に参加したり、NPOなど市民運動や社会的企業の中心的な担い手になっているという事実である。つまり、社会学級の制度は、実際、市民の主体的参加や政策決定への参加する人材を育てる役割を果たしている。では、なぜ、社会学級は、活動する女性たちを

育むことができたのか。このプロセスの解明が本章の課題である。社会教育の目的は、民主主義、社会正義を実現する市民力を育むことにあるが、社会学級はこうした仕組みをもっている。では、その仕組みとはどのようなものなのか。それは、どのような学習内容、学習方法を含む仕組みなのだろうか[1]。

1　教育実践の目的とは何か──民主主義を学ぶ

(1)　活性化とは何か

　周知のように、近年、生涯学習の領域でも事業評価を実施して、行政としての説明責任を果たすべきだということが強調されている。公的な金を使うわけであるから、市民に成果を説明することは必要なことであろう。しかし、そこでは、成果とは効率性のことであり、効果を数値的につかむために、費用に対して参加者がどれだけあったのか、費用対効果という指標が重視される。あるいは、学習者の満足度が指標として重要になる。こうした考え方は、生涯学習における消費者主義であり、これに対して、すでにいくつかの批判をしてきた（高橋 2009、Biesta 2010）。こうした視点から見ると、生涯学習の活性化とは、多様な講座が市民に対して用意され、より多くの市民が講座に参加していることとしてとらえられよう。

　これは大切でないとはいいえないが、それは成果を見る一つの指標でしかない。こうした受講者数や満足度にだけ注目する主張は、生涯学習政策の皮相な理解によって助長されている。生涯学習政策では、学習者のニーズが大切であり、学習者の選択が大切だと強調されてきた。いわばニーズの神格化である。それは、教育の目的・価値を問うことは、一つのイデオロギーであり、適切ではないという批判を結びつく。つまり、教育を通して特定の価値を押しつけるという主張である。したがって、学習はあっても、教育の役割は否定され、社会教育職員の主要な役割は、コーディネーターであり、ファシリテーターと理解されることになる。「教育」から「学習」への転換は、単なる用語法の問題にとどまらない意味をもっている（Biesta 2010、高

橋 2009, 2013)。

　しかしながら、そもそも教育的実践において、その価値を問うことなく実践を展開することはできるのであろうか。職員の専門性は、コーディネーター、ファシリテーターということだけなのだろうか。人びとが選択の機会をもつことは確かに重要であろう。しかし、それは、すでにある商品の選択の問題でしかない。そもそも教育は未来に対するわたくしたちの価値的働きかけである。したがって、わたくしたちは、その実践がどのような目的をもつのかという議論を欠かすわけにはいかない。

(2) 教育の目的としての民主主義

　では、どのような目的・価値を選択すべきなのだろうか。わたくしたちは、教育の目的・価値は、その実践をとおして民主主義と社会正義を実現することであると主張してきた。ここでむずかしいのは、この実践のエージェントはどうしたら育っていくのかということであろう。ここに公教育の矛盾がある。すなわち、「わたくしたちは市民社会で行為する市民を必要とするが、市民となるためにいかに学ぶのか、何を学ぶのかを決定するのは国家である」からである[2]。だからこそ、日本の社会教育制度は、社会教育法で「環境醸成」に行政の役割を限定してきたわけである。国家に対する社会教育の自由の確保という視点が大切な理由である。

　これを別の面から見れば、市民の自己教育・相互教育こそが社会教育の本質だといえるだろう。市民たちが自ら主体的に組織した豊かな学びの機会があり、この学びの機会が花開くように行政は学習の基盤を整備する役割を果たすことが求められる。しかも、その成果として、民主主義や社会正義を実現しようという意志と力量をもつ市民が育つことが展望される必要がある。民主主義を学ぶとは、教科書で民主主義の知識や意味を学ぶ、政治システムにおける権利と義務を学ぶことだけではない。

　教育の実践レベルで考えるには、ここで民主主義をもう少し具体的にしておく必要がある。語源でもあるデモクラティアとは、文字通り「民衆」の「権力」を意味する。要するに、民衆の自己支配ないし自己統治という意味であ

る。しかし、投票により代表を選出し統治するシステム、つまり、間接民主主義ではない。投票に行く市民を育てることではもちろんなく、より直接的なもの、つまり、「共同的に考え、共同的に疑い、共同的に探求する」こと、声をあげること、討議すること、さらに付け加えれば、こうした諸階梯をたどりつつ「共同的に行為する」こととして民主主義を理解すべきである。つまり、熟議民主主義をふまえつつも、それを越える実践と経験として理解されねばならない。ビースタにいわせれば、民主的な実践への参加の中で、民主的な主体が育まれる可能性があるのである（Biesta 2011）。

したがって、社会教育の活性化とは、受講者たちの数の問題にもまして、自らの学習を「共同的に考え、共同的に疑い、共同的に探求」すること、「共同的に行為する」人たちが育つこととして理解しなければならない。こうした民主主義の理解から見て、社会学級は、どのような意義をもっているのだろうか。

2　社会学級の歴史と制度

(1)　社会学級の歴史的展開

まず、社会学級が、どのような制度として整備され、展開してきたのかを整理しておきたい。

現在、この社会学級は、仙台市をはじめ、いくつかの自治体だけに残っている制度であるが、歴史的に見ると、日本全国に設置されていた。なぜなら、社会教育法の第44条、第48条の規程にもとづいて整備された制度だからである。以下の条文がある。

> 第44条　学校の管理機関は、学校教育上支障がないと認める限り、その管理する学校の施設を社会教育のために利用に供するように努めなければならない。

> 第48条　…教育委員会は、…公立学校に対し、その教育組織及び学校

の施設の状況に応じ、文化講座、専門講座、夏期講座、社会学級講座等学校施設の利用による社会教育のための講座の開設を求めることができる。略
3　社会学級講座は、成人の一般的教養に関し、小学校又は中学校において開設する。
4　第一項の規定する講座を担当する講師の報酬その他必要な経費は、予算の範囲内において、国又は地方公共団体が負担する。

この規程に見るように、戦後の社会教育の出発点においては、施設の開放だけではなく、各種成人教育講座の開設が学校に求められていたことがわかる。現在も規程としては残っているが、小中学校でこうした成人教育講座が行われている例は多くない。ちなみに、仙台市の社会学級の歴史を整理してみよう。

この歴史的展開では、2つの特徴をもっていたことを確認しておきたいと思う。第1に、公民館など社会教育施設がまだ未整備な段階にあって、学校が社会教育施設として重要な役割を期待されていたということ、第2に、この社会教育法の制定時点では、自由主義の理念にたって法律、制度、政策が展開されていたということである。ここで自由主義の理念というのは、行政の関与は補完的なものであり、市民の自主的、主体的な学習を大切にするということである。したがって、行政の役割を「環境醸成」に求めるわけである。

こうした理念は、社会学級の具体的な制度や運営方法に大きな影響を与えたと思われる。くわしくは、すぐあとで見るが、市民の参加と決定により「学級」は運営されることが基本となっている。

仙台市の社会学級の歴史展開

1949年	社会教育法制定。その第44条・第48条にもとづき、学校開放による成人対象の「学級」として仙台市内の小中学校に16校開校。
1955年	仙台市社会学級研究会が発足。
1960年	中学校に開設されていた「学級」を、小学校に統合。小学区に開設する方針。
1981年	養護学校（障害児の学校）に社会学級を開設。
1988年	仙台市、泉市、宮城町、秋保町の合併により、それらの区にも社会学級開設。
2011年	東日本大震災により被災地域6校が休校となる。社会学級120校（126校中）。

その後、市民にとっての学習機会の提供という意味では、仙台市は、中学校区を基本に公民館を整備する方針をとり、現在65の市民センターの設置をみているが、当時は、いまだ公民館の整備がすすんでいない中で、小学校を拠点とした市民の学びの場がつくられた意義は大きい。考えてもわかるように、すべての小学校に社会学級が設置されることによって、一挙に各自治体は社会教育的施設としての基盤を広げたことを意味するからである。

(2) 社会学級の制度

次に、仙台市における社会学級の制度の概要を、①だれが、どのように開設するのか。②だれが、どのように運営するのか。③運営の組織について、紹介したい。

①開設方法

まず、どのように学級を開設するのかを見ておく。大切なことは、社会学級の開設の主体はあくまで学校だということである。仙台市内のすべての小学校に開設することを基本にしている。具体的には、学校長が「社会学級開設委員会」の委員長となり、「学習計画書」「運営委員名簿」などを教育委員会に提出して、「委託契約書」を締結する。この契約は毎年新たに締結し直す。期間は1年である。委託事業が終了した時点で開設委員長（校長）が仙台市に「実施報告書」「概算払清算書」を提出する。委託料は変動しているが、2014年度は46,000円が支払われていることがわかる。予算には、この委託料と学級生から徴収する会費が加わる。市内の小学校を見ると、46,000円から200,000円の予算額になっている。ここから講座等の講師謝礼や資料代等が必要経費として支出される。

学級生になるのは学校に在籍する保護者が多いが、保護者だけではなく学区に居住する住民が自由に参加することができる制度となっている。委託契約は毎年新たにだされるので、したがって、形式的には、毎年新たに開設され学級生たちが募集されてきたことになる。

②学級運営

では、学級はどのように運営されているだろうか。開設委員長である学校長は社会学級主事として委嘱され、学級の責任者として運営に対して助言・指導する役割をもつ。このほか、相談役として、学級担当教諭が置かれる学校もある。学校開放事業なので、学校施設、学校の人材の役割が大きいといえよう。

学校の教師たちは主事や担当として運営を補佐するが、しかし、運営の中心は、市民たち学級生が担っている。つまり、学級生により組織される運営委員会が自主的に運営する仕組みをもっていることが大切な点である。学級生から運営委員が選出され、彼・彼女たちが運営委員会を組織している。この会が自主運営の主体となっている。

運営委員たちには、学級生の要望や状況、地域の特色や課題などを考えながら、学習プログラムの企画・運営、予算計画などを立案する役割が求められている。講座等の準備・運営、実施後の評価なども学級生の協力を得ながら、運営委員が中心となって自主的に行う仕組みである。

③単位学級と社会学級研究会

もう一つ社会学級の大切な特徴として、重層的な組織構成をつくっていることがあげられよう。学級生たちによる自己統治の仕組みである。社会学級は、単位学級、ブロック会、社会学級研究会という3つの段階の組織体制をもっている。

第1に、単位学級は、各小学校で開設される学級で、校長の下、学級委員長、副委員長ほか役員たちを中心に運営委員会で運営されている。この運営委員は持ち回りで選出されている。もちろん、断ることもできるが、できるだけ責任を分担する、共有することがめざされている。

第2に、各学級の運営委員長が仙台市内の5つの行政区ごとにブロック会をつくっている。ブロック会では、区全体の学級生が集って学習会と情報交換が行われる。

第3に、市内全体の学級から選出された委員長によって市内全体で社会学

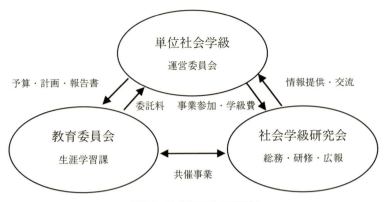

図8-1 社会学級の組織関係

級研究会がつくられている。研究会には、学級の運営についての情報交換・発信や、学級を運営する上での支援を行うことが求められている。この研究会には、総務、研修、広報という3つの専門委員会が置かれ、分担して研究大会、社会学級セミナー、ブロック会、社会学級の手引きなどの発行の事業を実施している。各学級の運営委員長は、理事もしくは専門委員として各専門委員会に所属し活動している。

各学級、ブロック、研究会の役員も、できるだけ持ちまわりで選出するようにしており、だれもが運営に参加できることをめざしている。したがって、研究会の役員も、任期は2年であるが、改選されるのが原則である。

(3) 社会学級の制度的特徴

以上から、社会学級の制度・運営の特徴をまとめておこう。

第1に、社会教育法の規程にあるように、社会学級の開設・実施の責任は学校（学校長）にある。単なる施設の開放というにとどまらず、学校が成人教育事業として社会学級を運営するということである。

第2に、しかし、学級の実際の運営にあたっては学級生である市民たちが中心となって実施しているということも明らかであろう。仙台市内全体の運営をより円滑に、かつ、適切に組織することができるように、単位学級の運営を自らが支援するシステムとして、とくに社会学級研究会が大きな役割を

果たしていることもわかる。

　第3に、ただ、教育行政との関係についても見ておく必要がある。もちろん、何を学ぶのか、いかに学ぶのか、ということを決定するのは学級運営委員会の権限ではあるが、委託契約書には、学級のガイドラインが設けられている。また、学級では年間の共通テーマをもっているが、この設定にあたっても、行政と研究会とが協議しつつ決定している。

　第4に、社会学級は、市民が居住する身近な施設で学習する機会を提供する制度であるが、それは市民たちにとって単に学ぶ機会というだけではない。市民たちが学級の運営に参加し、かつ、そこでは社会教育職員と同じように、「学習を組織する者」としての役割を果たすことが求められている。だからこそ、学習の質を高めるとともに、学習の組織者としての力量を高める装置として、ブロック会、研究会等の組織体制をつくっているのである。それは、学習の場であり、協同実践への参加の場でもある。

　では、社会学級は、どのような学びの場を提供しているのだろうか。そして、社会学級への参加は、市民性を育む上でどのような意義をもつのだろうか。

3　社会学級の学びの構造とエンパワーメント

　社会学級は、その運営のために重層的な組織構成をもつが、大切なことは、この単位学級、ブロック会、社会学級研究会という組織構造が、市民にとって質の異なる、多様性ある学びの機会を提供していることである。これはノンフォーマルな学習機会であるが、全市的な学級運営自体が、その活動への参加を通したインフォーマルな学習機会となっている。この両面で、学習の構造を見てみよう。

(1)　ノンフォーマルな学習機会

　第1に、単位学級の学習機会がある。各学級では、運営委員が中心になって年間の学習計画を作成し、これにもとづき事業を実施する。その際、年間

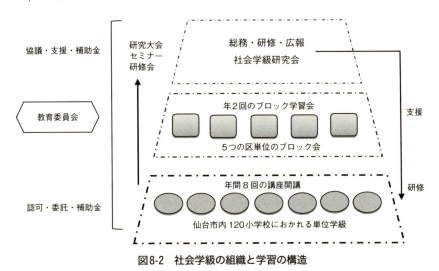

図8-2　社会学級の組織と学習の構造

8回以上の講座を開設することが委託条件となっている。学習課題として、市は、環境、福祉、教育、防災、社会問題などの現代的課題に関係する内容を求めているが、市民のニーズを重視して、身近で、趣味的な内容の講座となっている。小学校の教室内の講座だけでなく、市民センターや博物館などと連携した学校外を会場に講座を実施することもある。

　具体的な講座内容を見ると、料理や健康に関係する趣味的な内容や、身近な生活に役立つ内容が中心となっている。研究会では、学習内容が趣味的なものにだけ偏らないように、より社会性や公共性のあるテーマに取り組むように働きかけている。

　第2に、ブロック会では、行政区ごとに学級生が集まって年2回大きな研修会を実施している。2013年度の内容を見ると、震災後なので、防災・減災、地域づくり、エネルギー問題などが取り上げられている。つまり、より社会性のある学習課題に取り組んでいることがわかる。講演を聴いた後、「タイムテーブル」といって対話する時間をもち、それを共有する方法がとられている。この会についても、各ブロックを構成する研修委員が企画・運営している。

　第3に、社会学級研究会が企画・運営する学習機会がある。この学習機会

もいくつかに分けることができる。もっとも大きな企画は社会学級研究大会である。これは総務委員会が担当して、各年度の研究テーマを決めて企画・運営している。ここ数年は、「ともに育む社会」というテーマを掲げ、学習を通していかに社会参加をつくるのかということを議論している。研修委員会が企画・運営するのは社会学セミナーである。一ヶ月に4回の連続講座をもち、これも特定のテーマについて学ぶことになる。近年のテーマは、防災、地域づくり、食や環境・エネルギーなどの問題についての学習テーマが多い。

これは、1998年前には問題別研究会としてもたれていたものである。その当時は、自然環境問題、女性の社会参加、家族のあり方、高齢社会と福祉など学習テーマを設定し、運営委員長がそれらのグループに所属して、年間をとおして調査や学習を重ねて研究に取り組む形態であったようである。つまり、共同学習と共同実践の機会であった。継続的で、調査などを含む学習方法は、力量を育む上では有効であるが、それを継続することはなかなかむずかしいようである。

(2) 学習を組織するものとしての学び

社会学級研究会は学級の運営について情報を交換する役割を果たすが、運営委員は学習プログラムの企画・運営を担うので、その力量をつけるための研修も大切な課題である。そこでは、「学習を組織するものとしての学び」がある。つまり、学習プログラムのつくり方、会議の運営方法、コミュニケーションの取り方などを学ぶ機会となっている。講義、対話、発表が基本である。これについては、インタビューを紹介しておこう。

　　研究会ではね、セミナーっていうか、研修会みたいに、例えば会の持ち方とか、広報誌をつくるんだったらこういうところに着眼するんだよとか、実際こういうふうに紙に書くんだよとか。あと、例えばそうだな。一つの講座を持つには、こういうこととこういうことが大事で、準備はこういう流れだよとか、そういうのも実際、研究会の幾つかの委員会がある中の研修委員会のようなところで、一つ企画としてやってみたりと

か。だから、そういう中で、例えば会議っていうのは、強い意見の人だけを取り上げるんじゃなくて、いろんな人の意見を吸い上げなくちゃいけないんだよとか、じゃあ、そのためにはどんな手法があるのかとかさ、そういうのとかを学び合ったり。

　会議っていうのを持つときには、大人数でやるとこういう話しかできないよとか、このぐらいの人数が適当なんだよとか、そのためには、机をこう配置すると随分と話の流れも違うよとか。こう向かい合うのと、ここにいるのとでは、違うわけだから。そういうのとかを勉強し合ったりとか、しましたね。それって、結構大事なことだと思う。そういうことを準備していくのは、研究会がやっていかないと、どこもやらないなっていうのがあって。

このように、学習機会を企画する力量とともに、会を運営する仕方についても研究会が研修の機会をもっていることがわかる。それは学習の組織者としての力量を高める機会となっている。

(3) インフォーマルな学習機会

　以上が、意図的・組織的であるノンフォーマルな学習機会だとすると、市民力を高める学習機会として、単位学級、研究会等の企画・運営を自主的に行っていく中でつくられるインフォーマルな学びの機会が重要なものである。これは繰り返し学級生たちが指摘する点でもある。
　これについても、いくつかインタビューを引用しながら、学級生たちの学びの経歴を描いてみよう。

　まず、市民たちは社会学級について具体的なイメージをもつことなく、子どもたちが学校に入学してチラシをみて、あるいは友人に誘われて「具体的イメージがない」なかで学級に入会する。

イメージは湧かなかったです。チラシが1枚届いて、「社会学級に入りませんか」ってチラシ1枚で、「こんなことやってます」っていうんですけど、社会学級という名前とやってることが、私の中で全然つながらなかったんです。一体これは何をして、どんな団体なんだろうという、それぐらいしか思わなかったですね。

　ともかく学級で学び始めるが、これまで学校では経験したことのない学習方法に戸惑うことも少なくない。「書くことのむずかしさ」がある。その方法とは、自分が感じたこと、思ったこと、考えたことを書くこと、対話や議論をするという学習方法である。

　　そこに行ったときに、そこの学校の学級生の運営をなさってるかたが、「今日の感想を一言書いてください」って。何でもいいんです。面白かったとか、つまんなかったでもいいし、とにかく感じたこと。今日の例えば机の並べ方がどうだとか、そういうことでもいいって。「何でもいいから書いてください」って言われて、そう言われると書けない自分がいるんですよね。自分の気持ちを言葉にできない。

　対話することだけでなく、自分が感じたこと、思ったことを言葉で適切に表現すること、議論することはとてもむずかしいことである。こういうコミュニケーション力を、わたくしたちは正規の学校教育を通して奪われてきたともいえるだろう。初めての学習の仕方に戸惑う自分たち新入生たちと比較するとき、運営委員の人たちは、「なんてすてきなのだろう」と憧れにも近い感情を覚える。それだけ運営委員の人たちが社会学級の活動に参加するなかで表現力、組織力を身につけているということでもある。

　　そうやって1年過ぎて、2年過ぎて、そのうちに、「今度はあなたも、参加するだけじゃなくって、少し企画する側になりましょうよ」って。そう言ってくださったのが、地域にはこういうすてきなかたもいるん

だって常々思ってるような人たちは、やっぱりみんな委員をなさっていて。とっても合理的に話をできるし、自分の考えを述べられるし、それから、会を運営する手順を知ってるっていうので、「あ、すごいな」と思ったんですよ。憧れっていうか、ああいう生き方、ああいう女性っていうか、いいなと思って。

　社会学級での参加を深める上で、「受講者から企画者に転換する」という役割の転換や、ここで「憧れの運営委員」がいることの意味は大きい。状況的学習論に即していうと、実践コミュニティにおいて参加の軌道がどこにつながるかを明示的に示す熟練者・古参者だといえるだろう。ここは大切な点なので、もう一つ引用を重ねよう。

　　たどっていけば、そうね、社会学級を知ってからっていうところから始まってたかもしれない。それがだんだん広まってって、そのうち、自分が運営委員長になったり、それから、いろんなところとつながっていくことで、また視野が広がったり。そして、いつの間にか、委員長が終わったと思ったら、今度は研究会にも自分が事務局員として関わる立場になったりっていうか。どんどん、どんどん一つ一つの遠くが見えてきたみたいな。どう言えばいいんだろう。イメージとしてはそんな感じ。で、見えてくると同時に、「ああ、あそこに行きたいな」っていうのが出てきたっていうか。

　このように、新入生たちにとって運営委員の人たちはめざすべき目標であり、この記述は参加の軌道に関するものそのものだといえるだろう。こうして運営委員になって講座を企画・運営する立場に転換するわけだが、この運営方法として大切な点は、「自分たちで決定する」、ということである。

　　私にとっては新鮮でしたね。学校のお勉強は嫌いだけど、何か強制されるんじゃなくて、興味があるんだったら自分から進んでいける場所が

あるっていうか。嫌だったら「嫌だ」って言っていいんだって。誰に遠慮しなくて、私が決めていい。誰かに決められてやるんじゃなくて。それは、とっても当たり前のことなんだけど。

もちろん、それは運営委員が一人で勝手に決めるということではない。そうではなくて、運営委員会での討議を通して合意をつくるプロセスがあるということが大切な点である。自分たちで企画・運営することが市民たちの学習にもつ意義は、こうしたプロセスを経るからこそ、学習を組織する者としての「責任を自覚する」ということから生まれることにある。一人の受講生として楽しむだけではならないという自覚である。これを社会学級の中の「役割で考え、行動する」と表現する。

　ある程度講師とかが決まってくれば、講師に研究会の役割であるとか、事業の意味とかを伝えながら、講師の了解を得ていただくとか、とにかく人と関わることがとっても増えましたので、常に私の役割は何なんだろうということを考えるようになって。だから、この事業で必要なことは何で、その中でも私の役割として言わなくちゃいけないことは何かとか、そういうことは、考えるようになったと思いますね。

学習を組織する者としての責任を自覚するからこそ、「自分たちの力量を高めようとする意欲」が育まれる。それは、考えていることを適切に伝える努力にはじまり、学びつづけることの必要性が自覚されるプロセスである。

　だから、どうやったらその人の心に響く言葉でしゃべろうかなとか、ちょっと大変なんだけど、難しくないように伝えるにはどうしたらいいかとかさ、そんなことばっかり考えてた気がする。

　会長っていうのはこういう役割。だから、あそこに座ってご挨拶するだけが会長じゃなくてさ。それも一つの役割かもしんないけど、いや、

違うんだって。やっぱり会をそれこそ継続させていくためには、常に新鮮じゃなきゃいけないわけだから、そのためには、やっぱり常に吸収、新しい情報っていうのも必要だし、これでいいってことはないっていう苦しさもあるじゃん。どんどん、どんどん水をきれいに流れていって、人も育っていかないと、会は老朽化していくでしょ？

　そういう人たちを説得する、納得してもらうためには、私自身がしてないと相手を説得できないですよね。だから、そのためには、やっぱり怖いっていうのもありましたね。自分が勉強してないと怖いっていうのが、物を言うのがとっても怖かった。だから、怖い思いするんだったら、勉強して、いろいろなとこに出掛けたほうが、気分的に楽っていうのがありましたね。

　もう一つ大切な点は、こうした協同行為の積み重ねの中でメンバーの中に「信頼関係のネットワークをつくること」、それが幾重にも広がっていくということであろう。

　つながりっていうのは、言葉を換えるなら信頼関係かな。お互い相手を尊重し合って、信頼する。イン：どうやって作っていくとか。Ｓ：そうだね。理屈じゃないね。一緒に動くことじゃないですか。それぞれ一人一人は自立してるわけだから。だから、つながるっていうのは、相手を尊重して、しかもそこに信頼関係がある。で、その中で、くっついたり離れたりっていうか、一緒にやったりっていうような。それは、やっぱり物を食べたり、しゃべったり、どっか行ったり、行動したり、何か一つのものをみんなで作り上げたりっていう過程の中で、一人一人が、その人との距離っていうか、わかってくるんじゃないですか。

(4)　社会学級から社会的活動へ

　社会学級を経験した人たちは、次のような学習経歴をたどっている。まず、

あまり具体的なイメージもなく子どもの小学校入学をきっかけに友人に誘われて趣味的な学習を始め、学級運営にも参画する中で、学ぶ意欲や社会的関心を広げる歩みをたどっていく。とくに、学級運営委員からブロック会役員、社会学級研究会役員と経歴を深めるなかで、社会的実践の力量を高めつつ、学級を運営するものとしての社会的責任を自覚するプロセスがあったことがわかる。

こうした女性たちは、やがて社会学級を巣立っていく。ここが社会学級の運営のユニークなところでもある。大変なことではあるが、役員は持ち回りで、任期を終えると必ず新しい役員に交替して行く。そして、さまざまな社会的活動への実践の場を移していくのである。

　　たまたま社会学級に入って、そして研究会に来て、その方と知り合って、同じ役員をやった方から声をかけてもらって。なので、きっかけは社会学級ですよね。入らなかったらボランティアも知らなかったので。

このとき、先に述べたような協同の活動を経験する中で育まれた人びとの信頼関係によって結ばれたネットワークが大きな意味をもつ。

　　そうそう、わたくしもそのなかの一人。それから、研究会を卒業してからグループをつくって、自分たちで。研究会って、割と総花的なテーマで活動してますから、そのなかで自分たちが関心あるものに絞り込んで、それに一緒にやろうという志を同じくする人たちで集まってグループをつくろうっていう、大体そのながれがあったんです、研究会の。

ここで、どのような社会的活動に結びついているのかを紹介したい。

　　そうですね。女性の体と心とか、性の問題について、研究会の中で私たちが特に取り組んだのが、いわゆるジェンダーの問題だったので、その中には女性の体の問題とか性の問題ってすごくあるんだけど、割とタ

ブー視されていたから、中でそんなことを話し合うってこと、あんまりなかったんですよね。でも、ここにすごくジェンダーの問題って凝縮されてるんじゃないかっていうふうに思った仲間で、グループアイという、いわゆる自分の体は自分のものと。私の体の主役は私ということで、グループアイというグループを立ち上げて、ずっと活動してきました。で、ここが拠点になったんです。

　ジェンダーをめぐる活動である。このほか、仙台市では、さまざまな審議会へ委員として登用する政策をとっていることもあり、社会教育委員、教育委員のほか、多くの委員についている。この女性は、その後、公民館運営審議会や教育委員を歴任するとともに、イコールネット仙台というNPOを立ち上げ、市民活動を支援する活動をしている。
　もっとも多いのは、次のようなボランティア活動への参加である。

　　上杉のほうの社会学級の元委員長さんたちが今、やってらっしゃるんですけど、「障害児（者）を守る会」っていうのがありまして、年に3回、運動会と音楽コンサートと作品展をやってるんですね。そちらのほうのボランティアに参加させていただいて、各小学校の特別支援学級、鶴ヶ谷とか、なのはな園とか、県のそういうところの障害児のかたがたと、そういう作品展、運動会、音楽コンサートをやってる。それのボランティアのほうを、Tさんに声をかけていただいたんで、一緒に参加させてもらってます。結構、社会学級生の人が多いんですよ。

　　ええ。私が会長のとき一緒にやった事務局の人たちとグループを作って、自主グループですね。自主学習グループを作って、「カオス」っていうんですけど、それから、前から自分のうちの周りで作ってたグループがあって、「なでしこ」っていうグループなんですけど、そういうグループで活動してました。あとは教育委員でしょう。で、今でもグループはあるんです。

次々に自主的な市民活動を立ち上げ、卒業生たちへ参加の輪を広げていく様子が理解してもらえたろう。こうした力量は、個人的な技術や知識というものではない関係的な力量であるという点が大切な点である。学術的にいえば、社会関係資本のもつ力であり、運動論的にいえば、資源を動員する力量である。これまで述べてきた社会学級の運営があったからこそ、実現した基盤であるといえよう。

　　研究会からは卒業してるわけだからね。研究会までは、場所も提供してもらい、ある程度の資金ももらってだから、保障されてるけれども、グループ立ち上げるって大変なのよ。結局、自分たちでお金も出し合わなきゃいけないでしょ。活動費も自分たちで出し合うでしょ。場所も探さなきゃいけないんだよね。…だけど、立ち上げるに当たって、研究会や社会学級で学んだことがすごく生きてきたっていうのは、ありますよね。ものの考え方もそうだし、立ち上げ方もわかりますよね。場所を探すにしても、ここがフリーで、誰でも自由に。ここは、男女共同参画って、まだその前だから「婦人文化センター」っていう名前で、女性の地位向上を目指す施設でもあったから、ここがちょうどあたしたちにとっては格好の……。先輩たちもここで活動してたから。卒業して、グループで立ち上げた人たちは、みんなここで活動してたのでね。だから、ここでお互いに情報交換しながら活動してたんです。

　こうした仙台市の市民活動の担い手を育てる重要な機会として機能しているところに社会学級の意義がある。

(5)　エンパワーメントのプロセス

　以上をエンパワーメントのプロセスとして要約してみよう。
　社会学級に参加することが、なぜ、市民力を高めることに結びつくのだろうか。それは、現代的課題を学んだからではない。ブロック会や研究大会で、

より高度な知識を学んだからでもない。自主的に全市レベルの学習組織を運営する力を自らのものとするプロセスが大切な点である。学級生たちが、自分たちで自主的に企画し、運営していく。このプロセスで運営委員同士の対話が重ねられていく。多様な意見がだされ、その意見の相違を理解し、それらを調整しつつ計画をつくることが大切な経験となっている。

　それは学習を組織するものとしての責任感とそれを支える知識・技術を高める機会でもある。かつてあった課題別学習会では、現代的課題に関係するテーマを運営委員長たち同士が年間を通して学んでいくカリキュラムをもっていた。これが共同学習の場としての機能をもっていたわけである。しかし、より大切なことは、社会学級が基本的に自分たちだけで運営をしていく組織であるという点ではないだろうか。それはたやすいことではないが、この協同の行為を通して学級生同士の信頼関係に結ばれたネットワークがつくられていることが重要な点である。知識を学んだだけでは、市民の行動に結びつくことはむずかしい。

　この点、見てみたように、社会学級の卒業生たちは、社会学級で学ぶ中で得られた関心と、社会的動員力を駆使して、さまざまな社会的活動に踏みだしていたことがわるだろう。そして学習から社会的活動への移行に際して、協同経験を積み重ねる中で培った社会的信頼のネットワークが大きな役割を果たしていたことも見てきた通りである。

　現在、仙台市では市民センター（公民館）で学習プログラムをつくるのは職員の役割になっている。結果として、市民は、この講座を選択し、受講するという役割に参加がとどめられる結果となっている。これを改革すべく、「市民自主企画講座」などの事業がすすめられているが、社会学級では、こうした性格をもつ実践が60年以上にわたって重ねられてきたことの意義は大きい。

おわりに —— 社会学級の現代的意味

(1) 仙台市の社会学級をめぐる現状

　これまで見てきたように、仙台市の社会学級は、戦後すぐ、社会教育施設がいまだ不十分な時期に、アメリカ政府の影響を受けた学校教育の開放という制度として、かつ、自由主義の理念のもとに、市民たちが自主的に運営する組織として出発した。したがって、学級では、参加と民主主義を基調とした運営方法がとられている。これは学級が歴史的に継承してきたすぐれた特徴の一つである。

　ところが、この社会学級は、現在、日本のほかの自治体ではまったく消滅したといってよい状況にある。1960年代以降の社会教育の制度化の中で、社会教育施設としての公民館の整備、専門職員の配置がすすむとともに、学校開放の役割を終えたと考えられたのではないかと思う。この制度化の結果、市民自らの自主企画・運営する形態から、職員が作成した講座を受動的に受け取る関係へと変容をとげている。これを別の面から見れば、参加と民主主義の形骸化が進行したということができよう。

　こうした諸要因は、仙台市の社会学級運営にも影響を与えざるをえない。実際、学級数は維持しているものの、学級生は減少の一途をたどっている。かつて学習の中心であった問題別研究会など自主的な学びの場を維持することも困難になり、より簡便な運営に転換していることも事実である。

　しかし、社会学級の組織・運営形態、そこでつくられる学びの構造は、市民のエンパワーメントを図る教育的実践方法という点から、以下の現代的意義をもつ。

(2) 社会学級の現代的意義

　第1に、すでに述べたように、社会教育の実践は、民主主義や社会正義を実現するという目的をもつが、いうまでもなく、この目的・価値を実現する活動そのものが、民主的でなければならない。この点、社会学級に即していえば、学級への参加、教育内容を決定する自由があり、参加者同士の対話に

よる合意のもとに教育実践がつくられ、活動がすすめられてきた。それは、学習を通して市民力を育む条件でもある。熟議による民主的な運営が大切にされている。

　第2に、市民力を育むということを考えるとき、公的教育をめぐる矛盾がある。だからこそ、教育行政の役割は、特定の教育価値を設定することであってはならないのである。教育は支配の手段であり、教育というよりは教化に変質する危険をつねに内包しているからである。社会学級では、あくまで学習者が自主的・主体的に運営することを基本としており、行政の役割は学級運営の支援や、プログラムづくりの方法、会議の運営方法に関するものなど、運営委員のエンパワーメントの基盤のための学習機会の提供にとどめられている。学級の運営の責任が市民にゆだねられている、これが大切な点である。

　第3に、社会学級がもっている学習機会の構造の意義である。そこでは単位学級でのニーズにもとづく学習に始まり、社会学級セミナー、研究大会など重層的に構成された学ぶ機会がある。もっとも大切な点は、ノンフォーマルな学習機会である共同学習だけでなく、運営をめぐる協同活動を通して実践への参加の経歴を深める仕組みがあるという点である。それは学級生同士の協同行為のなかでつくられるインフォーマルな学びである。成人教育でもっとも大切なことは、このインフォーマルな学びを活性化させる公共空間をつくることである。

　第4に、学習から社会的実践へ踏み出すとき、これらの重層的な協同活動の機会を通してつくられる全市的な人びととのネットワークが重要な資源となっている。協同の活動を経験するからこそ、信頼関係にもとづくネットワーク、すなわちソーシャルキャピタルが形成される。この点、講座に参加し、講師の話を聞くだけでは、それは個体主義的学習の方法であり、こうしたネットワークは生まれることはない。ソーシャルキャピタルこそ、社会学級を修了した人たちが市民活動に参加する基盤となっている。だからこそ社会学級は、市民活動のインキュベーターの役割を果たしうるのである。

　研究会の役員を卒業すると、一般の学級生に戻ることになるが、同時に、

第8章　エンパワーメントを支える学びの構造　189

NPOなど社会的実践への参加へと一歩を踏みだしていく。これらの仕組みが、学びと実践とのサイクルをつくる秘密なのである。

【注】

1　本章は、2014年7月に行われた韓国ソウル市招請による講演会の原稿に加筆したものである。執筆者高橋がソウル市長と会談した際に仙台市の社会学級の仕組みを紹介したことから、この講演会が企画され、その後、ソウル市生涯学習政策のなかに位置づけられようとしている。

2　だからこそ、Biesta (2006, 2010) は、教育の主要な機能として、資格化 (qualification)、社会化 (socialization)、主体化 (subjectification) への貢献をあげ、かつ、主体化のためにユニークな存在としてのあらわれを保障する空間や場所の質をもつ「中断の教育学」(Padagogy of Interruption) を提唱している。

【引用・参考文献】

高橋満、2009、『NPOの公共性と生涯学習のガバナンス』東信堂。
高橋満、2013、『コミュニティワークの教育的実践 ── 教育と福祉とを結ぶ』東信堂。
槙石多希子、2005、「エージェンシーとしての女性と学習 ── 『女性問題学習』論を越えて ── 」、高橋満・槙石多希子『ジェンダーと成人教育』創風社、25-57頁。
Biesta, G. J., 2006, *Beyond Learning : Democratic Education for Human Future,* Paradigm Publishers.
Biesta, G. J., 2010, *Good Education in an Age of Measurement: Ethics, Politics, Democracy,* Paradigm Publishers. ＝ G. J. ビースタ（上野正道・藤井佳世・中村（新井）清二訳）、2014、『民主主義を学習する：教育・生涯学習・シティズンシップ』勁草書房。
Biesta, G. J., 2011, *Learning Democracy in School and Society:Education, Liflong Learning, and the Politics of Citizenship*, Sense Publishers.
Lave, Jean, Wenger, Etienne, 1991, *Situated Learning: Legitimate Peripheral Participation*, Cambridge University Press. ＝ J. レイヴ、E. ウェンガー（佐伯胖訳）、2003、『状況に埋め込まれた学習 ── 正統的周辺参加』産業図書。

第9章　社会変革と中国女性のライフコース

はじめに

(1) 課題の設定

　本章は、文化大革命やその後の改革開放政策など社会変動の著しい時代に成長し、高等教育機関を卒業した女性が、いかなるライフコースをたどってきたのかを分析する。すなわち、このような状況のもとでの彼女たちのライフコース、とくに職業活動を中心としたライフコースにおいて、第1に、学歴などの文化資本や家族・親族・同窓のネットワークが、どのような時期にいかなる影響を及ぼしてきたのか、第2に、彼女たちはどのような主体的なライフ戦略を描きながら変革の時代に対応してきたのか、第3に、主観的にどのような評価を受けてきたのか、などの諸点を明らかにすることをめざしている。

　事例として取り上げるのは、1966年から1976年までの10年にわたる「文化大革命」(以下「文革」と略す)[1]を小学校・中学校・高校の時期に経験し、「文革」の終焉により大学進学の機会を得て、その後の改革開放期[2]の初期に大学を卒業し、改革開放の経済政策がすすめられる中でライフキャリア[3]を積み上げつつ歩んできた中国女性である。

　ライフコースは、国家の社会制度や労働・生活の時代的状況、さらにその個人の経済的社会的背景、学歴などの文化資本のあり方等によって形成されるゆえに多様性に富むものである。従来のライフコース研究にも、ライフコースと経済的変動との関連を取り上げた研究がなかったわけではない（葛、1999)[4]。高学歴女性のライフコースといった学歴など文化資本とライフコー

スをめぐる研究もすでに散見される（渡邊 2011、乙部 2010、永瀬他編 2010、岩木 2008、中村 2008、脇坂・富田編 2007、村松 2000、青井編著 1988）。しかしながら、より巨視的な社会変動の中で、女性たちがどのように「生きる世界」を築いてきたのかという研究は見られない。つまり、タマス，W. I. などシカゴ学派が、20世紀初頭のアメリカへ移住してきたポーランド農民に対する生活史調査を通して行ったようなダイナミックなものを志向する研究は見られないのが現状である。

この点において、本章が事例とする1983年に大学を卒業した対象者世代の生きてきた時代は、中国では文化大革命のもとで、知識人階層では家族同伴でも個人でも強制的に農村に下放させられた。そして「文革」の終了にともなう混乱の中で年齢制限のある大学入試が再開され、卒業直後の初職は、国家の職業分配制度により決められた就職先であった。その後は改革開放政策のもとで中国の社会経済的発展が急速に展開し、転職も可能になった時代である。こうした大きな社会の変動の中で高等教育機関を修了した女性たちは、どのような見通しと戦略を描きつつ職業生活や家庭生活をめぐるライフスタイルをつくりあげてきたのであろうか。

このような研究課題の基底には、日本の高学歴女性のライフコース研究の成果を踏まえ、現代日本社会における彼女たちの社会的地位や役割を念頭に置きながら、中国高学歴女性のライフコース構築におけるジェンダー視点による究明があることを述べておきたい。

本研究の特色は次の3点にある。第1に、社会変動と女性のライフコースの影響・関連ということだけではなく、そこに社会体制的視点を入れて分析を試みる点である。社会主義国中国は女性の社会的進出が積極的にすすめられている[5]。中国という社会体制や社会変動の性格が日本とは大きく異なる状況のもとでの高学歴女性のライフコースを考察することを通して、社会における女性の地位とライフコース構築との関連を明らかにしようとする。

第2に、高学歴女性の職業経歴を中心とするライフコースを国際比較の視点を取り込み研究する際に重要なことは、学歴と職業との接合のあり方が国によってそれぞれ異なる点であろう。本章では比較実証的研究を実施するが、

この学歴と職業経歴との接合のあり方について、中国女性のライフコースをたどるなかで明らかにするところに特徴がある。

第3に、ライフコースの実証的研究の手法を使うだけではなく、対象国の高等教育制度や労働市場に関する理解が欠かせない。この点、課題の重要性は認識されながらも、これまで取り組むことができない研究方法であり領域であった。さらに質的な国際比較調査研究においては高い語学的理解力の必要と翻訳上の問題点など至難の課題が多いが、本研究の対象は外国語の修得を専門とする大学の日本語学科卒業生であり、日本語能力という文化資本が中国でどのよう意味をもつのかという点の解明とあわせて、対象者から直に詳細な聞き取りが可能となった。

(2) ライフコース調査の概要

「文革」を経験しながらも、大学への入学を果たし、改革開放政策のもとで自らの人生を切り拓いてきた女性たちに焦点を当てた分析を試みるにあたり、次の諸点を具体的に留意しつつ調査を試みた。A)どのような家庭に育ち、B)「文革」をどのように経験してきたのか。C)「文革」の終焉とともに大学入学を果たし、日本語を学んだ女性たちが、その後の職業生活においてどのような経歴をつくってきたのか。D)その際に、大学卒業資格や日本語能力という文化資本がどのような役割を果たしてきたのか。あるいは、E)家族・親族、政治的・社会的関係がどのような役割を果たしたのか。

女性たちへのライフコース調査は、東京及び中国大連市においてヒアリングを実施した。対象者11名の基本データは、**表9-1**(199頁)の通りであるが、あらかじめ以上のような項目を中心に、適宜質問をすすめる半構造化法を使って、一人の対象者に60〜90分のヒヤリングを実施した。記録はインフォーマントの了解を得て記録し、逐語的にテープを起こして、この文書をMaxqdaで分節化した上で、分析している。

1 文化大革命と大学をめぐる状況

1977年は中国にとって歴史的に重大な変革を迎えた画期的な年である。10年間続いていた「文革」は中国の経済と社会の発展をどん底に陥れさせ、社会制度を破壊し、大きな停滞をつくりだすこととなった。同年の世界総人口の5分の1を占めた中国国民総生産（GNP）は世界の2％しか占めていない。遅れた社会経済とあいまって中国の教育事業も全面的に再構築するという課題に直面した。とくに高等教育は規模的にも質的に極めて後れていて、急いで回復と再建が必要となる。教育事業の後れから生じた社会問題も頻発するために、教育問題はさらに広く注目されるようになり、これらのことは大学入試制度の回復と再建の動因となった。国家副主席の鄧小平は、国家の現代化を実現するために科学技術は肝心であること、科学技術を発展させるには教育を重要視しなければならないと指摘している。

(1) 大学入試制度

1976年に「文革」が終焉を迎えた翌年の9月、教育部は北京で「全国大学学生募集の会議」を開き、10年以上中断された大学入試制度を復活することを決定した。この決定により、大学入学試験が全国的に統一して行われ、大学に入学することが可能となった。

受験対象は、労働者、農民、上山下郷・帰還知識青年（当時の政策により都市部に残され、また仕事が見つかっていない人を含む）・復員軍人・幹部及び本年度の高校卒業生とした。年齢は20歳前後とされ、25歳を超えない、高校卒業あるいは高卒相当の未婚青年に限られた。ただし、社会経験が豊富（科学研究や技術革新の成果がある）で、実績があり（理論上研究する実績がある）、また専門知識をもつ人は30歳まで延長され、既婚・未婚を問わないことになった。

大学入試制度の回復した3年後の1979年になると、受験可能な年齢は25歳迄に制限され、この年の高校卒業生が、受験生の中心となった。他方、夜間大学やラジオ・テレビによる放送大学などの成人教育は、主に受験年齢を

超過した人や既婚の子どもがいる人たちに勉強する機会を提供した。この結果、大学入試制度は徐々に軌道に乗るようになった。受験の条件としては、「四つの基本原則を守り、国の発展の必須に従い、高校卒業またはこれに相当する学歴を有し、健康的な未婚の25歳を超えない若者」とされた。

とくに、外国語専門の大学また外国語専攻を希望する受験者の年齢は23歳以下とされ、中等師範学校と公立学校の教師は教育関係の大学しか受験できないが、国家公務員は勤務先から許可されれば受験可能であった。社会経験が豊富で優秀な青年は28歳まで受験対象年齢が拡大されたが、職業大学、通信教育の大学の在校生と卒業生は、全国大学統一試験を受験することができないなど種々の条件が提示された。

「文革」期にとられた労農兵を主な受験対象者とする政策に比べれば、新しい大学入試制度は重大な転換をもたらし、政治的な背景を主要な採用条件にする制度から、四つの基本原則を守り関連の申請条件を満たせば誰でも受験ができるようになった。大学入試は、政治条件に左右されるものから、個人のもつ学力審査へと変わっていった（秦華 2012: 24-26）。

(2) 受験科目としての外国語・評価

入試における外国語の評価については、当初は外国語専門の大学また外国語専門の学科を受験する学生だけには、外国語の成績が総合成績に記入された。これらのことは、大学生の外国語のレベルを向上させ、また小中学校の外国語教育を推進するために国務院は1979年から教育部の提案にもとづき、重点大学志望の受験生には、外国語の成績が採用の参考になると定められた。その後、外国語の成績は一層重視されるようになり、1983年には外国語の評価は100％へと変わった。長期間、中国は外国との交流が少なく、大部分の学生は英語の能力が弱いという現状ゆえに、外国語の成績は入試成績に含まれなかった。しかし中国の発展には、外国語能力の必要性が推測されるゆえ、徐々に外国語の成績を入試成績に参入するようになったのである。

1977年、大学入試の受験者数は570万人であった。当時の大学の受け入れる能力によって27.3万人しか合格できなかった。合格比率は29分の1で

あった。翌年、教育部は「关于高等学校扩大招生问题的意见」(「大学生募集人数を拡大する問題に関する意見」)を出して、大学生を募集する計画をつくるに際して、一部分の新入生を拡大して募集すると決めた。これにより、さらに多くの大学希望者に入試の機会を提供したのである。1978年7月、教育部は、「華僑や香港・マカオの帰国や大陸での進学に関する意見」を公布した。それによると、中国語を聞く・話す能力を有した受験生が全国統一試験に参加することができるとし、政治と国語の成績を適宜下げて合格させると決めた。1979年になると、全国レベルの学科競技大会で優秀な成績を取得した学生は大学入試を受けずに入学できる政策が教育部によって出された。同年、本民族の言葉を使って授業を行う辺境民族自治区にある高校生は全国統一試験を受けなくても、自治区が自ら独自に出題し、試験を行い、優秀な学生を選ぶという規程も出された。

その後は大学生応募者の採用枠の人数が徐々に拡大され、1978年、受験生の数は610万人、合格者数は40.2万人、1979年の受験生は468万人、合格者数は41.5万人である。本調査の対象者の卒業時1983年には、受験生は167万人、合格者数39万人となった。

(3) 大連外国語学院および日本語学部の概要

大連外国語学院は東北地方にある遼寧省大連市に位置し遼寧省所属の大学である。1964年に大連日本語専門学校として設立され、1970年に遼寧外国語専門学校に変名し、1978年に大連外国語学院に、2013年4月に大連外国語大学に変更した。2015年現在、日本語学院、英語学院、ロシア語等の外国語関連学科、成人教育学院、計算機教育部門など20の教育機構と32の教育専攻があり、22の修士課程コースがある。

現在、教員は900人、学部生は1万5千人、大学院生は千人近くいる。卒業生の就職率は95%を超え、外交、対外貿易、観光、教育などで活躍し、国の外交機関にも多くの学生が就職している。

日本語教育は1964年から始まり(当時は外国語専門学校の日本語学科)、大連外国語学院の中では最長の歴史がある。大学としては文革終了後の1978年

からスタートし、1978年に第一期の学生が募集され、翌年9月に新入生となった。1995年には、日本語学科は、教育部出国留学訓練部と外国言語研究所日本語部門を合併して日本語学院（日本語学部）として出発した。

現在、日本語学部には教員は86名おり、全員が日本留学や日本の大学教育の経験がある。加えて日本人教員が14名いる。当学部は遼寧省模範専攻、省総合改革モデル専攻、省重点学科、教育部特色専攻などの名誉を受けており、学生数も中国全土の日本語専攻を持つ大学で一番多く（3,200名）、日本を除いた世界における最大の日本語教育と育成訓練の基地となっている。これまでに1万人以上の卒業生・修了生を日本語人材として輩出し、国内及び国際社会で活躍している。

(4) 日本語学部1979年入学生

1979年9月に大連外国語学院に入学した89人（女性：42名、男性：47名）の新入生は、両親、先生及び友人など多くの人々の支援を受け、万難を乗り越えて合格し、学院に集まった。年齢については、1952年生まれから1962年生まれまでの者がいてその開きは大きかった。1952年から1960年に生まれた新入生は、文革期の上山下郷の政治運動によって下放された知識青年、労働者、中学校や高校及び専門学校の教師、高校卒業後に未就業の者、および公務員などであり、他方、1961・62年生まれは、ほぼ高校新卒生であった。

大学は全寮制であったが、入試制度が回復されてまもない時期であったので、学生の受け入れ状況は整備されておらず、一部屋に4人から16人まで一緒に暮らした。規定では、朝5時半に起床・ジョギングとあったが、夜遅くまで勉強していて無理な者もいた。また、入学後にはまず一ヶ月間ほどの軍事訓練を受けなければならなかった。軍隊の幹部や軍人が指導教官になり、軍人としてもつべき姿勢、動作、態度などを特訓されたばかりでなく、鉄砲の操作方法まで教えられた。

1983年7月、四年間の大学生活を終え、仕事は国家から配属された。それゆえ、就職率は100%であった。就職先は大学と短期大学の日本語の教師、外交関係、外事関係、政府公務員、対外貿易、通訳翻訳、研究機関、日本中

国駐在機構、日系企業、金融機構、生産工場の管理者などで幅広く多様である。地域としては東北地方の大都市であるハルビン、長春、瀋陽、大連を中心に、北京、上海の大都市、また桂林のような観光都市もあった。同級生の89名は全国各地に分散した[6]。

このような配属政策は、重点大学・医学大学・師範大学と農業大学の学生の場合は、「社来社去（入学する前に勤めている人ならば、卒業すると元の職場にもどる）」を除いて、卒業後には国家から統一して配属するということが定められていた。配属政策は1982年までは続いたので、1983年卒業生には適用され、その後には採用会社や職場が出資し大学と人材養成に関する委託契約を結べば、大学卒業後、委託側から採用されるという委託養成モデルが国から承認され、大学生募集計画の補助計画になった。

2　文化大革命による運命 ── 反革命・走資派の烙印

1976年の「文革」の終焉とともに、中国の社会制度や社会機構は、正常な形に向けて回復の歩みを始める。1977年には大学入試制度が復活して、基本的には業績原理にもとづく学生の選抜が始められることになる。この時代は、中国の歴史の中でももっとも激動に満ちたものである。大連外国語大学の同窓会誌には、以下のように自分たちの生きた時代をとらえる叙述がある。

　　我々この世代が特別な歴史的環境で育てられてきました。50年代に「大躍進運動」、「人民公社化運動」、「反右傾運動」があって、中ソ友好同盟相互援助条約を結んでソ連と連合したことがその時期でした。60年代に「三年自然災害」（大飢饉）、「四清運動」、文化大革命も始まって、「知識青年上山下郷（運動）」がありました。70年代に「林彪事件」、「四人組」（文革派として権勢をふるった4人の人物のグループ）体制の崩壊、文化大革命が終わりました。80年代に、改革開放政策が実施され、89年に「六四天安門事件」が起こりました。90年代に再び改革開放が推し進

められ、経済成長は一気に加速しましたが、国有企業改革によって、何千万人の失業者が生み出されました。21世紀に入り、WTO加盟後の中国は経済の好景気を迎えて、国力が強大になって、人々の生活も豊かになってきました。中国人はやっと階級闘争から解放され、広い世界に触れられるように通い始めました。

これは私たちにとって諸刃の剣です。いい点は、ちょうど改革開放に出くわし、新鮮な空気を吸いながら自由な環境で生きることができるようになりました。それほど十分ではないですが、人目を憚るほど恥ずかしがることもあるかもしれません。悪い点は、改革開放までの中国はずっと中世のヨーロッパと同じように、国民のわれわれは体と思想が束縛されていて、活力、創造力が低く、熱意が足りなく、パッションがあっても途中でやめて失敗を招くことがよくあります。しかし、いい点、悪い点が決まっていないです。悪い事がよい事に変わることがあり得るので、その逆もまた然りであります。

厳しい試練に直面し苦労してからこそ、苦しみやつらさを耐え忍ぶことができます。わくわくして熱血も沸いてからこそ、冷静で客観的な視点でものを見ることができます。世間知らずの、無知な時期があるからこそ、かわいく単純に見えてくることができます。

こうした時代を生き抜き、自らの人生を切り開いてきた女性たちのライフコース分析を試みる。

(1) 出身家庭の階層性 ── 文化・知識人

「文革」後の大学入試制度の回復で述べたところで見てきたように、「革命」後の大学入試は、それまで滞留してきたたくさんの希望者に対して、定員が限られていたために激烈な競争率となった。

「文革」後の大学入学者の出身階層を確認できる統計は存在しない。しかし、対象者の基本属性のデータを見るように（表9-1）、父母の職業としては教師がもっとも多く、文芸雑誌編集者、党や軍の幹部など、いわゆる文化知

第9章 社会変革と中国女性のライフコース　199

表9-1　対象者の基本的属性

	両親の職業（父／母）	初職	現在の職業	日本との関係
①	教師／日本人	瀋陽農業科学院・通訳		帰化
②	教師／	遠洋漁業会社・通訳	貿易会社	日本人と結婚・帰化
③	軍新聞編集者／労働者	合弁企業・通訳	無職・株運用	
④	教師／看護師	国営電子企業・通訳		永住（2009）
⑤	農民（通訳）	冶金研究所・通訳	日本企業事務職	帰化（1996）
⑥	文芸雑誌編集長／	共産党学校日本語教師		
⑦	公安局職員／	国営発電企業・通訳		
⑧	国営商店責任者／	大学教員	大学教員	
⑨	校長／教師	専門学校・日本語教師		
⑩	図書館職員／教師	合弁会社・通訳	起業（2004）	
⑪	幹部公務員／教師→主婦	大学教員	大学教員	

識人、幹部といわれる人たちであったことがわかる。つまり、社会主義中国ではあるが、社会の上層の人たちの階層の再生産装置としての大学の機能が鮮明にあったといえよう。したがって、「文革」が始まる前の家族の暮らしは比較的豊かなものであった。

　⑪その前までは、家の方、やっぱり、父の収入はいい方だから、割と裕福な家だったですね。また、母は専業主婦になると、家事うまい人ですよ。同じものでも、人の家よりはおいしく作れる。洋服は、家では、大体、母に作ってもらったんですけども、人よりきれいな洋服を着るとか、そういうような状態だった。うらやましがられるような立場だったです。

　他の対象者の中にも家にある蔵書をもちだして読書することが好きだったという語りがあるが、以下は、家庭のなかで音楽が楽しまれている様子がよくわかる。

　⑪子どものときに、家族、きょうだい全員は、音楽が好きなのよ。私も、ずっと、琵琶を弾いていたんですね。民族楽器では、兄は二胡、胡弓と

笛。バイオリン。みんなできるのよ、うちの兄。そういう影響もあって、私は琵琶と、これを日本語では何て言うんだろう。こういう丸いものに棒があって、ギターみたいなもの。中国では、中元と言うの。お中元の中元。もう一つは、琴ですけど、この琴はこれぐらいのもので、この棒でやる。それは、私の主役として学校でやったんですよ。

しかし、といっても、1980年代の改革開放政策によって社会的・経済的格差が広がる状況と比較するとき、大きな質的違いがあったわけではない。

⑪たぶん、周りもそうだったと思いますけど、私たちの年代の子どもの頃っていうのは、あんまりお金持ちっていうのはいないんですよね。大体みんな収入も何にも、大学の先生でもそんなに給料多いわけではないし、役人は多分分かりませんけど、一応給料はそんなに差ないので、特にあのうちがすごくお金持ちとか、今みたいに貧富の差っていうのはほとんどなかったから。

むしろ、都市と農村との文化的・社会的格差こそが中国社会の大きな断層を形成していたといえるだろう。

(2) 五七幹部学校への隔離

対象者たちの出身階層は、みてきたようにそのすべてが文化・知識人層であり、党の幹部たちを親にもつ人たちであった。したがって、「文革」前には比較的安定した暮らしをしてきたが、「文革」の勃発は彼・彼女たちの運命を大きく変えることとなる。

まず、「文革」前に文化人・知識人、党の幹部だったものたちも、各種の機関、部門からも大量の失脚幹部を排出し、農村に下放された。ただその行きは先辺疆地ではなく、「五七幹部学校」と称した、内地の相対的に条件のよい農場であった。「五七」の意味は、毛沢東の1966年5月7日、国防部長の林彪に当てた手紙 —— のち「五七指示」と呼ばれる毛の意見書 —— に因ん

で誕生した文革の政治用語で、この中において毛は軍の農、工業生産実践への参加、社会主義教育運動への参加、ブルジョア的思想批判の重要を訴えていた。この「最高指示」をきっかけに「文革」の動乱が始まることとなる。

この五七幹部学校へ送られる、というより「飛ばされる」という表現がぴったりくる移動の様子を確認しよう。

⑥父はもう、仕事ずっと瀋陽で。そういう同じ雑誌編集者の編集長として、仕事したんですけれども、先生もご存じのように、文化大革命の最初のところですね。特に。
イン：その発端が文学ですね。
⑥そうですね。文学の方は最初にですね、壊されて。あのときは、五七幹部学校っていう名前で、そこに集中して批判を受けたりとか、あるいは学習とか、労働とかをやって、家族は全然そのまま。私瀋陽にずっと置かされて。きょうだいは4人で、私長女で、3人の妹で。だから、ああいう時代は、父も母も五七幹部学校にいかれて、われわれは自分で自分の日常生活をしなければならない時代でしたです。思想改造という管理ですね。

⑨要するに、父親は先生だったから、先生、五七戦士っていう言葉、ご存じだと思いますけど、そのときに田舎に行かされて、家族で全員、トラックに乗って、家具っていうか、家財道具を全部積んで、本当に、ど田舎だったんですね。その田舎っていうところは。皆さんが、まず、車、見たことないところだったんですよ。私たちが乗っているトラックだって、向こうでは開放車って、車。要するに何もないんですよ。オープンしたトラック。中に道具とか家具とか入れて、みんなが運転手の席なんかに座っているような感じで、本当にトラック1台で農村に飛ばされた記憶が、ものすごく鮮明に覚えていますね。飛ばされた田舎っていうのが、すごく貧しい所。

対象者の属性を見ると、父母あるいは祖父母のなかに、戦時中の通訳などとして日本人とつながりのある、あるいは日本語のできる人たちが少なくない。彼・彼女たちも「歴史反革命」というレッテルのもとに監禁や追放された人たちがいる。

⑤うちの父親は、戦争の時に、日本人の日本語の通訳を担当したことあって、それでね、文化大革命の時に、ちょっと処分されまして。要するに、歴史反革命という。……全て、いい物も全部、例えば、すごく貴重なもの、持ってはだめ。壊されたりね。ほんとは私の父は何も罪ないのに、なんで歴史反革命罪と告げられて、監禁されて。私、家で作ったご飯を届けに行ったり。かわいそうだったね、その時の父親。で、その文化大革命、私、大嫌いです。

とくに厳しい政治的批判、身体暴力をともなう大衆総括を受けた幹部たちもいる。

⑪ある日学校、いつも、手をつなぎながら、同級生と一緒に学校を出るんですよ。歌いながら、踊っていながら。そういう状態だったら、突然、らっぱで、うちの父の名前呼ばれて、「打倒！」というものがあったんですよ。そこをさっと見ると、大きなトラックに、舞台みたいなもの、ステージを作って、父はその中に、こうしゃがんで、こうやって。手はこうだったんですけど。
イン：後ろに組んで。
⑪こうやって、この辺には、レンガ。6個か何か、鉄の、これ、何ていうかな、こういう感じのもの。金属の糸で、こういうふうにかけられたんですよ。
イン：レンガを首からかけられて？
⑪そう。そうすると、この辺は血がだらだらしていた状態をぱっと見て、いや、すごいショックで、一生懸命に走ってたんですよ。うちに帰ると、

やっぱり、自分の部屋に閉じこもって、一生懸命に泣いたんですね。やっぱり、声出しては、母に知られるのはよくないから、布団かけて、こうやって、一生懸命に泣いたんですね。それをきっかけに、うちはそのあと、いろいろ、大変だったんですね。まず、われわれの顔は、もう、上げられない。走資派っていう資本主義を走る人間だということで。

こうした光景を直接目にした子どもたちの精神的なショックは想像に難くないだろう。ほぼすべての対象者の家族が、直接こうした「文革」の影響を被って農村へ下放させられている。子どもにとっても過酷な運命として降りかかってくる。

(3) 厳しい農村の暮らし

対象者たちは文化・知識人の家族のもとで生活してきたし、居住地は中国東北地方の地方都市がほとんどあった。当時の都市と農村部の暮らしの文化的な格差は想像以上に大きなものであった。農村で暮らし始めた彼・彼女たちはカルチャーショックを受けることになる。

⑪今で言うと、とても素朴な田舎生活だったと思うんですけれども、電気がまずないんですね。ランプをともして、夜ご飯食べる。窓は窓ガラスがなくて、全部。日本で言うと、今の障子のような窓だったんです。私は覚えてるのが、「こんな真っ暗闇の中で、ご飯食べるときに、ちゃんと口の中に運べるのか」っていう、その質問を母親にしたことが、今でも母親とそのときの話をするときに、そういうエピソードというか、よく出てきます。

冬も、やっぱり身体弱いし、だけど、同じように、農村部の仕事やらないといけないし。母はそこまでにはやらないといっても、われわれ家族の面倒を見るためにもいろいろ大変だったんです。要するに、生活パターンが変わったでしょう。これまで都会生まれ育ちの者は、田舎のものを知らなかったのよ。まず、水。井戸に行ってくんでこないといけな

いでしょう。もう、この井戸は、冬になると、凍ってしまうんですね。そうすると、こういう感じで上に上がって、上がって、ようやく、井戸のところに行くでしょう。これでしょう。そういうとき、力無いと、ガチャッと戻されてしまう。私も1回はそうだったのよ。バケツはこれぐらい、大きいもの。こう担ぐでしょ。ようやく、3時か3時半頃、私は農村部に行くと、まず、ご飯を作る役割でしたね。二十何人か、豚何匹か、ニワトリ、あひる、いろいろいたんですよ。そのご飯は全部私が作らないといけない。14歳だったのよ。

農村の暮らしでは野菜をたくさん食べることができたという声もあるが、下放での暮らしは食事という面でも貧しいものであったようである。

⑪帰ると、皆、起きたのよ。もう、そろそろご飯。たいしたご飯無いんですけど、とうもろこしの粉をやって、こう、鍋、結構、大きな、これぐらい大きな鍋ですよ。とうもろこしの粉のまんじゅうみたいなものをこうやって、バチャッと一つ、バチャッと一つ、こういうふうに順番に、大きな鍋いっぱいになるの。二層、三層ぐらい。野菜はないから、大体、漬物。大根の干したものを蒸して、ちょっとだけ塩をかけて、しょうゆはないから、そういう時代は、塩をかけて、また何かかけたのかな。そうすると、それを蒸して、そのとうもろこしのものと一緒に食べてから、昼ご飯もするんですよ。昼ご飯は、タオルの中に、1人は2つ、これぐらいのもののとうもろこしのまんじゅうみたいな、これぐらい。焦げちゃったね。鍋に張った部分は焦げてしまったの。

　水はないから、やっぱり、雪よく食べたね。とうもろこしのあれと、漬物と、雪は、昼ご飯でした。食べ物、無かったね。お菓子なんかも、りんご、果物、想像できないほど、全然、ありませんでした。農村部で、夏になると、農民たちがスイカも作ったり、うりも作ったりするんですけど、われわれ、しかたがないから、そういうもの、盗んだりしました。悪いこと、やりました。みんな、食べたいと思ってもないから。そ

ういう時代。洋服として、緑軍服、バッジない軍服だけど、それを着て。人がいないときにこうやって、スプーンとかナイフを持ってその場で切って食べてから戻ってくる。悪いこと、やりましたね。農民の方によく怒られた。

　子どもたちは農作業や思想教育に出かける親たちに代わって炊事や家畜の世話を担うことになる。あるいは、学校へ通うといっても授業は午前中の1時間とか2時間だけで、あとは農業生産へ狩りだされていた。それは都会育ちの子どもたちにとって厳しい労働でもあった。

　⑤労働は、当たり前に、1週間に何回も畑に行ってね、むこう農村は、生産隊のように個人管理ではなくて、生産隊。手伝いしに行ったり、田植えしたり、中国ですから、木を植えたりとか、よくしましたよ。

　農村では農作業への参加が重要視され、読書などは禁止されていた。しかし、都会よりは監視は緩く、いわゆる「ブルジョア文学書」を読むことができたようである。蝋燭の灯をつけて隠れて本をむさぼり読んだという。ここが文化・知識人の子弟の趣向でもある。

　⑪ずっと、ああいう時代では、本とか、昔家にはいろんな本があって、本を読むのが好きだったんです。中学、もう学校にも行けないし、たくさんの文学作品を、おかげで読んできて、時間もあるから。でも文革の時は、この書籍とかいろいろ、ブルジョアと言われるのもたくさんあるんで、だから、父はこっそり、箱に隠れてしまった。例えば『紅楼夢』とか、『三国志』とか、そういう作品はやっぱり、農村で読んだんです。もし都市だったら、それは絶対読んではいけない、そういう時代で。

3 文化大革命と学校

(1) 毛沢東思想の教化 ── 「命に叩き込む」

　「文革」当時、学校はどのような様子になっていたのだろうか。インタビューでは、教師も、そして同級生たちも皆都会から下放させられた人たちであり、楽しい経験もあったという語りがあったことは事実である。

　　②国文だとか、そうですね。算数だとか。田舎の方にも、結局先生をやってる人たちは、田舎の人間じゃなくて、全部、都会から来た人たちだったんですね。その辺を考えれば、田舎に行かされたんだけれども、周りの風景は田舎ですけれど、実際に学校の先生とかは都会から来た人たちだったんですよ。

　しかし、少なくとも、「学びの場」というよりも「政治闘争の場」というにふさわしい状況があったことは間違いない。小学校でも教科の授業はあったが、むしろ、農作業への参加がもとめられ、かつ、授業においても毛沢東思想の注入に特化した教育が展開された。毛語録を常に携帯し、暗唱して血肉化することが求められた。

　　⑤われわれの小学校の時代に、文化大革命が始まったでしょう。教科書もあったんですが、教科書の一つに、毛沢東語録とマルクスレーニン主義、スターリン、誰かの語録、偉い言葉、暗記させたの。暗記させた言葉の中には、毛沢東の語録、多かったんですね。そうすると、例えば、初めの日に、皆さんのためにご飯作ったでしょう。夜、寝る前に、脱ぐんですね。そうすると、もう、脱げないから。これ、なんで張りついているかなって思って、これやったら、血だらけだったのよ。担いだ、やっぱり、弱いから。そうすると、ワーッと涙が出た。ただ、人に弱さを見せてはいけないから、すぐ壁に向かって、毛沢東語録を暗唱したのよ。要するに、「どんなことにぶつかっても、最後まで頑張って、決心

を決めて頑張って、自分の弱さ、決してあってはいけない」、そういうような語録を暗唱して、涙止めたんですね。

　毛沢の語録、背負って、朝起きたら、まず毛沢の写真持って、「毛沢東ばんざい」とか、「いつまでも生きてください」とか、そういうばかばかしいです。誰でも、毛沢東の頃は覚えなけりゃいけないですね。いつ、どこで、誰かに聞かれたら、言えなかったら、もう、「あんたは犯罪」。そういうふうに扱わされて。学生はちゃんと学校で勉強しなければいけないでしょ。それをちゃんと勉強しないで、全部関係ないこといっぱい。あれ、ちょっと変でしたね。

　②やっぱり小学校1年から3年の間は、確か文化大革命の本当にあらしの真最中だったんですね。小学校は、大連の近郊にある、父親の学校の、何て言うの、家族が住んでいる寮にずっといましたね。記憶に残っているのが、要するに学校でそういう毛沢東の思想を、何て言うの、頭っていうより命に叩き込まれたような時代だったので、やっぱり、「毛沢東はものすごく雲の上の存在で、一番偉大な人間だ」っていうのを教えられて。家に帰ってからも、自分の親より毛沢東が一番。

この記憶は、子どもたちの記憶深くにしみ込んで保持されてもいる。

　②毛沢東は至上でしたので。今で考えると、やっぱり自分の親は、身体を与えてくれた親ですので、なんでその親を差し置いて毛沢東が一番だっていうのが、もう小さい時の考え方。教育は、すごい大きいなと思いますね。つい先月、12月26日の日に、朝会社に出て、「あれ、今日、毛沢東の誕生日だ」っていうふうに、ぱっと頭の中に浮かんできたんですね。それだけ小さいときの教育が、すごい頭の中に残っているなと思いますね。自分の親の誕生日、もう本当に今では思い出せないのに、毛沢東の誕生日ははっきりと覚えてるのを、本当に子どものときの教育、大事だなとつくづく思いましたね。

(2) 紅小兵たち ── 小学校での政治闘争

　先に述べたように、「文革」は学校を政治闘争の場に転換させた。紅衛兵による走資派、反革命派と烙印を押した人たちに対する街頭での糾弾闘争があったことは有名であるが、学校、しかも小学校でも先生たち、同級生たちへの糾弾闘争が毎日のように展開された。

　②そうですね。父親と母親は学校の先生だったもんですから、文化大革命は、まず、そういう知識人から革命が始まったことですので。
　「臭い第9番目の人間だ」っていうのが[7]、多分、先生もご存じだと思いますが。やっぱり学校で受けた教育っていうより、運動のあらしの中にいましたので、本当に大人だけじゃなくて、子どももそういう運動に身を投じたっていうのが、その時代の主な流れだったんですね。

　②そうですね。もう本当に、当時は政治運動がすごい、何て言うの、小さいときは、「相手が悪い人だ。この人はいい人だ」っていう、本当に白か黒かっていう、その区別を線引きしてるんですよね。物事を、ものすごく簡単に思うんですよね。人の言葉一つで、人を、もう殺しちゃうっていう時代だったので。今になったら、どうして、当時の大人たちが、例えば、今の自分の年齢なのに、本当に、こんなに物事を分別できる人間なのに、何でこんなに簡単に物事を判断してしまうんだっていうのがありますね。
　イン：それはどういったところが要因だと、今、現在ここで思われますか？
　②当時、あれは教育ですね。

　しかも、その糾弾の理由は「血統論」にもとづき、親たちが犯罪的階層である「黒五類」に属しているというだけの理由であった。子どもたちは「紅小兵」として教師たちを政治的に糾弾する。

イン：さっき怖いとかあったとはおっしゃったけど。
⑩そうですね。うん。一番怖いね。だから、今も何か急な大きな声だったら、ショックですね。そのときの大きな紙で帽子、作る帽子、分かるでしょうね。
イン：わかります、はい。
⑩それは、かけてる人、例えば前の日は、とてもいい人、先生なんか、翌日は縛ってとか、舞台で批判されて、何かすること。
イン：されると、うん。
⑩それは一番怖かったですね。だから、今も大きな声が急に何かあったら、怖いですね。それは、一番印象深いですね。

「血統論」では、父親が「黒五類」だと判断されるやいなや、立場が転換する。

⑨あ、そうですね。最初は、父が何もなかった時は、わたしは紅小兵[8]だった。父は、要はね、何とか、何かつかまれてから、紅小兵の資格はなくなって。その1年、2年ぐらいはもう田舎に、農村に追放されて。帰ってきたら、文化大革命が、一応、ひとまず。

(3) 学校で肩身の狭い思い ── 「顔を上げられない」

学校、子どもの生活の中にも政治闘争が介入しているが、その際に、「血統」による色分けが行われたことはすでに指摘したところである。非常に単純といえばそれまでだが、だからこそ、こうした関係を覆すことがむずかしいことも事実である。

⑧先生は、反革命。革命、分かりますね。反革命。だから、あなたのお父さんが悪い人間、悪い人だから、あなたも。
イン：悪いってね。
⑧ええ。だから、なかなかですね。そのときは、やっぱり悲しかった。

うちも貧乏でした、その時は。小学校とはいえ学校まで、そういう政治運動ですね。そういう広間で、先生から、学生から聞かれたんですね。「あなたは、勉強がいいんですけれども、どういう出身でしたっけ」っていわれた。……お父さんの出身は地主、お母さんの出身は、富裕農民とか、いろいろランクあるんですけれども、聞いてもやっぱり、みんなの前でそのまま言ったら、いじめられるかなと思って、逆に子どもの心で半分ぐらい、父の方は富裕農民で、母の方は中道農民ですよって言われて。……後では、正直に本当のことを言わなくて、批判されたんですよ。だから、ワアワアと泣いて、自分はとても複雑な気持ちだったですね。

とくに、先に引用したトラックにつくられた舞台で父親が糾弾された経験をもつ人は精神的にも打撃は大きいといえよう。「顔を上げることができない」思いをずっと抱いていたのである。

⑪両親の方、心身とも、心の方も、精神の面も、結構、傷つけられた。父はそれで、やっぱり、体が弱くなったんですね。肝臓もよくないし、胃の方もちょっとよくない。ずっと、点滴とか注射とか、あと、薬飲んだりしていたんですね。体が弱いから、要するに、うちの雰囲気はずうっと暗かったんです。父のことがあって、うちに帰ると、みんな静かに。笑ってもいけない。要するに、父はそんなひどい目に遭ったから、おまえは、笑う資格がない。そういうような雰囲気だったね。やっぱり、うちにとって、父は、うちの大黒柱だからでしょう。だから、ずっと、父の仕事の方で、何かいい情報があったら、家族全員喜ぶし。ただ、ずっと、いい情報無かったから、暗い雰囲気でしたね。ずうっと。

⑪資本主義の道を自分で走るだけではなくて、周りの人もリードする、そういうような人物だったんで、打倒されるような対象者になったんですね。一応、そうすると、われわれは学校にも行きたくない。行っても、

これまでは、私、結構活発な人間だったの。先生から、何か質問があったら、「はい、はい、はい、できるよ！」、いつも、そういうタイプだったんですね。それをきっかけに、すごく無口になった。おとなしくなった。学校には行ってました。

　だからこそ、「文革」の終焉は、まだ先行きが見えないとはいえ、苦悩してきた子どもたちの心の解放をもたらすものであった。

　　イン：そのときはあれですか、やっぱ解放されたっていう感じなんですか。
　⑧そうですよ。そうですよ。わたし、同じ年くらいの友達の前で、顔が上がるようになったんですよ。その前は、ずっと下がりですよ。
　　イン：クラスの中で、そういう友達ってのは、どのぐらいいたのですか、批判をされる方の。
　⑧一つのクラスにたぶん4人の人がいます。わたし、離れたんですよ。遊ぶときは、ただ1人で、子どもとして、そのところの心理は、とても寂しかった。よくいじめられて、うちに帰って、よく涙出てくるんですよ。この苦しみの全ては、お父さんのせいですね。だから、中学校2年生になると、お父さんは、もう大丈夫になったから、わたしも解放された、そういうような感じなんです。

(4)　見えない将来

　こうした厳しい暮らしの中で、子どもたちはどのような将来を描いていたのだろうか。
　結論からいえば、「文革」の過酷さは、政治的糾弾や貧しい暮らしというよりも、子どもたちから将来の夢、展望を奪い去ったということかもしれない。文革時に唱えられた「血統論」からいえば、封建的身分論と同様に、個人がどのように努力しようとも、自らの運命を変えることは不可能なのである。

⑪それは、毎日、仕事のつらさに追われて、何の余裕も、考える余裕もなかった。今日、楽にしたい。今日、少しでも1時間、30分でも多めに寝たい。あと、やっぱり、父のことが心配、ずっと心の中にあったの。父の方をもっと楽にしてもらいたいなと。
イン：じゃあ、もう生活するのが精いっぱいで、将来のこととか、全然余裕がなかった。
⑪そうですね。将来性、もう、ない。先が見えない。どうなるか、全然、見えない。なぜ、自分がこんなにつらい体験しないといけないというようなことは、思い出したら、すぐ、毛沢東の語録を復唱するのよ。

イン：将来どんなふうに、文化大革命のさなかだったとは思うんですけど、子どもの頃、将来、こんな人になりたいとか。
⑨いや、何も、全然なかった。はい、特別は全然何もなかったな。要は、みんな生きていける、それだけ。

　生きていくのが精一杯の暮らし。そのなかで唯一の願いは生きること、食べること、今の生活の境遇から抜け出すことだけである。

②中学生の時は、将来の人生に関しては何も考えてなかったんですね。ただ、毎日、腹いっぱい食べられれば幸せっていうのがあって。

③私としては、やっぱり労働者の仕事、周り見てですね、「そういう仕事は嫌だな」と。その時も、「あんまり工場とか入りたくない」という考えでした。
イン：「機会があれば」出たいっていう。

⑪だから、農村部にいたときの希望と言えば、やっぱり、いつか、都会に戻りたい。農村の生活、大変。自分には合わない。それは、その時の

願望でしたね。

　あとですぐ見るように、農村からの脱出の唯一の手段が大学進学でもあったのである。

(5)　知識青年の農村下放
　1970年代に入ると、鄧小平が一時的に復活して、経済の建て直しに従事するなど、少しずつでも変化の兆しがでてくる。青年たちの都市部への帰還の動きも見られるようになっていたが、しかし、「上山下郷運動」といって、15・6歳になった対象者たちは知識青年として農村に下放させられ、農業労働と思想改造をうけることとなる。

　②当時、あの、兄は遼寧大学っていう大学に、すでに1978年に受験して入りまして、兄は私より二つ上ですけれども、高校を卒業してから田舎の方に、毛沢東の、何て言うの、呼びかけによって、「青年は農民と労働者の再教育を受けよう」というのがあって、田舎に行かされて、やっぱり田舎に行くと、すごい重労働を強いられて、共同生活だし、ものすごく苦しい生活が1年続いてたんですね。
　　だから、戻って実は1週間の後で、私もう1972年の12月頃から、もう一度知識青年として、農村に行きました。だから、こういう間に勉強なんか、全然もう終わったんですね。時代で、特に田舎の中学校で、勉強というよりか、半分労働、農村のそういうことをやりながら、本を読んできたんですけれども。あんまり知識なんかも。

　思想改造とともに、都市と農村との暮らしの格差の解消、失業対策の公共事業としての性格をもつが、なによりも、青年期に共同生活を経験させる機会となった。

　⑥あのときは、青年点という名前で、青年の集まるところ。点と言えば

点在の点ですけれども、あの時は、⑪さんは、青年戸、戸籍の戸、いろんな名前つけられたんですけれども、つまり大都市から集まってきた、そういう若い者の集まるところですね。同じところに住んで、同じような食事をして、家族みたいです。だから、農民に管理されてたんです。お昼は農民と一緒に外の仕事をして、夜戻ってきたら批判文書を書いたりとか、本を読んだり。勝手に、どんな本でも、ない時代だったんですよね。
イン：知識青年っていうのは、あまりいい意味ではなくて、むしろ思想改造というか。
⑥思想改造。毛沢東の言葉では、再教育。農民たちによる再教育を受けなければならない。

共同生活の中で思想教育も行われたが、これが学習の機会となったことも事実であろう。

⑩うん、文化大革命が終わった。その時、すぐに文革が変わることは全然思わなかったですね。私は、その時、少なくとも母親の仕事か、父親の仕事に続けてやりますけれども、何とか何か、また憧れますね。

　もっと何か事はあるじゃないかと思いましたけれどもね。でも、まだわからないから、やっぱり地域青年、田舎に行かせることは、まだ終わってないから、行きました。

　はい。行って、全部、一緒に行った人は、ほとんど父親の勤め先の方の子どもですね。

　だから、みんな勉強したいですね。だから、青年点ですね。そのとき一緒に行く人は、住んでる人は、青年点、青年の集めるところですね。だから、こういうような人たちは、みんな勉強したい雰囲気があります。だから、みんな、何か勉強します、お互いにね。他の人よりは、本をよく借りやすいからね。

当時の暮らしに怨念を感じている者も少なくないが、一方では、共同生活に郷愁を感じる人たちも少なからずいることも事実である。

⑩その時、私、あんまり何となく嫌な思い出あんまりなかった。今考えてみたら、そのときこそ、人生、一番純粋な人生を過ごしたの。何も考えずに、何の夢もない。何の欲望もない。ただ、百何十人の同じ年齢の若者たち、毎日楽しんで。生活は苦しいだけど、でも精神的は最高。

4　文化大革命の終焉──大連外国語大学への道

(1)　1979年入学者の年齢層

　1979年に大連外国語大学に入学した人たちの年齢層は、1952年生まれから1962年生まれまで、年齢の幅が大きいという特徴をもつ。先に見たように、上の年齢層の人たちは、上山下郷の政治運動によって下放された知識青年、労働者、中学校や高校及び専門学校で教えていた教師、公務員など、すでに職についていた。もっとも若い1961年と1962年生まれだけが高校卒業とともに受験した新卒生であった。

⑪ほんとうに私は、結構時代に恵まれたなというのは、たぶん1年、2年ぐらい早く生まれても、私は間に合わなくて、田舎に行かされたりしたと思うんですけど、丁度それに間に合って、よかったなっていう。だから、私より1歳上の人とかも結構田舎に行って、田舎から受験した人も結構同じ学年でもいましたね。私たち91か2名ですけど、現役で高校から受かった人と半々くらいなのか。結構社会から来ている人、多いんですよ。

　この中ですでに職業についていた人たちの状況について見てみよう。以下は、都市に帰るために専門学校に入学し、その後就職した対象者である。

⑥(専門学校に)行こうって言われて。だから私、そのとき非常に複雑だったんですね。行きたくない、でも道がない。都市に帰ろうと思ったら、これしかない。でもその場合、私は一生懸命3年間働いて選ぶですね。自分の働きぶり、日常生活ぶりによって、帰らせるんですね。だからみんなはうらやましいですよ。⑥さんは、早く都市に帰れるでしょう。早く帰ろう、帰ろうって言われて、しょうがなくて、瀋陽に戻ってきた。あれは1975年のことでした。でも、あの専門学校は、機械関係で、全然私、理科系に向いてないから、全然頭に入ってないんで、もうしょうがなくて、あれが2年間。77年の年末に卒業したんです。卒業して、瀋陽市のバス会社、バス会社に労働者として。仕事もできて給料ももらえるんですけれども。そういう、みんなにはうらやましいと言われたんですけれども、自分は非常にもう、がっかりしていたんです、好きじゃないから。

この対象者は、後に大学入学試験を受けるのであるが、受験資格をめぐって(卒業後、2年間以上働くなど社会経験をもつ)問題となる。

最後に、自らのキャリアを切り拓いていく人の姿を見てみよう。彼女は公務員の職を辞して大学を受験する。

⑪私は共青団員ですね。共青団員。共産党員の予備軍。なので、これまでの私の履歴を見ればいいと。特にその3か月、私、よく頑張ったからということを、高く評価されたんですよ。そうすると、そこからの仕事は、みんなは何か作るための職場だった。私だけは、オフィスに。オフィスは、わかるかな?

イン:事務局?

⑪うん。事務室。電話の交換台。昔の電話は面白いよ。この台一つで、ボン、ボン、ボン、たくさん、電話あるよ。……そうすると、しばらくたってから、評判が出た。「ああ、あの⑪という女の子は、よく頑張って優秀だね」とか、そういう評判があって。そうすると、丁度その時に、

吉林市人民政府がやっぱり募集。募集の仕事は、タイプライターと秘書。秘書を兼ねたタイプライター。打つでしょう、ガチャッと。こういうような仕事と秘書でしたね。秘書というと、局長や偉い人のために毎日、情報交換であちこちの書類を持って交換して、また戻すとか何か書くとか記録とか、そういう仕事だったんですけど、私は吉林市人民政府で5年間働いたの。

(2) 農村暮らしから抜け出る機会としての進学

　彼女たちは、どのような動機で大学進学をめざしたのだろうか。結論からいえば、農村での暮らしや、農村そのものから脱出したいという願望が進学の動機をつくりだした。

⑤文化大革命自身はよくなかったですけど、でも私の人生に対して、やっぱり、ひどい目、苦しい時代があって、その時は、もっといい暮らししたい、将来、大学に行きたい。大学に行って、卒業したら仕事。就職は日本。見に来て、「日本いいな」と。

⑧中学校のときは、その時は貧乏でした。大きな庭に、12戸の家族が住んでいます。トイレのところ、とても汚い。それから、男女は、あまり分けない。その時、あたし、決心した。どうしても、このところ離れたい。中学校の2年の時、つまり、その時は、その前は中国では文化大革命だから、大学試験はなかったんですよ。だから、高校生になったら、そういう試験が回復しましたね、その時は。中学校の時、ただこのところ離れたい。どの道で離れるか、まだわからない。高校生になったら、大学試験があるようになったんで、その時は、よく勉強して、大学をとおって、この所を離れたいというような。

⑦その時、農村から都市に帰って、1977年くらいすると、大学入学テストを開始したんですね。その時、私はやはり農村にいたんです。ただ、

都市に帰りたいですね。どういうふうに帰りたいですか。勉強しましょう。そのテストをやって、入学すればやはり都市に帰られますから、その時、そういう考えがあります。考え方は簡単です。

　もう一つは、親や教師からのすすめである。「文革」期には、自分たちの将来展望を描くことのなかった人たち、描けなかった状況に置かれ続けてきた人たちである。そういった人たちにとって、親や教師のすすめは、大きな影響力をもっていた。

　③その時は、まだ文化大革命の時代で、まだ大学の受験とかないんですね。だから、考えなかったんですけど、でも、私は小さい時から、勉強は好きでもないです。でも、勉強の成績は良かったです。
　　だから、いつも親から、「おまえは、やっぱり大学に入らないとね」。いつも、そういう話を聞いてるんで、ちょうど77年ですね、文化大革命が終わって、大学の受験が、新しい、そういう情報ですね。やっぱり「大学に入りなさい」とか言われて。

　②要するに、親が学校の先生ですので、勉強っていうことを小さいときから、親から、やっぱり「知識はなければならない」と。やっぱり、世の中に出るには、ある程度、頭がなければいけないし。父親は、本当に処世術より、学問を教えてくれました。ただ、母親は、「将来、人の上に立つためには、やっぱり何か身に付けるものがないとだめだ」というふうに言われて。でも、当時は、自分としては、「どうせ運動するんだから、もう革命さえできれば、別に知識がなくても、何もわからなくても大丈夫だ」っていう時代だったんですよ。

　したがって、進路選択において、卒業後の明確な展望を描いていたわけではない。ただ漠然と、いまの境遇から脱け出ることができるかもしれない、そうした願望を反映していた。

⑨いや、当初、日本語、あんまり知らなかったの。特に境遇変わるとか、何か、あんまりね、そういう意識はあまりなかった。ただ、大学に合格すれば、これからの人生変わるじゃないかと。

(3) なぜ日本語か —— 日本のイメージ・家族の影響

　大学進学を前提としても、その中で日本語を専攻するには、本人や家族がもっている日本に対する感情や、イメージの役割が大きいだろう。

〈日本のイメージ〉

　一見すると、「文革」期において「歴史反革命」の理由として、日本軍や日本人とのつながりが大きな要素となっていたから日本へのイメージはよくないだろうと考えられる。実際どうだったのか。

③そんなに悪いイメージはないんですね。……でも、その時代は、やっぱり父親は、侵略時代ですね、日本人からひどい目も遭ったんですね。その話も聞きました。
イン：その中で、日本語の教育を受けざるを得なかった。そういうような時代じゃないですかね。
③あんまり考えなかったですね、そのときは。大学入る前は、あんまりなかったんですね、イメージは。非常に単純で、あんまり。やっぱり日本の国は進んでいるとか、それだけ知ってる。あとは、あんまりイメージないんですね。大学3年生のときは実習あったんですよ、経理で。その時からは、少し日本の国のこと分かるようになったんですね。

　このように、ほとんど日本に対して具体的なイメージをもっていなかったというのが現実であった。しかし、日本に対して、比較的意見をもつ場合と、悪い感情をもっていた場合も見られる。まず肯定的評価である。

⑩いや、そのときまでは全然知らなかったですね。でも、おじいさんから聞いたら、おじいさんの友達同士は、みんな先生ですから、戦争と何か関係ないから、おじいさんからの話は、日本人はいいという、いろいろ言われましたから。それ、わたしは大学に入るとき、おじいさんに言われたのは、ボーイフレンド、何かこれからあるでしょう、いるでしょう。

それで、朝鮮族の友達は多いですね、クラスメートの人。中国の普通の漢民族の人は、朝鮮族の人に、あんまり印象よくないです。おじいさんが、もしそういう人だったら、でもそのかわりに、日本人、朝鮮族の人、いいじゃないかと言われましたけれども。おじいさんは、日本人をあんまり悪く思わなかったですね。

次に、悪い感情をもっていた例である。

⑪うちに戻って帰ったら、父から怒られたの。「なんで、いい仕事なのに、大学ですか。また、専攻は、なぜ日本語を選ぶの？」、うちの父は、満鉄のときに、やっぱり、13、14歳のとき満鉄で働いたの、満州鉄道。そうすると、よく日本人に、バシバシッってやられたのね。やっぱり、心の中には怒りがあるのよ。そうすると、まず、なぜ大学に入ったのっていうことと、なぜ日本語を選んだのかっていうことで、怒ったわけ。だから、その日の午後、うちに着いたんですけど、一切、相手にしてくれなかった。

明確な展望があるわけではなく、親など重要な他者からの話に影響を受けて大学進学を決めていくのであるが、それは何を学ぶのかという選択においても同様の事情である。自らの情報収集と、それにもとづく選択をした者はひとりもいない。親、親族などの影響、教師の影響が決定的な契機である。

〈両親の影響〉

　まず、親の影響がもっとも強く、そして、選択理由としても多い。その際に、その家族が、日本語ができるとか、日本となんらかの関係をもつことが契機となっている。

　①特に。私は本当は理系を受けようと思ったんですけど、父親が「女の子なんだから、理系に行っても将来疲れるし大変だから、文系にした方がいいよ」って言って、文系の中でも「日本語を受けてみれば？」っていうことで、それで受けただけなんですよね。……そのときはまだ、ぼんやりしてて、何にも別に目標があるわけじゃないから。ただ、大学には行きたいんだけど、自分にどっちが向いてるかっていうのも、あんまりわからないし。ただ、数学とか科学が好きだったので、自分はやっぱりそっちの方がいいかなと思ったけど、父親はやっぱり「こっちの方がいいんじゃない？」っていうふうに言われて、「まあ、どっちでもいいな」と思って、それで。

　③最初はやっぱり単純で、みんな、「日本語、勉強しやすいでしょう」って言われて、じゃ、日本語を選択したんです。最初は。でも、父親は、日本語も少しできるから、非常に喜んで、「じゃ、日本語、いいよ」って。やっぱり一番、父親からも進められて。家に帰って、父親とも会話できるぐらいですね。最初は。

　⑨その時、田舎に行って先生を、77年から、そういう何か、大学試験復活して、そのときずっと、大学試験受けたの、77年、78年、79年で。で、最初の2年間は、要はね、理科系で数学得意だから。でもね、やっぱり、他はね、物理なんかは全然勉強、化学、何もわからなかったの。それで点数が低いから、しょうがない。それで、3年目で、母が日本語分かるから。

④そうですね。で、そのとき私はまだ中学生だったんですけども、たまたま父に、「日本語をちょっと勉強してみませんか」っていうことで、日本語ちょっと父に教わってて、それがきっかけだったんですね。それで、ちょうど自分も大学行きたいっていうことで、できれば日本語学科に入りたいということがあって、そのとき外国語は全然勉強してはいけないという時期から変わった時期なんで。やっぱり外国語に、何て言うの、難しいのも一つあるんですけども、外国語分かる人が、やっぱり外国とつながる人になるから、それが好きでなければ、それができないっていうのもあるんですけども、父が日本語が上手だし。それを私、勉強して興味を持つようになってて、それで日本語学科に志願したんですね。

⑨母は、小学校の美術の先生。日本人学校。うちの家族はちょっと大連で特別なの。日本の有名な羽衣女学校、女学校を卒業したの。今でも日本語しゃべれるの。
イン：そうですか。日本語もお母様から、でも、3か月？
⑨3か月間。
イン：それまではやったことは？
⑨いや、全然何もわからなかったの。アイウエオから、猛勉強で。

家族の中に日本語ができる人たちがいて、その人たちのすすめで選択するのだが、やや先走ったことになるが、大学入学試験には日本語が課されていることから、その学習機会があることの意味が大きいのである。

⑩大学に入るため、必ず外国語を勉強しなければいけないから、おじいさんから日本語の勉強が始まったのですね。そのとき、父親のおかげで、本をちゃんと借りてきました。図書館にいろいろ本がありますから。普通は、他の人は、その本もないですね。探せないですね。図書館には大学の教科書があります。それは、何かあったら、教えてくれますね。手元には何も教科書ないから、手に入れたものから、いろいろ。

〈祖父母の影響〉

　祖父母のなかに日本語のできる人たちがいることも大きな要因である。先の父親、祖父たちは、「文革」では糾弾され、農村へ追放されるのであるが、多くの人たちが「革命」後、大学の日本語教師となっている。

　⑩その時は、大学の受験を真剣に受け取り、大学に入るために何か必ず外国語勉強しなければいけないから、英語は、わたしは学校の間、11年の間、ちょっとだけ勉強しました。あんまり勉強はできなかったですね。今、ちょうどおじいさんがわかるから、そばですぐに教えてもらえるから、「じゃあ、日本語勉強しましょう」「うん」って。そのとき、日本語の専攻なんてことは、全然思わなかったです。大学に入るため勉強したんですね。

　⑦私のおばさんはね、つまり私の父の妹さんは、大連外国語学院の卒業生でした。おばさんは、今年、70何歳ですか。この大連外国語学院の前身は、大連日本語専門学校といいますね。1964年くらいに建てられたんです。私のおばさんは、そのとき入学したんです。彼女の影響によって、日本語を選んだんです。私のおばさんは、今やはり日本語の仕事をやっています。

　イン：そうすると、日本語をおじい様の影響、すすめられたっていうところもあったんですか。
　⑩うん、おばさんから言われたの。「いや、あなたはね、おじいさんから勉強したらどうですか」と言われたから、初めてそう思いましたね。初めは、全然思わなかったですね。そのおじいさんが、日本語がわかることは、それほどはっきり知らなかったですね。おばさんに言われて、「あなたはね、今、大学に入りたいでしょう？　外国語ね、英語を勉強したらどうですか」と訊かれた。「いや、日本語ね。日本語をおじいさんに聞けば？」、そういうふうに初めて勉強が始まっているんです。

〈教師の影響〉

　家族の影響がもっとも大きな日本語選択の要因となっているが、これとならんで教師の影響も見逃せない。中学校のときに「憧れていた」教師が大学で日本語を専攻したということがある。

　②さっきも言うように、小学校のときに、受け持ちの男の先生が1977年に大連外国語学院に入ったんですね。当時、大連外国語学院は、大連市内にあるんじゃなくて、田舎のところにあるんです。当時、校舎がそこだったんですよ。その先生が、ここにずっと通ってたんですね。当時、その先生が入った大学だったら私も行きたいなという、憧れの気持ちがあって。…そのときは、大連外国語大学という目標はなかったんです。

　以下の対象者は、家族に日本語のできる人がいないだけでなく、日本に対して悪い感情をもっていたために躊躇している様子がうかがえる。しかし、結果として、このすすめをうけて日本語を受験することになる。

　⑪戻ってきて、文化大革命終わって、政府の方から夜間学校ができたの。できたんじゃなくて、これからつくろうって話で、夜間学校の方にはいろんな学科があるでしょう。中には、外国語の学科があるのよ。それは、英語、ロシア語、日本語だけでした。私は情報遅いから、知らなかったんだけど、もう募集が終わろうとするところで、急いで行ったら、英語はもう満員。入れない。で、ロシア語と日本語、残っている。そうすると、中学校のときは確かにロシア語を勉強したんだけど、あんまり好きじゃない。また、受付の人は、「⑪さんは、顔も日本人らしいね。日本語もいいんじゃない。いや、今の日本は昔と違うよ。今の日本はとても進んでいる国だよ」とか、いろいろ、すすめられたんですよ。そう言われても、心の中には、昔の歴史のことあるから。

(4) 日本語の補習機会

　日本語選択において家族や教師の影響力が大きいことを指摘したが、ここで大切なことは、単なる進路選択の助言以上の実質的意味をもっていたということである。つまり、その家族や教師がもっている文化資本が、大学入学の際に課される日本語試験の学習機会と結びついているということである。

　⑤とにかく、あの先生も結構若かったので、自分は日本語を勉強しました。その時、学校に、まだ、外国語という科目なかったんですね。普通の授業以外の時間、私たちを教えましたね。その時、最初は、十何人も集まって、興味あるから、「日本語だ、どんなことかな」と。でも、勉強しながら、だんだん難しくなって、一部の人は、もう脱退。最後に残ったのは4人だけ。先生と一緒に勉強して、約半年ぐらいですね、すぐ受験になって。中国の受験は、7月でした、夏。で、4人受験したら、2人合格。もう、ほんとに一生懸命。
　イン：それは、1年間ぐらいなさったの？
　⑤1年間ぐらいですね。とにかく、もう受験に向かって、勉強、勉強。朝から晩まで、もう暗唱することと、復習、予習。あの時、ほんとに一生懸命勉強しましたね。
　　両親も支持してくださった。「とにかく勉強しなさい」と。もちろん、家事手伝い、何にもしなくていいんです。
　　朝起きたら、もう食事も全部用意して、食べて、学校に行って、帰ってきたら食事も出たし。寝る前に、また時間あって、とにかく勉強。あの時、小さな椅子、父親の手作りみたいな椅子を外の庭において、本いっぱい持って、とにかく声出して読んだり、暗唱したり、書いたり。

　とくに「文革」期に学校では十分授業科目を学ぶ機会のなかった、このコーフォートの人たちにとって、厳しい大学入試の競争を勝ち抜くには、学習の補習機会が不可欠であった。

①補習、全部やってくれてるんで。もう中学校から、さっきも言ったように地理とか歴史とかは、ほとんどやってないんですよね。で、数学とか科学とか、物理とか国語、あと、中国は政治っていうのがあって。それは全部やっても、まともにはやってないけど、まあ、一応習ってますけど、地理と歴史は、私の記憶ではあんまりやってなかったと思いますね。で、その受験の時には高3になって、1年間、先生が教えてくれて、受けたけど、社会人から受けた人たちは、全部自分でほとんどやったんじゃないのかなと思いますけどね。

イン：なるほどね。1年間は、あれなんですか、日本的に言うと、浪人に近い？

③そうです。だから、そういう夜間みたいのところで、日本語を勉強して、あと、昼間は学校に行って、そういう学生たちと一緒に勉強したり、そういう教材、書類見て、自分で勉強したりとか、浪人みたいだね。

すでに働いている人たちの補習機会としては、夜間学校が開設されたが、昼の仕事を併行して、夜になると学校で遅くまで学習が続けられた。通勤の途中にも学習を続けたエピソードがある。

①でも、社会から来てるうちで工場に勤めた人とかもいるけど、田舎に行かされて、田舎から受験した人もいますね。日本みたいに塾とかあるわけじゃないから、全部自分で勉強して、で当時、教科書も少ないんですよね。だから、ああいう人たちは大変だったと思いますけどね。私たちは学校で、例えば文系だと歴史とか、ああいうもので習ってないのを全部先生がやってくれたから、すごく助かったんですけど。

⑪：単語カードで。自転車で、仕事の情報交換の書類を取りに行くのよ。送ったり、もらったりするのカードを自転車にガチャッと置いて、がーっと、単語、覚えたの。危なかったんだけど覚えたね。大変だったんだけど、楽しかった。周りの人は、みんな、一緒に復習したりする友

達いたんですけども。私、農村部に行ってきたでしょう。そのつらさから言えば、これはたいしたものじゃないのよ。楽しく、つらく、やりました。

それは厳しい生活ではあるが、農村での労働とは異なる、学ぶ喜びを感じさせるものであった。

(5) 大学受験[9]

　対象者の中には、早い人で1977年の大学入試の再開直後に受験した人たちもいた。そして、彼女たちの少なくない人たちが最初は理系の学部を志望していたことも特徴的である。

> ③78年は、私は理系の受験して。でも、成績はちょっと。やっぱり、あっちこっち移動して、勉強はあんまりできなかったから、受かんなかったんです。だから、その翌年は、外国語はやっぱり文系だから、文系の方は暗唱だけでいいから。変えたんです。日本語、勉強して外国、そういう大学へ入った方がいいかなって。
> 　そうですね。やっぱり文系は文系で、理系はそのときは、まだ開放されたばかりで、外国語の場合は、数学の点数は入らないんです。だから、それは、理系の弱い人は、一番、得でした。
> イン：そうですね。でも、③さんは、数学を1年ぐらいはやっていたわけですね。
> ③はい、私、本当は、理系が好きです。物理とか、数学とか、私、好きだったんですけど、でもあまり、家族の移動で勉強はできなかったから、それは残念でした。

　しかし、「文革」期に学校で学ぶ機会が制限されていたために、物理、化学などの科目の受験はむずかしかったようである。進路変更の結果、文科系の日本語学部に転換した人たちが少なくない。

最後に、先にも紹介したが、不本意にも専門学校を卒業して就職していたために大学受験資格をもてなかった人が、いわば「不正」をして受験をした様子を紹介しよう。

⑥中国の大学入試回復は、1977年からですね。みんなに何回も言われたんですけれど、どうして77年に、大学入試試験を受けなかったんですか、と。あの時は、本当に翻弄されたんですよ、私の運命。77年は私、丁度専門学校の籍を持っているんですね。

　だから、国からよりも遼寧省から、そういう決まりがあるんです。大学や専門学校の在籍の学生は、入試資格を持っていない。もうしょうがないですね。やっと77年に卒業して、もう次の年の78年に受験できるかなと、一生懸命準備してたんですよ。必ず、私試験を受けたら合格できるという、すごく自信持っていたんですけれども、ただ、もう一つの決まりがあるんです、省の方で卒業して2年未満だったら入試資格を持たない。

　もうどうしようもない。でも78年、実は私こっそり、周りの人は、私大学に入ろうっていう気持ち、ちゃんと分かって、こっそり申し込み取ったんですよ。実はそれは、ルール違反ですよね。絶対いけない。でも私、こっそりやってみて、そういう資格をもらったんで、本当に受験、受けたんですよ。遼寧大学に合格しました。おかげさまで合格した。

しかし、彼女はこのときには、資格外受験が摘発されて合格が取り消されてしまっている。にもかかわらず、翌年も再度資格外で受験し、大連外国語大学に合格し、入学を果たしている。

⑥資格をなくて入ってはいけないって。しょうがなくて、そのまま、次の年79年。実は私、まだ2年未満でしょう。2年未満ですけれども、もう一度チャレンジしたんですよ。今回は大連外大に合格して。でも、残念な話ですけれども、その時も私ルール違反でしょう。でもやっぱり、

こっそり戸籍を自分で出身、申し訳ないんですけれども、変わって、実は私、55年生まれですけれども、この5を6と変わったんですよ。今こういう話したら、恥ずかしいですけれども、でもあの時代は、やっぱりどうしても大学入りたい。

こうした「不正」をしてまでも、大学をめざしたのが1979年の受験生たちである。結果として、先にも示したが、1979年の大学の合格率はおよそ6%、大学進学者の全人口に占める比率は1%ほどといわれている。大学卒業者は社会のまさにエリートといわれる段階にとどまっていた。

おわりに

　「文革」期から大学入試までの調査対象者たちのライフコースを考察してきた。大学入学までの彼女たちの人生の経路は、一見すると波乱に富んだものに見えるだろう。しかし、ライフコースとしては、比較的単純なコースを描いていることがわかるだろう。人びとのライフコースは、社会文化的にしっかりと枠づけられていたといえよう。
　これまでの分析を簡潔にまとめておこう。
　第1に、1979年に大連外国語大学日本語学部に入学した彼女たちの出身階層は、教師や雑誌編集者、軍・公務員幹部たちのような文化・知識人の階層に限られていた。しかし、その後のライフコースにおいて見たように、単に階級・階層の再生産であると特徴づけることでは不十分である。なぜなら、1966年から始まる「文革」を経験しつつ、それでも大学進学への道を確保しているからである。
　第2に、親の出身階層が文化・知識人層であったがために、すべての対象者たちが「文革」期に批判され、糾弾され、農村への下放を経験していることも見てきた通りである。実の父親が、自分と大衆の前で「吊るし上げ」をうけている様子を見た子どもたちの精神的な衝撃はいかばかりであったろうか。農村での生活は、都会で暮らしてきた彼女たちにとって想像以上に過酷

なものであった。水汲み作業で肩をすりむいた経験。朝早くから夜遅くまで農業労働に明け暮れる毎日。10年にわたって農村での暮らしが続いた者もいた。

　第3に、何よりも、「文革」期に一世を風靡した「血統論」によれば、「黒五類」の家族に生まれた限り、いつまでたっても、個人の才能や、努力では運命を変えることはできない状況でもあった。しかも、小学校でも、こうした基準で、子どもたち同士、先生からの批判に晒される。小学校が政治闘争の場になっていたことも見てきたと通りである。見えない将来の展望の中で、希望を失っていく。「顔を上げることのできない」子どもたちの心情を想像できるだろうか。

　「文革」が終焉を迎える頃と、彼女たちは大学進学の時期とが前後する。この1、2年の違いが彼女たちの運命を大きく変えることとなった。幸いにも、対象者たちは大学受験の資格を得ることができた世代である。

　第4に、大学進学の理由は、どのようなものであったのだろうか。少なくとも、「農村からの脱出の手段」という以外に、明確な理由があったわけではない。将来の進路を思い描く機会のなかった世代にとって、親からの助言が決定的な影響力をもっていた。そして、親が大学進学を進める際に、親自身が高等教育修了者であったこと、かつ、何らかの形で日本とのつながりや日本語能力をもっていたことが、決定的な要素となっていた。こうして親の文化資本は、子どもたち世代へと継承されていくのである。

　しかしながら、以下の点もつけ加えておくべきである。文化・知識人の家に生まれたこと、日本語という文化資本を家族がもっていたことなどは、世代継承の必要条件ではあるが、十分条件ではない。労働の後に夜学に通い、寝る間を惜しんで補習の勉強を必死につづけてきた努力がなければ、厳しい受験競争のなかで勝ち抜くことはできなかったであろう。もう一つ加えれば、すでに働いていた対象者たちは受験資格を得るために労働でも評価されるべく努力をしてきたし、ときに受験資格を詐称するような冒険も侵すことにもなったのである。このような彼女たちの運命を変えようとする主体性を見落とすことはできないのである。

【注】

1　文化大革命は、一般的に1966年5月（『5・16通知』の発表）から1976年10月（毛沢東の死「四人組」の追放）までの10年間（文革期として区分）に中国大陸で起きた政治・社会運動である。大規模な集団的暴力行為を伴う「大厄災の10年」とも呼ばれているが、周恩来と毛沢東が亡くなることにより政治的混乱は収束に向かった（楊麗君 2003: 3）。

2　1978年12月開催の中国共産党中央全体会議は中国改革開放の始まりといわれている。この改革開放期には、鄧小平をリーダーとする中央指導層が近代化を達成するために、大規模な国家再建を行い、経済発展と社会安定は最重要の目標とされた。そして私的領域の存在と発展が国家に容認され、農業では「人民公社制度」が解体されて家族経営が中心となり、産業分野では市場経済の柔軟な経営体制へと移行した（徐涛 2014: 17）

3　キャリアは一般に、人がたどるさまざまな経歴や経験の中の、職業生活や職業経歴に焦点を当てて使用されるが、近年はこのような狭い枠組みだけでなく、キャリア概念の適用範囲が拡大している。すなわち個人の人生と深く関わる「人の生き方そのもの」ということ、幅広い包括的、統合的概念に発展し、「ライフキャリア」という言い方が使われている（矢澤・岡村 2009: 3-5）。

4　葛慧芬（1999）の研究は、本書が先行研究として明確な視点をもった用意周到な優れた研究であり、文革期を学ぶ文献として極めて適切であることなど大きな示唆を得ている。

5　藤井によれば（1997: 160-165）、中国女性の就業は1949年に誕生した社会主義政権によって積極的に推進されてきたが、法律的には大まかな枠組みの内容である。およそ30年間の間に、男女平等の就業の権利という基本原則と母子保護に関する規定があった。1988年に「女性職員・労働者労働保護規定」が制定された。1992年には「女性権益保護法」ができて、新中国建国40年を過ぎた時点で成文化されたのである。1995年の第4回「世界女性会議」開催国として「中国女性発展綱領（1995～2000）を発表している。

6　卒業式の感動的な司会者のスピーチ、学長のメッセージ、さらにたくさんの荷物を背負って大連駅のホームで、互いに抱きあって泣き崩れた場面が、今でも昨日の事のように思い浮かんでくる。大学時代の同窓の間で起こった楽しいこと、不愉快なことは今になって、全部人生の宝物となり、人生の道を歩くときの励ましになる。1979年入学のわたくしたちにとって、大連外国語学院は社会に進出するための日本語能力を育ててくれただけでなく、自分の身分を証明できる大学卒業証明書を与えてくれただけのでもない。大連外国語学院からもらったものは言葉で表現しきれない、はっきりいえない、計っても計りきれない潜在能力であろう。

7　おそらく、文化大革命時には、共産党エリートの継承を擁護する「血統論」が

展開されたが、それによると、教師たちも地主、富農、反革命分子、破壊分子、右派などの「黒五類」に区分され、批判と思想管理を受けたことを述べていると思われる。

8　文革中、毛沢東語録を常に保持し、暗記した。忠字舞を行い、毛沢東と共産主義・新中国建設への忠誠を誓った。「造反有理、無罪革命」を叫び、黒五類（資本家や知識人など）を吊るしあげるなどのリンチを行った。なお紅衛兵になるには基準がある。良い出身身分（紅五類）でなければ、紅衛兵にはなれなかった。

9　「文革」終息後の1977年10月、教育部門を担当した鄧小平を中心とする党中央の指導の下で国務院は「大学入試に関する意見」を公表し、「全国大学統一入試テスト」を再開することを正式に決定した。これにより、10年間にわたって中断していた同テストは1978年に再開された。1977年の普通大学の学生数は62万5000人に増加したが、大学進学率は1％にすぎず、国家の産業発展を支える科学技術分野の人材不足はなお深刻であった。鄧小平は、高等教育機関、とくに重点大学は科学研究において国の重要な兵力であり、改めてその認定をしなければならないと指摘し、国務院は1978年2月、「全国重点高等教育機関の回復と適切な運営に関する報告」を承認した。

付記　本研究は、「2014年度仙台白百合女子大学学内助成共同研究A」を得た研究の一部である。

【引用・参考文献】

青井和夫編著、1988、『高学歴女性のライフコース —— 津田塾大学出身者の世代間比較』勁草書房。

岩木秀夫、2008、『卒業生の職業キャリア、ライフコースと学部教育のレリバンスに関する研究 —— 「人間社会学部と卒業後のキャリアに関する調査」報告書』。

乙部由子、2010、『女性のキャリア継続：正規と非正規のはざまで』勁草書房。

葛慧芬、1999、『文化大革命を生きた紅衛兵世代 —— その人生、人間形成と社会変動との関係を探る』明石書店。

徐涛、2014、『中国の資本主義をどうみるのか —— 国有・私有・外資企業の実証的分析』日本経済評論社。

永瀬伸子ほか編、2010、『お茶の水女子大学卒業生のライフコース報告書』お茶の水女子大学。

中村三緒子、2008、「大卒女性のライフコース分化の規程要因」『日本女子大学大学院人間社会研究科紀要』。

藤井光男編著、1997、『東アジアの国際分業と女性労働』ミネルヴァ書房。

村松幹子、2000、「女子学生のライフコース展望とその変動」『教育社会学研究』第66集、137-155頁。

矢澤澄子・岡村清子編著、2009、『女性とライフキャリア』勁草書房。

楊麗君、2003、『文化大革命と中国の社会構造』御茶の水書房。
脇坂明・富田安信編、2007、『大卒女性の働き方——女性が仕事を続けるとき、やめるとき』日本労働研究機構。
渡邊勉、2011、「大卒者のライフコース——関西学院大学社会学部卒業生調査の分析」『社会学部紀要』第111号。
秦華、2012、「高考招生政策中的人本傾向研究（1977-2010）」。

第 4 部　社会的包摂と成人教育の可能性
　　　　── 排除から社会的承認へ

第10章　体制転換と社会的排除のプロセス
── ホギーン・ツェグ：絶望の淵からの報告 ──

はじめに ── 研究の課題

　教育学的研究にとって、階級・階層的視点はとりわけ重要である。従来、社会的格差をめぐっては、学校教育へのアクセスをめぐり多様な実証的研究が行われ、そして、教育機会の拡大や平等をめざす政策がすすめられてきた。教育機会をめぐる社会的格差の問題は成人教育研究にとっても重要である。にもかかわらず、社会教育研究では、こうした視点をもつ研究はほとんどない現状がある。確かに、ジェンダー研究は、こうした視点を内在させている。しかし、そこでの女性たちは、みな同質な男性と区別された女性としてだけとらえられる傾向がある。彼女たちが、どのような階層の女性なのか。女性たちの内部にある格差の存在と、そこから生じる問題は研究ではほとんど意識されず議論されている。

　教育学的研究において重要なのは、社会的格差の問題ばかりではない。社会教育研究では、学習の主体である学習者の社会・経済的・文化的な状況を踏まえつつ、学習プログラムの意味を検討するような課題意識も希薄である。だれが学習に参加しているのか。参加者たちにとって、そのプログラムがどのような意味をもっているのか、ということを踏まえた分析が求められる。社会学的な学習者の理解が必要な理由もそこにある。こうした問題意識から、本章では、体制転換後のモンゴルの成人教育を取り上げる。

　モンゴルは、1989年の社会体制転換により劇的な社会変動を経験している。とりわけ、首都ウランバートル市（以下、UB市という）には、さまざまな社会的理由により流入してくる貧困化した住民が集中し、ゲル集落を形成

している。こうした都市貧困地域はどのように形成されるのだろうか。彼らはどのようなプロセスを経て都市スラム地域に流入し、定着するのか。貧困のなかでいかに生活しているのか。そして、成人教育は、こうした地域に住む住民たちにとっていかなる意味をもつのか。教育者は、どのような実践を展開しているのか。これらが、私たちの研究の主題である。

1　見捨てられた地域と人びと

　ホギーン・ツェグ。それは都会から日々吐き出されるゴミ捨て場。

　この周辺に居住する人びとは、このゴミ捨て場からリサイクル可能なゴミを選り分け、それを売って日々の生活の糧にして生活する。このプロセスは、まるで彼らの人生そのものだ。革命後の混乱の中で職を失い、豊かな生活を夢見て地方から都会へ流入してきても、彼らを待っていたもの、それは劣悪な環境の労働だけである。極寒の中でもストーブのない生活、粉塵の中での仕事で身体を壊していく人たち。こうした人たちが折り重なるように生活する。

　ホギーン・ツェグ。それは零落した貧困層の人たちが集積する、暮らしの場でもある。

　革命以後、人びとがいかなるプロセスを経てこの地域に流入し、貧困な生活にどう対応してきたのか、そもそも、どうして貧困の中にあり続けるのか、ハシャーのなかに含まれる複数世帯の共同生活、その世帯間の生活保障機能の態様などについても明らかにしたい。このため、地域に分け入ってよりインテンシブな分析を試みよう。

(1)　イヘナラン地域と暮らす人びと ── 地域の概況

　ソンギノハイルハン区はモンゴルの首都UB市の西部に位置し、人口と面積で一番大きい区である。面積12万1千ヘクタール、25のホロー（行政の単位）、人口は23万2千人、52,770世帯がある。全人口の63％がゲル地区に生活している。土地の77％が農牧業用地、20％が森林で、UB市の家畜頭数が

一番大きい区でもある。

　ポスト社会主義時代から建設された大規模な工場が多数あるが、社会体制の移行につれて私有化の波により倒産した企業が増大し、それにともない失業人口も多くて、今も貧困な区ともいわれることも多い。

　今回の調査地域は、この区の第4ホローの第8ヘセグ周辺の世帯である。行政情報によると、この第4ホローは、8つのヘセグに区分されており、人口12,738人、2,683世帯、面積は900ヘクタールである。主な食料品である食肉、小麦粉、ミルクなどを生産するモンゴルでもっとも大手となる小麦粉産業のアルタン・タリア社、肉製品のマハ・インプケス、乳製品のモン・ソなどの工場がこのホローの区域で生産を行っている。この工場を抱える第1ヘセグから第5ヘセグまでは、1960年代から1980年代の社会主義体制下に移住してきた人びとが居住しており、彼らは比較的安定した仕事や収入源、ハシャーと家の敷地の所有権、学校教育などのさまざまの面で、アパートに住む市中心の市民と変わらない社会サービスを受け、市民権や社会参加もすすんでいる。

　これに対して、対象地とした第8ヘセグは、イヘナランとも呼ばれて対照的な性格をもつ。この地区は北部の丘陵地帯に接続してあり、空き地が僅かであるが、近年、地方からの移住者が大量に移住し住み込んでいる地区である。イヘナランは、「人口が一番多く、貧困率も一番高い」（ヘセグリーダー）。にもかかわらず、新しい移住者がやってくるのは、定着しやすいゲル地区や空き地がある他に、もう一つの原因として、この地区にあるゴミ処理場にあると考えられる。モンゴルのメディアにも取り上げられる〈ゴミ処理場に頼って生活する者たち〉が集住する地区である。

　この地区は住民の流入によって丘陵地域を這い上がるように無秩序に広がってきた土地である。したがって、上下水道の整備や住民の生活を維持するための行政サービスからも取り残された地区である。例えば、次のように生活環境の劣悪さが指摘されている。

　　うちのヘセグは、以前は今のよりも大変な状態でした。井戸がない、

谷が多くて。ヘセグ長を始めてから色々動いて、それらの谷を土で埋めてもらって、そこに新しい住民が家を建てたのもあるし、「公共経済開発プロジェクト第2弾」というプロジェクトの期間中に色々要求していって、第29グダムジに井戸を建ててもらった。一時と比較してよくなっています。

この地区には、ゴミ処理場がある。しかしながら、この地区に住む住民たちの生活ごみの回収サービスは不十分である。この結果、地区内の谷に生ごみを廃棄するために衛生環境も劣悪である。

> 主人：そう　そう、常にそうしてゴミのトラックが来ているけど我がグダムジ（一列）だけは通らないです。他を見ていると常にトラックが回っているのです。谷があるからなのかどうかわかりません。イヌの糞も多くて。清掃しろといってきて、清掃をさせるのもあるのに。
> 主婦：そう。トラックがよく来てゴミを積んでくれていれば、谷にゴミを棄てる必要がないのにね。
> 主人：そう　そう。私たちも、ハシャー内でゴミをずっと集めていて、つい仕方なく谷に棄ててしまっていますよ。嘘を言っても仕方ないから。

> 主婦：うちの北側に近くにそういうゴミ捨て場がありました。春になると大変です。周辺の世帯が灰（石炭の）を棄てて、それが南側の世帯の方へ春の風に吹かされて飛び散って。非常に苦しいから。

UB市でもっとも貧困層の堆積している地区、住居や生活条件・環境ももっとも劣悪な地区、そこに暮らす〈見捨てられた人びと〉が私たちのインタビューの対象である。以下では、今回の調査の対象となった世帯の特徴を簡単に確認しておきたい。

(2) 対象世帯の経済的・社会的特徴

　私たちは、この地区の住民調査を実施した。この結果をもとに、対象者・世帯の経済的・社会的な特徴を確認しておきたい。

　表10-1は、対象地区世帯の経済的な状況を示している。そこでも指摘してきたように、UB市の平均世帯収入は40万トゥグリグであり、貧困ラインは一人当たり10万である。この表に見るように、対象世帯はそのほとんどが平均収入を大きく下回り、一人当たりの貧困ラインで見ても極端に低い数値となっている。40万以上が4世帯のみであり、20万以上が12世帯、これ以外の18世帯がUB市平均の半分以下の世帯収入にとどまっており、これらの世帯は極貧のなかで暮らしを送っていることが明瞭である。

表10-1　ゲル住民の世帯構成と経済的状況

順番	世帯構成	就労状況	家族の収入の内訳　（単位：Tg）
1	直系家族世帯	夫39：運転手、妻37：散髪士	夫、妻合わせて60万、児童手当3人分33900、同居している親戚の人の給料18万
2	直系家族世帯	夫55：**無職**、妻45：**無職**、長女25：工場勤務、次女23：車掌	働いている二人の子どもの収入40万、児童手当5人分56500
3	核家族世帯＋祖母	夫38：自営業、妻37：幼稚園教諭	妻の給料：25万、夫の給料20万、祖母の障害者年金81,000、児童手当2人分22600
4	核家族世帯	夫41：電力会社勤務、妻41：**無職**	夫の給料：4万、児童手当1人分11300
5	核家族世帯**＋母子世帯**	夫28：修理工、妻25：**無職**	夫の収入30万、児童手当1人分11300
6	直系家族世帯	夫40：運転手、妻37：**無職**	夫の収入：15万、父の年金107,000、児童手当5人分56500
7	核家族世帯＋母子世帯	夫68：**無職**、妻65：**無職**、長男40：靴職人、次男39：建築工、長女：就労	夫婦の年金17万、働いている娘の給料15万、もう一人娘の障害者年金41000、児童手当2人分
8	核家族世帯	夫27：**無職**、妻26：車掌	妻の給料：23万、児童手当5人分56500、扶養者を失った手当て54000
9	核家族世帯	夫39：個人タクシー、妻34：**無職**	夫婦2人の収入合わせて：25万、児童手当11300
10	核家族世帯**＋母子世帯**＋叔父	夫28：軍人、妻26：**無職**	妻：14万、夫の給料：14万、児童手当1人分11300
11	核家族世帯	夫25：**無職**・廃品回収、妻27：**無職**・廃品回収	夫婦2人の収入合わせて15万〜20万、妻の障害年金（月）41400、児童手当11300
12	核家族世帯	夫85：**無職**、妻75：**無職**	夫の年金（月）81000、妻の年金（月）81000、介護手当て34000
13	核家族世帯＋妻兄弟	夫39：電気工、妻37：**無職**	夫の給料17万（季節によって下がる）、妻の給料4万、児童手当子ども3人分33900

この要因は、世帯のなかで就労している世帯員がほとんどいないという労働の状況を反映している。これらの世帯の収入の基盤は、児童手当、年金などの社会保障によるものであり、現在ではこの制度自体が廃止されていることを考えると、この調査時点ではより厳しい生活に陥っていると考えてよいだろう。すべての世帯で借金があり、それも電気代や、冬季間の燃料代の未納など、生活のもっとも基本的な支出のための借入であったことがわかる。

表10-2は、社会保障と教育の状況である。住民登録をしていない世帯員を含む（一時期、含んだ）世帯が7世帯ある。医療保険については、16世帯と、およそ半数が未加入の世帯・世帯員が存在している。したがって、子どもは受診させるとしても、親たちは基本的医療も受けることのできない状況にあ

収入額 （単位：Tg）	支出額 （単位：Tg）	食費・教育費の額 （単位：Tg）	借金状況（単位：Tg）
40万以上	36万	食費＝約20万／教育費＝8万	ある：50万Tg、理由：個人的な用途のため、銀行から借りた
40万以上	40万	食費＝約12万／教育費＝3万	ない
40万以上	47万	食費＝約15万／教育費＝7万	ない
40万以上	25万	食費＝約10万／教育費＝2万	ない
30万〜35万	30万	食費＝約10万／教育費＝0万	ない
30万〜35万	46万	食費＝約9万／教育費＝5.6万	ある：50万Tg、理由：**電気代の不納**30万、車の修理代を銀行から借りた借金
35万〜40万	43万	食費＝約15万／教育費＝3万	ない
30万〜35万	35万	食費＝約20万／教育費＝4万	ある：30万Tg、理由：**電気代の不納**
25万〜30万	26万	食費＝約10万／教育費＝5.5万	ない
25万〜30万	40万	食費＝約10万／教育費＝1.4万	ある：12万Tg、理由：支出が収入を超えるため
20万〜25万	22万	食費＝約15万／教育費＝2万	ある：30万Tg、理由：リサイクル品のビジネスをするために銀行からかりた
20万〜25万	44万	食費＝約7万／教育費＝1万	ある：100万Tgくらい、理由：食費多い、老人の介護費も沢山かかるため
20万〜25万	15万	食費＝約8万／教育費＝1.2万	ない

(表10-1・続き)

14	**母子世帯**	母48：**無職**、長男20：建設作業員、次女18：給仕	母子家庭の家庭主（妻）60,000、大きくなった2人の子どもが働いている（月）14万～15万、児童手当2人分22600
15	核家族世帯	夫43：**無職**、妻40：ヘセグリーダー、次男18：店員	妻：32000、その他の家族員の収入：20万、児童手当2人分
16	核家族世帯	夫35：会社勤務、妻37：**無職**	妻：2万、夫の給料：20万、児童手当2人分22600
17	核家族世帯＋核家族世帯	夫45：木工自営、妻41：**無職**	夫の収入70,000～300,000（平均15万）、政府からもらう25000、児童手当2人分22600
18	夫婦家族世帯	夫62：定年、妻54：障害者年金	夫の年金（月）81000、妻の障害年金（月）100,000
19	核家族世帯＋核家族世帯	夫26：個人タクシー、妻28：**無職**	夫：ゼロ、タクシーの収入30万くらいだがリースに殆ど全額を払っているため。妻：15万、児童手当2人分22600
20	核家族世帯	夫25：**無職**、妻27：**無職**	その他の収入：15万、児童手当2人分22600
21	直系家族世帯＋核家族世帯	母39：不定期の就労	家庭主（母）の給料：6万、娘の奨学金45000、祖母の年金81,000、児童手当1人分11300
22	拡大家族世帯	夫58：障害者年金、次女34：建築工、三女26：店員	その他家族員の収入5万、障害者年金81000、児童手当2人分22600、親族の仕送り3万
23	直系家族世帯＋核家族世帯	夫45：**無職**、妻37：建築工	車掌の収入：36000、妻の給料：10万、児童手当3人分33900
24	**母子世帯**	母40：就労	家庭主（母）の収入
25	父子世帯	夫42：木彫工	父（家庭主）の収入約10万、児童手当2人分：22600（時々母の親族の人が金や食料を分けている）
26	核家族世帯	夫30：**無職**、妻30：**無職**	夫の収入約13万＋児童手当（月）2人分22600
27	**母子世帯**＋核家族世帯	妻47：私営会社勤務	世帯主（母子家庭の母親）の収入12万、児童手当子ども一人分11300
28	核家族世帯＋核家族世帯	夫57：**無職**、妻49：**無職**、長男22：建築工	手袋を作って売っている：1ヶ月500足×250Tg=125.000
29	核家族世帯	夫26：自営業、妻31：**無職**	夫の収入：108000、児童手当1人分11300
30	**拡大家族世帯**	母45：ゴミ収集、長女26：ゴミ分別、次女24：ゴミ分別、長男21：**無職**	ごみ収集の仕事がよければ、月10万、児童手当4人分45200
31	直系家族世帯＋核家族世帯	夫45：溶接工、妻43：**無職**、長男22：木彫	夫の収入：75000、児童手当2人分：22600、息子の給料から：5万
32	**母子世帯**	母35：**無職**、長男：**無職**	扶養者を失ったため、年金（月）をもらっているが額が不明、児童手当3人分33900
33	核家族世帯＋**母子世帯**＋夫婦家族世帯	母42：ゴミ収集	ゴミ収集での収入：約9万、児童手当2人分22600
34	**母子世帯**	母41：不定期の就労	家庭主（母）の収入：32400、児童手当3人分33900
35	核家族世帯	夫32：販売、妻36：**無職**	夫が働いているが収入が不明、児童手当2人分22600

第10章　体制転換と社会的排除のプロセス　243

20万～25万	10万	食費＝約4.5万／教育費＝0.5万	ない
20万～25万	25万	食費＝約8万／教育費＝0万	ある。理由：15万、**電気代の不納**、引越しした隣の家の電気不納が間違って入ってきた
20万～25万	22万	食費＝約10万／教育費＝14万	ある：20万Tg、理由：質屋に
15万～20万	30万	食費＝約15万／教育費＝5万	ない
15万～20万	18万	食費＝約9万／教育費＝0万	ある：2万Tg、理由：**電気代の不納**
15万～20万	25万～30万	食費＝約15万／教育費＝2万	ある：400万Tg、理由：タクシーのリースの残り
15万～20万	15万	食費＝約7万／教育費＝3万	ある：20万Tg、理由：**電気代の不納**
15万～20万	17万	食費＝約5万／教育費＝4万	ない
15万～20万	10万（？）	食費＝約9万／教育費＝1万	ある：13万Tg、理由：**電気代やゴミ収集代の不納**
15万～20万	34万	食費＝約15万／教育費＝6万	ない
15万～20万	20万	食費＝約10万／教育費＝2.5万	ある：50万Tg、理由：**電気代の不納**
10万～15万	16万	食費＝約7万／教育費＝1万	ある：5万Tg、理由：**電気代の不納**
10万～15万	約17万	食費＝約15万／教育費＝6万	ない
10万～15万	9万	食費＝約6万／教育費＝？	ある：80万Tg、理由：大学を卒業した娘の授業料を借りているため
10万～15万	13万	食費＝約8万／教育費＝0万	ある：65000Tg、理由：**電気代の不納**45000Tg、食べ物を教会から借りた代金2万Tg
10万～15万	12万	食費＝約11万／教育費＝1万	ある：60万Tg、理由：**電気代の不納**、質屋
10万～15万	17万	食費＝約10万／教育費＝1.3万	ない
10万～15万	34万	食費＝約15万／教育費＝3万	ある：55万Tg、理由：
5万～10万	10万	食費＝約10万／教育費＝1万	ある：3万Tg、理由：**電気代とゴミ処理代の不納**
5万～10万	9万	食費＝約4.5万／教育費＝0.5万	ある：5万Tg、理由：石炭を使ったが代金を払っていない25000、食べ物を店から借りた代金29000
0～5万	5万	食費＝約4万／教育費＝1万	ある：40万Tg、理由：冬燃料を買うためにワールド・ビジョンから借りた
不明	11万	食費＝約8万／教育費＝0万	ない

表10-2　ゲル住民の社会的保障・教育の状況

順番	家族構成	住民登録	医療保険	自分の医療診察
1	直系家族世帯	×：同居している親戚の娘は未登録	○（月6000Tg）	受ける
2	直系家族世帯	○	2005以降未払い	受けない
3	核家族世帯＋祖母	全員が登録している	旦那以外の全員がかけている	受ける
4	核家族世帯	全員が登録している	○	受ける。旦那が最近火傷して、診察を受けた
5	核家族世帯＋**母子世帯**	○	○	受ける
6	直系家族世帯	○	未加入	ホローの医者に診察を受ける
7	核家族世帯＋母子世帯	○	○	ホローの医者に診察を受ける。子供達の場合、給料を貰っていないと、薬を買って飲ませる
8	核家族世帯	○	妻が給料でかけている	妻だけが診察を受ける。他の者は家で診療する。薬代に20000トゥグリグ掛かる。
9	核家族世帯	○	未加入	受ける
10	核家族世帯＋**母子世帯**＋叔父	○	○	ホローの医者に治療を受ける
11	核家族世帯	○	未加入	受ける
12	核家族世帯	○	（定年者）政府	受ける
13	核家族世帯＋妻兄弟	×：妻が未登録	未加入	世帯保健所で受ける。健康保険を払ってなくても診察は受けられる
14	**母子世帯**	○	○	受ける
15	核家族世帯	○	○	受ける
16	核家族世帯	未登録	未加入	受ける
17	核家族世帯＋核家族世帯	○	○（18000Tg）	世帯保健所で受ける
18	夫婦家族世帯	○	（定年者）政府	受ける
19	核家族世帯＋核家族世帯	未登録	○	受ける
20	核家族世帯	○	未加入	お金が無いので、診察を受けることができない
21	直系家族世帯＋核家族世帯	○	娘が今年。母親は二年前から停止	受けない

第10章　体制転換と社会的排除のプロセス　245

子どもの医療診察	政府やNGO団体の援助経験	義務教育未修了者	非識字者
受けさせる	ない	いない	いない
受けさせる	ない	放牧生活をしていた頃、労働力が足りず、娘が小学校二年から退学した	娘は難しいけど、学習する意欲がある。(23歳)
受けさせる	暖房用費（石炭や薪を買う）140,000トゥグリグ、コメ一袋、砂糖5.5キロ	いない	いない
受けさせる	2、3年前、米一袋、砂糖5.5キロ	いない	いない
受けさせる	ない	いない	いない
受けさせる	ない（WVのプロジェクトに加入させてくれると言ったが結局出来なった）	いない	いない
受けさせる	ない	いない	いない
家で薬を飲ませること。二人の子供が第五ホローに住民登録されているので、向こうのホロー医者に受けさせる。	ない	旦那、妻、二人の弟	妻以外
受けさせる	ない	いない	いない
受けさせる	ない	いない	いない
受けさせる、最優先に	米と砂糖一回、2008年に石炭や薪の140,000一回	いない	いない
受けさせる	2008年に石炭や薪の140,000一回	いない	いない
受けさせる。子どもの健康保険は18歳まで政府が負担	同居している親戚の息子(14歳、両親を失った)にゲルのカバー物（フェルト製）をホローから付与された。部落長が手続きをしてくれた	いない	いない
受けさせる	ない	生活事情のためにドロップアウトした子ども3人	いる、読書できない
受けさせる	ワールド・ビジョン子供発達プロジェクトから土産、本、教科書など	いない	いない
受けさせる	ない	いない	いない
受けさせる	ない	いない	いない
受けさせる	石炭や薪の140,000一回	いる。両親の理解が無かったので学校に行かせなかった	娘が重病、看護が必要
受けさせる	新婚者の50万（2006年）	いない	いない
受けさせる	ない	いない	いいえ、子ども達が小さいので
受けさせない	ない	いない	いない

(表10-2・続き)

22	拡大家族世帯	○	(定年者)政府	受けるが入院はできない
23	核家族世帯	○	父親以外の全員	受ける
24	**母子世帯**	○	今年から未加入	ホローの医師に診察を受ける
25	父子世帯	×：父が無登録	父未加入。長女と母二人はかけていた。	受ける。お金が無い時受診を延期することに。
26	核家族世帯	○	夫未加入	受ける。世帯保健所がある、附属地域の人たちは扱っている
27	**母子世帯**＋核家族世帯	○	未加入	お金が無いため、診察を受けることができない
28	核家族世帯＋核家族世帯	×	はい、6千トゥグリグ支払っている（妻）	お金が無いので、ホローの医者、区の病院に診察を受けている。
29	核家族世帯	×	未加入：三年前から	受けない
30	**拡大家族世帯**	○	子どもたちが未加入	受ける
31	直系家族世帯＋核家族世帯	○	未加入	受ける
32	**母子世帯**	○	未加入	受ける
33	核家族世帯＋**母子世帯**＋夫婦家族世帯	×：親。子ども達は登録	○	受ける。交通事故に遭ったため、足が悪い
34	**母子世帯**	○	未加入	ホローの医者に診察してもらう
35	核家族世帯	○	未加入	受ける

第10章 体制転換と社会的排除のプロセス

受けさせる	ない	いない	いない
受けさせる	ない	いない	いない
受けさせる。お金が無いので9年普通教育を受けた娘の病気を治療することが出来なくて、重病になっていた。	ワールド・ビジョンから三袋米貰っていた。6、7年前。	二人の息子	いない
受けさせる	掃除に参加した際、ホローから、米などを貰っていた	三人いる。父親、長女と弟。息子は第65学校を五年目から中退した。母親の体調が悪くなって、兄弟の面倒を見る為に退学した。	一人いる。息子は読むこと、書くことが難しい。長女も少し難しい。
世帯保健所で診察を受けさせる	米と砂糖1回、2008年の8月に。インドの援助だった	いない	いない
必要が生じれば受けさせる	ない	いない	いない
ホローの医者に診察を受けさせる	お正月の時、教会から小麦粉を貰った。3、4回。教会に行くようになって二年になっている。時々、教会の掃除をやっている。	いない	いない
受けさせる	ない	いない	いない
受けさせる	一回米一袋、一回は三袋小麦粉貰っていた	妻が五年生の時から学校を辞めて、お母さんに付いて商売した。息子がルシルチャン・ノベル子ども基金より月2万トゥグリグの援助を受けている。ゲル学校で勉強していたが後で辞めた。そこで、読む、書くことを学んだ。普通教育学校に通わなかった。	息子が難しいかな、読めるけど、正しく書けない
受けさせる	ワールド・ビジョン子ども発達プロジェクトに子どもが掛かっているため、米を貰っていた。お土産も一回貰った。子ども用服が配給されたがサイズが合わなかった。	いない	いない
受けさせる	ワールド・ビジョンに登録されているのでホローを通して時々援助を受けている	いない	いない
受けさせる、医者に	党からゲルを与えられた	二人の娘、第92学校に入った頃、父親がゲルを売ってしまって、彼方此方転々生活するようになった。今NFEのゲゲレルセンターで勉強している。	いない
受けさせる。国により医療保険がかけられているので	ワールド・ビジョンからゲルを貰った	息子、七年	いない
受けさせる	ない	いない	いない

る。義務教育未修了者も8世帯に存在しており、非識字者を含む世帯が7世帯となっている。労働権とならんで社会保障の権利や教育の権利から排除されている人びとが少なくない。

2　世帯構成と世帯の特長

(1)　ハシャーと世帯

　ここでは、ゲル集落の家族の生活を見てゆくための手がかりとして、世帯の形態的側面である世帯規模や構成に焦点を当てる。**図10-1**（250-251頁）によりつつ、その際に留意すべき諸点をあげておこう。

　第1に、本研究の対象とする世帯であるが、ハシャー（柵の意味）と呼ばれる1区画には、図の例で示しているように、現在同居して生活するまとまり、つまり世帯が1つの場合だけでなく、2つでも3つでも複数あるのが通常である（No.5, 7, 10, 13, 17, 19, 21, 22, 23, 27, 28, 30, 31, 33）。ハシャーには移動式のゲル（図中の円形）だけが建てられている場合もあるし、家（図中の四角形）やゲルが並存しているものもある。

　そこで、本研究の聞き取り調査の対象には、ハシャー内にある複数の世帯のひとつの世帯だけとした。つまり、対象事例としては35ハシャーの35世帯であり、これが第2の留意点である。しかしながら、後述するように、ハシャー内の複数の世帯は、親族や知人の場合が多いので、これらの同一ハシャーの複数の世帯についても、基本的な属性である家族構成、就業、学業状況等について調査している。

　したがって、第3に、本節のように世帯の形態面を分析する際には、ハシャー内にある全世帯の52世帯を対象としたことに留意されたい。同一ハシャーの他の世帯を表す必要がある場合には、No.5①（調査対象世帯）、No.5②とする。ハシャー内の世帯数の内訳は、**表10-3**-aのように、1世帯のみが21ハシャーあり60%を占めている。複数の世帯が並存するのは14ハシャー（40%）であり、4世帯で居住しているハシャーが1つあった。

(2) 世帯規模 ── 小世帯化

1989年以降のモンゴルの平均世帯員数の推移を見ると（**表10-4**）、UB市は、全国平均よりもやや多いことを知るが、ここにも体制転換以降、さらに明白になってきたモンゴル社会の産業・経済状況が反映されているといえよう。1990年のUB市の世帯員数は5.1人をピークに95年には4.5人まで減少したが、2000年から増加に転じ、さらに2001年には4.8人まで増えた。しかしその後からは減少を続け、2007年には4.4人となり、世帯規模は小さくなっている。

調査対象のゲル集落での世帯規模を世帯員の人数から見ると、表10-3-bのように4人世帯がもっとも多く、平均すると世帯員は4.5人でUB市よりやや多くなっている。しかし、最多世帯員10人を擁するNo.2の事例を除けば、ほぼ当市の平均的な世帯規模を呈する地域といえる。

この世帯員に関連して同居子のいる世帯における子どもの数を見ると、最

表10-3　ハシャー内世帯の基本的属性

	カテゴリー	実数	%
a 内ハシャー世帯数	1世帯	21	60
	2世帯	12	34
	3世帯	1	3
	4世帯	1	3
b 世帯員数	2人	4	8
	3人	8	15
	4人	13	25
	5人	8	15
	6人	5	10
	7人	4	8
	8人	3	6
	9人	0	0
	10人	1	2
	不明	3	6
c 世帯構成	核家族世帯	37	71
	拡大家族世帯	11	21
	その他の親族	1	2
	不明	3	6
	女性世帯主	11	
	母子ユニット	7	
d 就業者のいる世帯	0人	14	27
	1人	26	50
	2人	8	15
	3人	1	2
	不明	3	6

表10-4　モンゴルの世帯員数の推移　（単位：人）

	1989	1990	1995	1996	1997	1998	1999	2000	2001	2002	2003	2004	2005	2006	2007
西部地区	4.7	4.7	4.8	4.8	4.7	4.7	5	4.3	4.4	4.3	4.3	4.3	4.3	4.2	4.3
ハンガイ地区	4.5	4.3	4.2	4.2	4.2	4.2	4.4	4	4	4	3.9	3.9	3.9	3.8	3.8
中央地区	5.2	4.6	4.5	4.6	4.5	4.6	4.6	4.3	4.2	4.1	4.1	4.1	4	3.8	3.7
東部地区	3.9	4.6	4.6	4.6	4.6	4.6	4.7	4.2	4.3	4.2	4.2	4.1	4.1	3.9	3.9
ウランバートル市	5	5.1	4.5	4.5	4.5	4.6	4.3	4.7	4.8	4.8	4.6	4.5	4.5	4.4	4.4
モンゴル全体	4.7	4.7	4.5	4.5	4.5	4.5	4.5	4.4	4.4	4.3	4.2	4.2	4.2	4.1	4.1

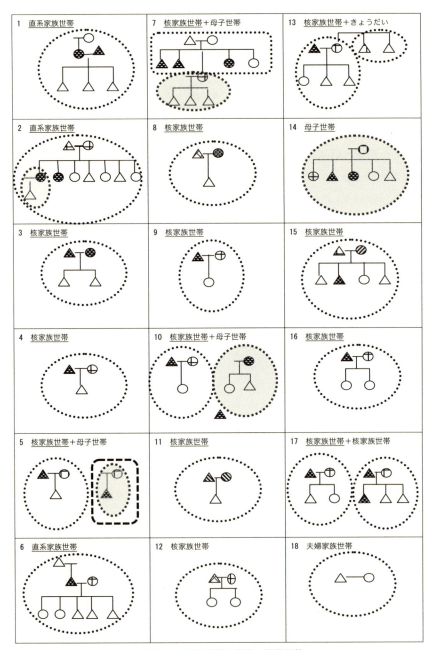

図10-1 対象世帯の家族・世帯形態

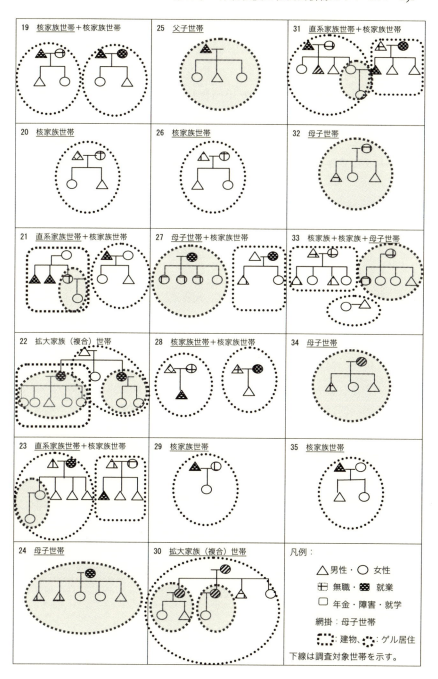

第10章　体制転換と社会的排除のプロセス

多は7人（No.1）であるが、平均すると同居子数は2.8人となる。この数値には別居子が含まれないので、必ずしも実際の子ども数とはいえないが、出生率の推移（人口千人に対して、1990年35.6、95年23.6、2000年21.5、2008年23.8）を踏まえると、子ども数の減少が予測されている。2005年の児童手当の給付政策による回復の兆しは小さいと見られている（2009年、モンゴル国保健省）。

また、各世帯の子どもの数とは、子ども世代のもつきょうだい数ともいえるが、本調査でみる限り親世代のきょうだい数と比べてみると、次のようなことがわかる。30代・40代の親世代では、6〜8人のきょうだいが多い（11人）。中にはNo.8の20代夫婦のように、夫は10人、妻は16人といった多数のきょうだいをもつ者もある。さらに、No.19のように20代であっても夫も妻もそれぞれ8人のきょうだいがある事例も見られる。このように、対象世帯における親世代のきょうだい数は、かれらの子どもの世代のきょうだい数よりも明らかに多く、言い換えれば、現在のゲル集落の子どものきょうだい数は格段に少なくなっているといえよう。

このことは、現在、親世代が得ている親族からの、とりわけきょうだい関係という世代内親族からの種々の日常的援助を子どもたちは期待できないことを意味する。すなわち、現在の子どもたちには、血縁ネットワークの支援システムの機能は弱体化し、親族関係の緊密度も低下することが予測される。

(3) 世帯構成 ── 世帯形成における両義性

モンゴルの家族については鯉渕信一の研究から多くのものを得ているが、鯉渕は、1990年以降における家族の構成・形態の変化として、核家族化の急激な進行による世帯規模の縮小化、及び「そこから伝統的な家族間の人間関係、子育てにも変化がもたらされたこと」(2007: 17)、また「女性世帯主の増加や出生率の低下といったものも顕著」（同: 18）であるとしている。このように世帯の構成の分析は、家族の実態的な関係性や生活のあり方を見ることを可能にするのである。

ゲル集落の世帯の構成を見ると（表10-3-c）、核家族世帯37 (71%)、拡大家族世帯11 (21%)、その他の親族世帯1 (2%) である。これらを2000年で

はあるが大規模調査による都市部の世帯構成と比較してみよう。1000世帯当たりで見ると、核家族世帯は56.6%、拡大家族世帯は27.8%、その他の親族世帯は2.7%となっており、ゲル集落における核家族化は高率であり、小世帯化が進行しているといえる。

　一般に、都市部への流入は、未婚の若年層や、結婚早期の夫婦など小世帯の機能性・流動性の高い世帯が職・住を求めていち早く多く集まるために構成が高くなることはどこにでも見られる現象である。しかし、都市に求職に応じる需要がなく、支援も乏しいならば、市場経済化の急展開による経済混乱の中で人びとは貧困化することは避けられないのが現状であろう。それは、世帯における就労者の人数（**表10-3-d**）からもわかるように、就労者無し、すなわち誰も働いていない世帯が14世帯27%ある。また、半数（50%）の世帯では1人のみが働いているにすぎない。ここでは世帯の家計の実状については立ち入らないが、各事例の「収入額」と「家族の収入の内訳」を見れば歴然としている。

　また、鯉渕（2007）や槇村久子（2003）も指摘しているように、近年のモンゴルの家族構成の大きな変化にあげられている「女性世帯主の増加」について触れたい。

　表10-3-cの中にあげているが、「女性世帯主」は11世帯で全体の約2割強である（No.5, 7, 14, 21, 22, 24, 30, 32, 33, 34）。このうちハシャーで核家族世帯として1世帯単独で居住している女性世帯主世帯は、5事例（No.11, 14, 27, 32, 34）と約3分の1にすぎない。そのほかの7事例では、核家族世帯の場合であっても同一ハシャー内の別世帯として居住する親族から支援を得ていると思われる。拡大家族世帯である場合にはいうに及ばないであろう。

　女性世帯主の増加はその理由の指摘も含めて、マイナスの要因で語られることが多いが、女性世帯主の世帯形成過程は、女性の精神的・経済的自立過程でもあり、親族等による援助機能が脆弱な経済基盤にある世帯形成や生活経営の維持に寄与しているといえよう。ハシャーにおける複数世帯のもつ有効性ともいえるのではなかろうか。無論、このことは共倒れの貧困化を増幅し、また公的支援の遅滞にも連動するので、その両義性に留意する必要があ

ることはいうまでもない。

　また、世帯主ではないので見えにくいが、拡大家族世帯の中に含まれた母子ユニット（母と未婚子）とでもいえる形態として生活するものが7世帯で見られる（No.2, 10, 21, 22②, 23, 30, 31）。

　例えばNo.30のように、夫と死別した妻・母親が女性世帯主として拡大家族世帯を形成している中に、2人の20代の娘のそれぞれの母子ユニットが2つ含まれている世帯の形成にはどのようなドラマがあるのだろうか。その拡大家族世帯の形成過程の要因として、ここでは無就業であること、それに伴う貧困をあげることしかできない。3人の女性たちのゴミの収集と分別処理といった無職に近い不定期の就業による収入と4人分の児童手当による収入だけであり、その家計のありようははかり知れないものがある。このような母子ユニットの母は、若年、未婚、学生、それらの複合の場合を含みつつ、52世帯の20%近くを占めている。

(4)　ゲル集落の世帯の特徴

　ゲル集落のハシャーにおける世帯の構成を手がかりにして世帯の特徴を見ると、モンゴルの伝統的な家族の継承は、基本的には男子の末子相続であるといわれているが、本調査においては、拡大家族世帯（直系）の9世帯のうち1世帯（No.6）のみが夫・息子の直系による三世代世帯として生活しており、希少な状況といえよう。これを除いた8世帯では、娘・妻・母が結節点となって家族を形成しており、しかもそのうちの5世帯は、母と未婚子の母子ユニットの存在が拡大家族世帯の形成要因であるといえる。

　他方、先に述べたように、女性世帯主世帯は11世帯あるが、そのうちの10世帯は母と未婚子で生活する核家族世帯を形成している。

　女性の世帯主あるいは母子による生活の形成の要因として離婚率の上昇があり、社会体制転換後の社会変動の中での夫の失業、社会主義的規範の解体による葛藤からの家庭内暴力やアルコール依存の増加など、配偶関係の安定的な維持を危うくする現象が指摘されているが、本調査では明確ではなかった。むしろ脆弱な経済基盤しかもたない母子の生活を維持するために、ハ

シャーでの生活は体制転換後の社会サービスの低下、特に、共働き家族の子育て期の家族支援の後退などには有効なセーフティネットになっていたし、そこに頼るしかないといえることがわかった。

このように母子世帯や母子ユニットを含む形態の世帯が多いことがゲル集落の特徴の一つである。ハシャー内の親族や友人等との隣居生活や母方の定位家族に包摂された生活が、集まる理由の一つでもあろう。また、もう一歩踏み込んでいえば、母と子ども（就労の有無、就学の有無、未既婚にかかわらず）の関係性や親密性を基盤とした世帯形成は、モンゴル家族の伝統的な家庭生活のあり方 ── 夫の放牧における妻の定着性の高い生活経営 ── にも連関するものがあるのではないだろうか。

また、ゲル集落では核家族世帯が、37世帯（71%）と多くなっており、核家族化は他の地域よりも進行している。これも本集落の世帯の特徴といえるであろう。37世帯のうち31世帯は、仕事をしている者がいる世帯であり、また、21世帯が複数世帯のハシャーで生活している。このことは、核家族世帯は、比較的経済基盤が確立している世帯であるか、または、同一ハシャーの親族等から何らかの支援が考えられる状況をもっているといえよう。

しかしながら一方では、就業者もなく、すなわち、仕事もなくハシャーで単独で生活する核家族世帯が6世帯ある（No 12, 18, 20, 26, 31, 33）。乳幼児のある若い夫婦の世帯、母子世帯及び高齢者世帯である。ここに体制転換後の大きなひずみが凝縮されており、そのなかに人間生活における共通する課題を垣間見ることができよう。

3　体制転換と零落のプロセス

はじめに

これらの経済的貧困、社会保障や教育など社会的権利からの排除、母子世帯の形成などの諸特徴がいかに形成されてきたのか。そのもとで彼・彼女たちが、どのような生活を送ってきたのか。これらの諸点を究明していこう。

このプロセスを鳥瞰するために整理したのが、**図10-2**「体制転換後のラ

イフコースと生活対応」という概念図である。転換後の生活を区分する指標として、①体制転換前、社会主義体制下の労働と生活（「社会主義体制下の生活基盤」）、②転換後からUB市への移住まで（「体制転換による失業と流動化」）、そして③UB市における労働と生活（「地位身分の喪失と不安定な居住」と「劣悪な労働、不安定な就業」、「極限の生活と親族の支援」）の3つの時期に分けることができる。この経過をたどりながら具体的な対応のプロセスを明らかにしたい。

(1) 社会主義体制下の生活基盤 ── 国営企業体での労働

　この研究は、体制転換後の人びとのライフコースと生活の対応を明らかにすることが課題である。そのためには、社会主義体制下において対象者たちがどのような労働と生活をしていたのかを見る必要がある。大よその特徴を見ていくことになるが、体制転換前、対象者たちの生活の基盤である働く場は、国営企業や企業体に関連する機会であった。

　次の語りに見るように、人びとの生活は、国営農場を中心にして、暮らしの場も、労働の場も、そして教育の場も一体的な関係にあり、このトライアングルに包み込まれるように人びとは安定した暮らしを送っていたのである。

> ※：そうですか。社会が代わる前は、兵役から帰ってきて、仕事はしてなかったということですね。
> T：はい。それより前は、私、ウグタール（Ugtaal、中央県の一つのソムの名前、社会主義時代は国営農場があった場所）の専門学校を卒業して、トラクター・コンバインの運転手という専門の資格を取った。両親は中央県のザルーチュード（Zaluuchuud）旧国営農場に住んでいた。母親は国営農場の乳搾り家をして、私はトラクターの運転手をしていた。それから兵役に行きました（No. 25）。

　次の引用からも、安定した暮らしの様子をうかがうことができようが、体制転換によって、こうした暮らしは一変する。つまり、民営化によって突然

第10章 体制転換と社会的排除のプロセス 257

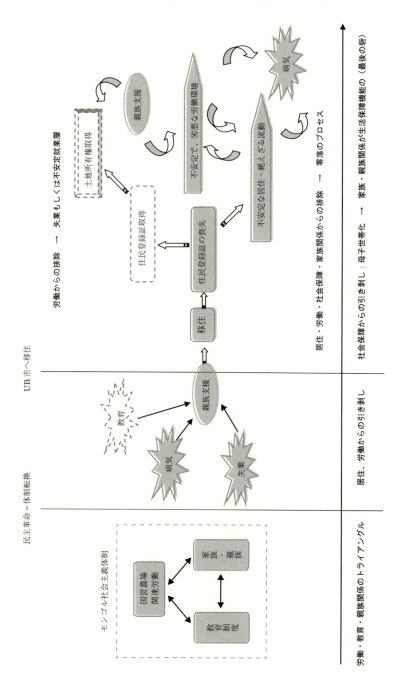

図10-2 体制転換後のライフコースと生活対応（概念図）

に基盤は崩壊する。

A：当時の給料は良かったよ。月に2回、そして良く働くと追加給料も常にもらえて、良かった。それから工場が破産して、仕事がなくなって、UB市へ兄弟が先に行って、それから私がきた。UB市ではやることができれば、仕事は見つかることは見つかるのです。ただ、環境が苦しい仕事ばかりでね。最近は体が持たなくなった面もあるようです。体調悪くなったり。この間のボトルリサイクル工場には5年も働きました（No.24）。

※：2000年まで、国家行政員でもあったのね。

S：県庁の会計係、経済課の課長、ソム役場の副長などをしていた。ずっと国家公務員をしていた。最後に、ソムの副長から県都のその家畜用意代理店にきて、そこの総合会計係になって、17、18年間働いたところ、そこが民営化されて、仕事がなくなった。… 2000年にお肉コンビナートが民営化されてしまって、ジェンコ（Jenko）会社の社長バトルガ（Battulga）氏が所有するようになって、うちの代理店が引き下ろされて、従業員の我々が失業者になった。だからそれ以降、仕事をすることができなかった（No.22）。

旧東欧の社会主義国と異なり、支配政党に関わった人びとが政治的に追放されるプロセスをとることはなかったが、市場経済への移行にともなって国営企業体で働いてきた人たちは、労働の場を失っていく。この点については、後に再度触れることにしよう。

変革への対応

1989年、モンゴルは民主革命によって社会主義から資本主義へと体制転換を実現した。この対象者の人たちの民主革命の受け止め方は多様である。ある人は、資本主義体制とは何なのか。市場経済とは何か。自分たちにとってどのような意味をもつのか。まったく方向性を失う状況であったという。

第10章　体制転換と社会的排除のプロセス　259

　　受け止めに関しては、この辺がいいのかなどと思ったこともなく、理解が浅かったような気がします。どっちが良くて、どっちが悪いのかの区別すらつかなかった。一体なにがどうなっているのか、将来どうなるのか、市場経済って何なのか、社会主義はどこが悪かったのか、どうやってその移行ってものが展開するのか、と、目を丸くしたような状態でした（No.22）。

しかし、多くの市民たちは変革を歓迎し、その運動に参画した経験をもつ。つまり、民主革命を積極的に受け止めていた。

　　市場経済が始まっていた当時は民主主義が始まった、たくさんの新しいモノが入ってきていることを聞いて、プラスに受け止めていた（No.25）。

　　※：民主化が現れた時期からお宅の皆さんはそれを応援していたということですね。
　　主人：それは応援するよ。非常に良かったよ、その民主化が始まった当時は。
　　主婦：そうですね。何もかも新しくなるといわれて。
　　長男：だから、僕もゾリグ氏（民主運動の第一人者、後に暗殺された）を応援していた（No.33）。

あるいは、市場経済への移行をビジネスチャンスとしてとらえた住民もいる。

　　車などを売って、（その資金で？）あの、90年代初頭の頃の社会潮流に流され、ビジネスをしようとして都市行って、「英雄になる」ことを夢みていた。それでも、何もできなかった。できないものだね（No.33）。

(2) 体制転換による失業と流動化

労働からの〈引き剥がし〉

　ある人は変革を熱烈に支持し、経済的な成功を夢見た人びとは少なくない。ある人はそこにビジネスチャンスを垣間見、比較的好意的に変革を受け止めたが、しかしながら、彼らを待っていたのは零落の運命であり、厳しい生活の現実であった。

　まず、生活の基盤であった労働からの〈引き剥がし〉である。この労働からの〈引き剥がし〉には、体制転換にともなうものであるがゆえに、いくつかの基本的パターンがある。第1に、移行過程で市場体制への対応の施策として設定された「定年制」にともなう失業である。

> 　私はその1990年から97年まではTETS（火力発電所）で働いていました。そこでリストラされて退職させられました。高齢者も、また7年制や8年制の学校を卒業しただけの学歴の人も全員退職させることとなって。10年制以上なら残すとなって。私は7年制を終えて、専門学校へ進学したので、そのリストラの対象になりました。それ以降は、たまに仕事があるけれど、ほとんど見つからなくて。いまは、もっと年もとってきたし、ほとんど見つからなくなりそうだね（No.31）。

　第2に、国営農業や農場関連の事業所で働いていた人たちは、その事業所の民営化によって職を失っていった。これについては先にも見たが、再度確認してみよう。

> 　主婦：ちょうどその時期に私が仕事を失って、（夫：二人とも仕事失ったよ）91年に次男を産んでから仕事がなくなりました。夫もちょうど当時、SOTが廃止されたのでロシア人も地元へ戻ったし。こうして同じ時期に二人とも仕事がなくなった。私はちょうど、次男を生んで有給休暇が終わってから仕事に戻ろうとしたら私有化されていて、自分たちの好きな人を仕事に入れていた（No.31）。

第10章　体制転換と社会的排除のプロセス　261

　SOTとはソビエト建設公社であり、この夫はそこで鉄骨組立工として働いていた。民営化による失業は、それまでの生活の基盤が、国営企業における労働、これと結びついた居住、そして付属する学校という三者の一体的関係があっただけに、市民たちの生活を、その根本から揺るがす事態であった。

零落の契機―家族員の病気や死亡

　まず、対象者たちの零落の過程は労働からの〈引き剥がし〉から始まる。しかし、それだけではなくて、彼らが今日の境遇にまで陥るには、もう一つの困難な状況が加わっていることがわかる。それが、家族員の病気や死亡であり、それを契機に地方の居住地を離れてUB市へ移住することを決意することになる。次のインタビューをみると、それがはっきり理解できるだろう。

> 　子どもたちがここにいたことと、女房の体調が優れなくて、UB市で治療する必要があったので。肝臓ガンでした。移住することになった理由はそれです。女房の治療は主な目的でした（No.22）。

　この他、家族員の病気（No.25、33）や、夫、父親の死亡（No.33）をきっかけにして故郷を去ってUB市への移住を決意している。

居住地からの〈引き剥がし〉と移住

　こうした契機をきっかけに移住を決意するが、UB市に移住する際には、それを支援してくれる人たちを頼って居住地を選択していく。もっとも重要な支援者は、いうまでもなく親族である。

> 　※：弟のハシャーに住んでいたということですね。そこで長く住みましたか？
> 　結構長かったよ。2000年に来て弟のハシャーに住んでいて、それか

らまた他の人のハシャーへ引っ越した。例のT氏のハシャーでした。そこからもまた引っ越して、マルトゥバール地区（地名、幾つかのグダムジを含む、同一ホローの地区にある）の一つのハシャーに、Y氏のハシャーにもいました。そうして2、3箇所ものハシャーを通った（No.22）。

　子どもたちを連れてみんなでセレンゲから来ました。母親とさっきの妹が先にUB市へ来ていました。我々より、3、4年前に。なので、セレンゲでは兄弟もいなくなって、子どもたちと住んでいたところ、この2人がUB市へ引っ張ってくれた。そして、ここにゲルを建てて、ずっとハシャーなしで住んでいて、この間やっとハシャーを建てた。
※：99年からずっとハシャーなしで住んでいたんですか？
　はい。ハシャーがなくてもなんとか住み続けた。今年からハシャーが出来て、楽になりました。囲いがないと不便でした（No.25）。

　親族を頼ってUB市へ来た人たちは、別の面から見ると、その後の生活でもこの親族からの支援を期待できるということを予想させるし、実際、そうした関係があることを後に見ることになる。
　これに対して、故郷の労働や居住地から〈引き剥がされる〉だけではなく、親族関係からも〈引き剥がされ〉都市へ流入する人たちが存在する。以下はその例である。

　イヘナラン地区に来て、このイヘナランの一番片隅にある路地に引越して来ました。4人の子どもと一緒に、娘は2人。子どもたちが学校へ行けなくて、一時大変でした。知合いもない、親戚もいなくて。そして、このゴミ処理場へ行きました（ウェイスト・ピッカーの生活を始める）。当時は、住む家もなかった。この周辺の、このイヘナラン（に住む）の人達が良く知っている。そして、ゴミ処理場で働き、住む家（ゲル）を持つようになった。ホロー行政の支援でゲルに住むようになりました（No.33）。

つまり、No.33 は、彼らの生活を支える主要な絆をすべて失った上での移住である。後に見るように、加えて住民登録証の喪失により国家との制度的な絆を失うとき、人びとは〈最底辺〉の社会的な位置に零落せざるをえない。

こうしたプロセスと生活の状況について、よりくわしい報告をすすめよう。

4　地位身分の喪失と不安定な居住

(1)　住民登録の喪失とその意味

こうして対象となった人びとは、地方の故郷から〈引き剥がされ〉、そこを離れて首都 UB 市に家族ぐるみで移動する。その際に、一部の世帯、あるいは世帯員は住民登録移転の手続きをとることなく離れ、都市に流入していた。その理由の一つは、ある時期まで首都への登録には大きな額の金が必要であったからである。この住民登録の喪失はどのようなことを意味するのだろうか。

政治的権利、労働の権利からの排除

住民登録は、これらの人たちの国民国家の成員としての地位身分を確認するものであり、とりわけ、政治的な権利、あるいは社会保障・社会福祉サービス、教育を受ける権利など、社会的権利の享受を保証するものである。以下の語りは政治的な権利と労働権に関わるものである。

　　※：Tさんは選挙にも参加することができないということですか？

　　できないです。身分証がないから入れてくれない。代わりの何か仮のものをホローなんかから出してくれる方法があるかどうか。あれば参加できるかも知れないけど。女房が生きていた頃は女房だけが選挙に参加していた（No.25）。

※：身分証はなんとかしないと生活は先へ進まないのね。仕事の方も。前の会社で働く時はどうやって契約を結んでいたんですか？　労働契約は結んでいたでしょう？

　その会社は私が身分証がないことを知っています。私を登録して、税金も払ってはいるといっていました。「10万くらいあれば身分証の再発行の手続きはできるでしょう、簡単なことだよ」というけどね。身分証がないので（自信がなくて）何がどうなっているのか詳細に聞いたりすることができなくて、それを利用して給料を少なくしているんじゃないのかな、と、疑問に思う時もありますけど（No.25）。

実際に、給与額を少なくしていたかどうかはわからない。しかし、身分証がなければ労働をめぐる契約もできないということは当然見られることであったろう。

教育の権利からの排除

　この登録の喪失は、子どもの学校教育の権利をも奪う原因となる。つまり、学校に子どもを入学させるためには住民登録証、身分証明書が不可欠なのである。

　　私は二人の子どもをつれて（地方から）来た。（子どもたちが）学校にもはっていないと事情を説明しました。向うは赤十字から来ていますと。そして、二人の娘を学校に入校させてくれることになりました。入校することになって、身分証明書などを持って来てくださいと言われた。そのとき身分証明書はありませんでした。自分も国民証明書を持っていなかった。子どもたちにも出生証明書がありませんでした。そこで、ホロー長であるGさんの所へ行きました。Gさんに、貴方、私に証明書を下さい。子どもたちを学校に入れたいと言いました。ホロー長Gさんは、国民証明書さえ持っていない人間にどうやって証明書を出すのかと言いました。私は泣きました。この子どもたちの将来のことを考えて、学校

に入れるように助けて欲しいとお願いしました。それで、ホロー長Gさんが証明書を書いてくれまして、そして、子どもたちは学校に入ることはできました（No.33）。

この事例では、ホロー長の尽力で証明書を発行してもらい学校へ行くことができたが、子どもの将来をも奪う要因となることをよく示している。

住民登録のむずかしさ
　もちろん、行政もこうした住民たちに住民登録の手続きをすることを積極的に働きかけている。住民たちも、その必要性を認識していないわけではない。しかしながら、一部の住民たちにとって、手続きの際に必要となる手間とお金が阻害要因となっている。

　　今の例ですが、私の国民登録番号が亡くなった他人の番号と一致しているといわれて、自分であれこれ対策を取ろうとしても金がないからできなくて、どうすればよいのか、わからないままです。一度、少しだけのお金を持って、手続きをしに行ったけど、それくらいのお金だとうまくいかないことがわかった（No.25）。

　ヘセグ長：はい。だから非常に色々かかる。たくさんのお金がかかります。また公文書保管所にも行ったり、市役所にも行ったり、時間もかかります。
　A：そうです。何日もかかります。
　ヘセグ長：この人は一度手続きをし始めても、そのうちバス代がなくなったら行くのをやめてしまう（No.25）。

　手続きには料金がかかるだけでなく、手続きに行くための交通費などが必要となる。時間がかかることも事実である。しかしながら、普通の暮らしをしている人からすれば、その費用はわずかなものである。しかし、この地区

の住民たちにとっては、その出費が償えないのである。それは「バス代」が要因となっていることからも理解できるだろう。

また、住民登録をする住民自身の生活スキルの欠如という問題もある。

  自分はそのやり方も良く分からないです。亡くなった女房がその辺をしてくれていました。私は5年生の時に父を亡くして、母は兵役から戻ってくる前の年に亡くなった。それで私はそういう手続きみたいなことには全然知識がなくて。弟、妹の面倒を見て育てることで精一杯でした。そういう生活ばかり送ってきたのです（No.25）。

住民登録の欠如は、見てきたように政治的権利や労働の権利からの排除をもたらすだけではなく、困難を抱える人びとを支える社会的サービスを受ける前提の欠如と結びつく。したがって、より身近で、重要な居住の基盤さえも奪い去ってしまう。しかも、居住の側面の不安定は、登録を失った人だけではなく、より広がりをもっていることが、この〈最底辺〉地区の特徴をなしている。

(2) 居住の不安定さと劣悪さ

土地取得の条件

なぜ、地方を離れた人びとが首都UB市へ流入してくるのか。無論、都市‐農村間の経済的格差や、社会的文化的な格差の大きさや、地方における経済的基盤であった国営企業体の解体を直接の契機とする移動ではあるが、他方で、首都内に容易に土地を取得できる制度、ゲルという移動が容易な伝統的な居住様式が関係している。

とくに、この土地取得をめぐる制度は、日本のそれと大きく異なるモンゴルの特殊性があるので、これについては前提的な理解が必要となろう。それは、ヘセグリーダーの説明によれば、以下のようなものである。

まず、流入してきた住民たちは、都市開発計画区域など私有化できない土地を避け、適当な土地を探してゲルを建てる。あるいは、最初からハシャー

を建てる必要があるが、土地の周囲を囲むための材料となるバンズ（木材）は少なく見積もっても25万トゥグリグはかかる。その後、土地の測量図をつくるために5万トゥグリグが追加となる。こうした条件を満たし、書類をそろえることのできた者が一定の面積の範囲で所有権を得るのである。

居住の不安定さ

地方からUB市に来た人たちは、まず、親族や何らかの伝手をたどって、あるいは他人のハシャーにゲルを建てて、そこで生活を始める。しかも、前節の引用で見たように、長期に滞在することができずに、いくつかのハシャーを転々とする。この流動期をしのいで、やがて所有したい土地を物色してハシャーを建て、定住化していく。

しかし、最初からハシャーで囲まずにゲルを建てて居住を開始するものもある。彼らは、冬季には厳しい寒さと風を避けるために他人のハシャーに〈間借り〉することが多い。その時に、次のようなことが起こったりする。

> 私は、2ヶ月とは言わず、2年に住んだのに（ハシャー）建てなかった。生活（家計）の理由で。そのために、冬季の風雪に耐えるために他人のハシャーに移って行きました。元の敷地に戻ろうとしたら、あの人たちが（対象者に住んでいた敷地に移って来た人）がどうしたと言うと、（法律に定められた）権利を主張してハシャーを立てたのです。私が「訴えてやる」といったら、（確かにあの敷地に）あなた方は住んでいました。（土地を）所有させるとしていましたが、あなた方はハシャーを建てて土地局に登録しませんでした。義務を果たすことを出来なかったんです、と言われました（No.33）。

あるいは、他人のハシャーに〈間借り〉することは、あくまで季節的な、一時的な避難である。春になり、家主が戻ってくると、彼らはそのハシャーから追い出される。

今年はハシャーで冬を越えたし、今は暖かい季節になっているので、引越しして下さい。私たちバイシン（固定家屋）を建てますので。こう言う状態で他人のハシャーから追い出されることになります。夏になると、ハシャーの主人はハシャーを取り戻すので、冬だけ、あちこちのハシャーを頼って寒さを乗り越えるだけです（No.33）。

　新たにやってくる者たちから土地を守るためには風雪に耐えながらハシャーなしのゲルで暮らしを続けなければならないのである。
　土地所有権を得る可能性はだれにも開かれている。しかし、現実には、土地を取得するために必要な条件である、①ハシャーを建てること、②土地を測量すること、③登記の手続きをする必要があり、これは、ある程度の経済力をもつ人びとに限られる。〈最底辺〉の人びとは、彼らに追い出される結果、絶えず流動化せざるをえないのである。
　したがって、次のような中途半端な所有の状態にとどまる事例もある。

　　ハシャーはまだ全部立てることができなくて、半分だけ周りを立てていたのでその分だけ所有権が与えられた。残りの部分を立てて、また新たに面積をちょっと拡大してもらいたいのですが、なかなか都合がつかないでいます。けっこうまた色々と金も必要になるからできないです（No.32）。

　幸いにも、ハシャーを建て所有権を得ることができた人びとも、自力でというよりも、親族の支援によって条件を整えることができたという者が少なくない。

劣悪な住居の基盤
　こうして得た土地も業者が開発・造成した土地ではない。UB市の郊外の丘陵地帯をよじ登るように無秩序に広がりつつある地帯であり、ゴミ処理場が近いために悪臭が立ち込め、衛生的にも劣悪なだけでなく、大雨が降ると

第10章　体制転換と社会的排除のプロセス　269

きなど危険と常に隣り合わせの土地条件である。
　以下の語りから、このような条件をはっきり読み取れる。

> 主婦：そう。うちは、前も、今トイレになっている辺りは自力で、色んな物を積めて平にして作ったのです。
> 主人：もともと、ほんの小さな面積しかなかったところに、様々はゴミ（建築のコンクリート、レンガ、土等の廃棄もの）を持ったりして大きくして、ハシャーを立てました（No.31）。

しかも、大雨の際には危険をともなう。

> 主人：大雨の時、この辺は洪水があったりするところですけど
> 主婦：幸い、うちのハシャーへは勢いのある水が入っては来ないです。隣の谷間の中を流れるけど、向こう側の方へ勢いが当たって、壊しているけど、ここへは来ないです。
> 主人：物凄い雨が、3、4日間続いたらその部分が流れないという保障はないけどな。
> 主婦：初めて、洪水が起きたときは、私たち、心配して書類（身分証明書など必要な書類だけ）をもって避難しようかとしたこともありました。もしかして、大水が流れてきたらどうしよう、逃げようと思いました。
> 主人：すごい音がして、真っ赤になった水が隣を流れてきたので怖かったね。普段、想像もしない恐ろしさがあったね。水が入ってきてないのに、すごい音がしてびっくりしました。
> 主婦：その時、私トイレにいて、何も気づかないうちに隣をざあ〜っと洪水が入ってきたね（No.31）。

　こうした劣悪で、危険な土地条件をもつ土地に住民たちは移住してくる。親族の支援がある場合には、土地を所有することができるが、その支援がない場合には絶えず移動しながら、この地区で住み続ける。

まとめ

　住民たちは、居住ということをめぐり大きく2つのグループに分化していく。1つは、住民登録を契機とするものであり、住民登録を得てUB市民として最低限の権利を享受できる人びとであり、他方は、登録を喪失し、それらの諸権利から排除された人びとである。

　もう1つの分化は、これとも関連する土地所有をめぐる分化である。一方では、家族や親族の支援のもとでハシャーを建て、所有権を取得して定住する条件を得た人びと。この手続きのための経済力がないために、他人のハシャーに〈間借り〉しつつ、絶えず流動する生活を送る人びとである。

　これらの分化は、あくまで〈最底辺〉層のなかでの区分にしかすぎない。それは住民登録をもち、土地を所有している人たちが豊かな生活をすることを保証することを意味しない。とはいえ、この地区に住む人びとの生活基盤の違いとして重要な側面である。

5　劣悪な労働、不安定な就業

　このゲル集落で暮らしている〈最底辺〉にある人たちが、どのような条件のもとで働いているのかを、いくつかの側面から見てみよう。

(1)　ウェイスト・ピッカー

　UB市に移住した人たちが遭遇する困難の一つは、収入の確保である。彼らの多くが、故郷の家財をすべて処分した上で、わずかにゲルだけをもってこの地区に流れ込んでくる。親族や知人のゲル、ときにはまったく他人のハシャーにゲルを建てて仮の住居とするにしても、次に問題となるのは収入である。

　この地区に流入してくる理由の一つは、近くにゴミ処理場があるからであり、ゴミを漁ってわずかばかりのその日の糧とする。ウェイスト・ピッカー、ゴミの不法回収者たちである。

そうですね、正直言いましょう。ゴミを掘ったり、色んな物を拾ったりして、なんとかしていました。まぁ、その日その日の食べるものを何とかしていました（No.31）。

　やがて就業の機会を見つけて、こうした生活から抜け出ることを展望するのであるが、さまざまな要因（年齢が「定年」以上である、住民登録がない、資格がない、女性であるなど）により、こうした生活から抜け出ることのできない人たちが存在する。

　収入というと、この娘、家の家計を大きく助けているのは、この真ん中の娘です。彼女が北（ゴミ処理場）へ行って、再利可能な資源ゴミを拾って、ビンなど拾って、こういう物で日々を過ごしています。一キロ小麦と他の雑貨（を買って過ごしています）（No.33）。

　毎日、ゴミ処理場にあらわれ、ゴミを回収し、このゴミに混在している再利用可能な資源ごみを選別し、それを仲介業者に売ってその日の糧を得る。逆にいえば、それ以外の現金を残すような余裕などは生まれようもない。その日その日、毎日がギリギリの暮らしなのである。

　基本収入と言うものはありません。ただ、今晩の夕飯に使う小麦をどうするか、今日の小売商品を買うお金をどう入手するかと考えながら生活している。それ以外の、余裕のお金は持っていません。例えば、いますぐこの家から出かけてバスを乗って行こうとしても、私たちのポケットにはお金ありません。この周辺に行ったら、誰かからお金を借りられるか。ジャルガル姉さんから200トゥグリグを借りるか。誰から借りられるか、みたいに、そういう状態です（No.33）。

(2) 劣悪な労働環境・健康破壊

　明日、食べ物を確保できるかどうかも確かでない。汚く、非衛生的なゴミの山を掘り出しながら、その日暮らしをする人びと。極限的な生活条件の中での暮らしである。しかしながら、それ以外の仕事も収入の額には違いがあるにしても、これに劣らない劣悪な環境にある。とくに、年齢が高く、資格のない場合には、いい仕事を見つけるのは困難である。彼・彼女たちが見つけることのできる仕事は重労働であり、健康を破壊するほどの劣悪な環境のもとでの労働である。

　ボトルのリサイクルのための洗浄作業は、そうした仕事の一つである。労働の様子を覗いてみよう。

　　※：ボトルは手で洗っていますか？
　　　手です。お風呂用のバスに入れて、シールと蓋をはがして、擦るなど多くの手作業がかかります。女性には結構重労働です。…小さいボトルが12トゥグリグ、大きいボトルが20トゥグリグなどサイズによって異なってきます。出来高で給料が計算されます。
　　※：お湯ですか、冷たい水ですか？
　　　お湯です。出来高で給料をもらうからお金のことを第一に考えて、体のことを気にしないで働いてしまうのです。一日1000～2000個のボトルを洗います。それも少ない方です。
　　ヘセグ長：一時は娘と2人でボトル洗いをして、生活が結構良くなったよね。この間の冬、少なくとも家の中が寒くなかった。

　この厳しい労働も、カシミア工場やレンガ工場の労働と比較すると、まだ良いと認識されていることに驚きを禁じ得ない。カシミア工場、レンガ工場の順で、その様子を見てみよう。
　まず、カシミア工場である。

　　年齢の条件があって、我々には見つかったとしても重労働だけですね。

カシミア工場はつねに労働者を募集しているけど埃だらけの中で働くことになるのでできないのかなと懸念しています。常にマスクをつけるのも慣れてないんで。ボトル洗いは比較的自分のペースで働けていた。休憩室もあるので自分の都合に合わせて、休憩がとれていました（No.24）。

レンガ工場でも、健康を破壊するような条件のなかで働き続ける。

　　レンガ工場で働いていたけど、そこは埃がおおくて、それで鼻血が一回でると2、3時間も出続けてるから、かなりの出血になってしまったことがあります。そうすると気を失って、あっちこっち倒れてしまうし。それでもモンゴルの女性は非常に不屈なので、働き続けてこういっています（ヘセグ長）。

資本主義的発展の初期段階、マルクス『資本論』の工場法をめぐる記述を彷彿とさせるような劣悪な労働条件が放置されている。こうした労働条件は、少なくとも、この地区の人たちの条件としては決して例外的なものではない。以下は、市場の食堂で働く女性の証言である。

　　私の仕事は今朝終ったので明日は休みます。
　　私の仕事は朝までなのです。今日、明日休んで、明後日の朝から明々後日の朝までです。ですからそんな朝は疲れて、何も考えられなくなって帰ってくるのです。頭が痛くなったりして。
　　※：あぁ、24時間働いているということですか？
　　そう　そう、24時間です。夜間だって人が多くて、食堂だから。5、6人が1組みとなって働いています。夜中は交代で少し休憩を取って寝る場合もあるけど最近殆ど休憩できないでいます。

(3)　季節労働、不払い労働

男性とはいえ、年齢の高い人たちにとって安定した雇用先を見つけること

は事実上不可能である。そのとき、彼らは、季節的に必要とされる募集に応じて臨時的な就業先を見つけ出す。

　　レンガ工場やカシミア工場など、私が働く場所もそういう季節的な稼動ですからね。4月から9月、遅くても10月まで稼動します。こういった民間の工場は。一番、負担の多い時期にそうして閉鎖してしまいます。ボトルリサイクルの工場は違います（No.24）。

　　いいえ、二人とも失業していますよ。夫は夏季になると溶接などをして少し収入を得ています。建物を建てる人たちと一緒になって、田舎へ行ったり、都内のどこかへ行ったりしています。この間聞いたのですが、まだ始まらない、5、6月になったら仕事が始まるという返事だったようです。

　では、若い人たちに仕事があるのか。少しは条件がいいことは確かであり、子どもたちが働くことのできる年齢になることによって、生活は少し改善をみる。しかし、若い人たちにとっても、労働条件は厳しい。不払い労働も横行していることを訴える声が少なくない。

　　20歳の息子はあっちこっちで働いたりするけど、いつもボランティアをやっているみたいに給料のない仕事ばかりしていっているのよ。また仕事を探しにでかけています。確かに、そのバーで一時働いて1トゥグリグももらってない。どういうところだからそうするのか、わかりません（No.24）。

　　私が働いていたところは大丈夫でしたけど、他のところはまた、全部民間の企業なので給料をちゃんと払わないところがあると聞いています。なので、信用できるところで働かないと民間企業は大変といえば大変です（No.24）。

まとめ

　この地区の住民たちのすべてが、ここで報告したような劣悪な環境のもとでの労働、健康をも破壊するような労働をしているわけではない。対象世帯は、もっとも〈最底辺〉にいる人びとである。そんな人びとの労働の特徴を象徴するのはウェイスト・ピッカー、ゴミ処理場でゴミを回収し、それを選別して売ることにより生活の糧を辛うじて得ている人びとである。

　しかしながら、彼らがもっとも過酷な労働をしているともいい切れない。より劣悪で、健康を破壊するまでの労働は、民営化された工場生産の一部の労働である。これがボトルの洗浄労働であり、モンゴルを代表するカシミヤ生産工場であり、UB市の再開発にともない活性化している建築市場に材料を提供するレンガ工場である。

　零落のプロセスの中で、収入はいいが、健康を害するほどの過酷な労働につかざるをえないという段階は決定的である。なぜなら、健康を害することによって、こうした収入を得るすべての機会から排除されていく境遇に陥ることになるからである。

6　極限の生活と外部からの支援

(1)　極限の生活状況

　対象世帯の月収はおおよそ3万から20万トゥグリグである。そんなわずかな金額のため、日払い労働の場合はその日の収入をその日のうちに使ってしまう、月払いの場合であれば給料から給料の間に借金をせざるをえない状況にあることがわかる。

　　ヘセグ長：その長男は一時、マイクロバスの車掌をして、この人たちを食べさせていた。そのため、朝早く出かけて、夜遅くかえってきていました。それで、なんというか、その一日の収入を即座に使ってしまって（No.24）。
　　※：今は、この家の収入はTさんの給料がすべてということですね？

T：収入ですか（笑）、今は給料がないんだよ、私。昨日は朝早く、長男を連れて出かけて、やっと7,000トゥグリグを得た。それで昨日、3袋小麦粉の麺を買って、（家畜の）臓物と混ぜて、晩ご飯を作ってたべた（No.25）。

母：私は今、ハルホリン市場の北側にあるハーン・フーズレストランで働いています。この娘を医学大学に入れるために、授業料の55万をようやく払えた。そして、給料から給料の間に人から金を借りて過ごしています（No.27）。

また、前節でいう季節労働、不定期的な就労機会が原因で日々の家計の状況も季節的に変動している。建設など季節的な労働が見つかりやすい夏季は収入が比較的多く、燃料代や冬着購入の必要のないことから支出も少ない時期である。これと逆に、秋の終わり頃、冬季始まりから来年の春が明ける時期までは仕事が見つかりにくく、まして石炭など燃料代や厚着が必要なため家計への負担も増加する時期である。上述した月収の額も収入の多いときと少ないとき、あるいはないときの平均で出している数値なので、決して毎月均等な額を得ているわけではない。

奥さん：それが終って、建物の利用が開始されてから仕事がなくて、この冬は仕事なしで過ごして、最近、今の仕事の注文が入ってきたところです。
※：そうですか。建築の作業は冬になると止まってしまうからね。
奥さん：なので冬は私の負担が（昨年からホテルのクリーニングで働いている）…（笑）。
O（ヘセグ長）：人々が一番楽に過ごせる時期は学校が休んで、秋にまた学校が集まるまでの間ですね。子どもたち（学校）が色々請求してこない、石炭など燃料の問題で心配しない、暖かい服を買わないといけないということもなく（笑）（No.17）。

第10章　体制転換と社会的排除のプロセス　277

　ヒヤリングを行った3月はちょうど、冬季が終って、春が始まってはいるが、外はまだ寒く、夏季に始まる季節労働の募集時期がまだのときであった。

　O：例の石炭のクズからストーブにどうして入れないのですか？
　A：今日は暖かいからといってストーブをかけていない。少しだけの石炭があるのでそれで夜になったらストーブをかけようと思って。寝る前に。
　※：今日は外の気温はマイナス何度ですかね？
　O：マイナス8度くらいかな。私のカバンにライターが入っているはず、温度計がついている。そういえば、家の中はほとんど外と同じじゃない？（笑）。
　O：（ハーと息を吐いてみて）口から蒸気がでるの見えるよ（笑）(No.24)

　S：実態をいうと生活が苦しいです。貧乏。今日の例だとストーブに入れる燃料がない。買いたいけど金がなくて。
　O：私たちがインタビューを取りに回った世帯の殆どはこういう状態ですね。みんな燃料がない。
　※：お宅はもうちょっとマシですね。家だから。ゲルの世帯はこれよりも寒かった。
　O：そう。ゲルの穴から外が見えるところもあった。
　S：こういう状態でね。長年働いたのに財産を溜めることができなかった人は段々こういう状態まで落ち込んでいます(No.22)。

　極寒の中でもストーブで暖をとることができず、昼間から布団をかぶるようにして何とか凌ごうとする人びと。季節的な労働と季節そのものの影響の下に直接的に置かれていることが明らかである。

(2) 家族基盤の脆弱化

　既述のように、調査対象ゲル地区における核家族化はモンゴル全体と比較しても高率であると指摘してきた。また、「女性世帯主」について触れて、核家族世帯として１世帯のみ居住している女性世帯主、核家族世帯の場合であってもハシャーの中の別世帯として居住する親族から支援を得ている女性世帯主、拡大家族世帯の中に含まれた母子ユニット（母と未婚子）といえる形態をとって生活する３つのケースが見られることを明らかにしてきた。

　こうした女性世帯主及び母子家庭が形成される要因として離婚率の上昇、社会体制転換後の社会変動の中での夫の失業、社会主義的な規範の解体による葛藤からの家庭内暴力やアルコール依存の増加など、配偶関係の安定的な関係維持を危うくする現象がしばしば指摘されている。ヒアリングの対象世帯の中でも次のような状況が語られた。

　　　私は1988年に鉄道専門学校を卒業して、93年までドルノゴビ（東部の県）の鉄道に働いていました。班長、マスターを勤めていました。そして、ゴビで暮らすのが私にとって大変なところがありました。子どもの件がうまくいかなくて（産んでも長生きしなかった？）、夫も酒飲むのが好きで。なので、両親の元へと、93年に退職をしてきました（No.34）。
　― 略 ―
　2000年に、同級生だった男と再婚して、末っ子が生まれた。母親の体調が優れなくて、義理の両親の家へ上の２人の子どもを連れて同居するようになって、義理の側がその２人の子どもを色々圧迫して、非常に苦しかった。常にその２人を苛めたりしていて。その夫もあまり妻や子どものことを考えてくれない人でした。酒は飲まないけど、給料を持ってきてくれない。彼のお金は彼の母親が管理していた。また、仲間が来ることも、外出することも制限されていたので、2004年にまた離婚しました。離婚したというか、彼の方が他の人と結婚するからと言ってきて、追い出されました（No.34）。

近年では、法的な結婚という形態や同棲せずに女性が子どもを産み、一人で子どもを育てる世帯も増えているといわれる。それだけ家族の基盤が脆弱になりつつあるのである。

　※：三女は結婚したことがないですか？
　S：次女は結婚していた。学生の三女は結婚しないで、家で子どもを産んでいる。結婚をしたことない。
　O（ヘセグ長）：そのプロセスはこうなんだよ。彼氏ができて、結婚しようという段階までくるが、最近のモンゴルの若者が責任感が薄くて、家庭をつくって、奥さんと子どもの面倒をみる、働かなければいけないとなると嫌になって、置いて行っちゃうのです。勿論それは一部の人だけですが（No.22）。

　ここでは前者の2ケースは核家族世帯として1世帯のみ居住している女性世帯主、後者の1ケースが未婚の母子ユニットと、世帯として別途登録されているが、夫を亡くしてから親のもとへ頼ってきた女性世帯主とその子どもたちも包摂する拡大家族の例である。母子家庭の形成のプロセスは配偶関係の不安定さ、死亡、そして若い世代の責任感のあり方まで多様に及ぶが、いずれも貧困と結びつく要因であることが推測される。
　しかし、女性世帯主の増加はその理由の指摘も含めて、マイナスの要因で語られることが多いけれども、第1に、女性世帯主の世帯形成過程は、女性の精神的・経済的自立過程としてもとらえられること、第2に、それを親族等による援助機能が、脆弱な経済基盤にある世帯形成や生活経営の維持に寄与しているのではないか、と槙石は指摘している。
　では、次に、こうした女性世帯主も含む対象世帯で見られる親族による支援関係の実態を見ておこう。

(3) 親族による支援
　対象世帯のほとんどに（1世帯を除き）現在のゲル集落に定住するまでと定

住を始めて以降の生活の過程において親族からの支援が重要な役割を果たしてきている。移住の際の親族から得られた支援については、すでに詳しく触れている。ここでは、労働、子育て、日常の生活をめぐる親族、兄弟の支援関係が大きな役割を果たしている様子を確認しておこう。

> 母：（お兄さんは）彼ら自分たちの生活も抱えていて、うまくいかない方が多くて、それほど支援してくれる余裕がない。彼らの子どもたちもその当時、小さかった。今なら大きくなって出ていっています。私のこの娘を市場で働かせてくれて、給料を払ってくれたりしていました。
> 母：…うちの兄の嫁が結構いい人で、靴などを渡して、売ってくださいといってくれていた。それをそのお姉さんが言ったより少し高く売ったりして、売れない時もありましたけど、その金をすぐにお姉さんに渡すことができなくてそれで石炭を買ってしまったり、後で払う約束をして。お姉さんは私たちの状況をわかっているからすぐに払えなどと言わなかった（No.27）。

　両親は私の、子ども2人（上から1、2人目）を連れて、UB市近くの別荘地に家畜を飼いながら住むようになっていた。私はUB市に、お兄さんの家に住んでいた。給料をもらうと両親のところへ、子どもたち用にもっていって、車掌だけの給料で女一人で生活することは難しかった（No.34）。

A：母親が何ヶ月分の年金を前もって借りて、ハシャーなしで大変だろうといって、建ててくれました。かなり年を取った母親がいます。

※：Aさんには母親と妹がいるということでしたが、彼女たちの生活はUB市にきてから大丈夫ですか？
A：大丈夫というか。市場で物を売って。中国から品物を買ってきて、ここで売っています。向こうの相手から品物を売った後で代金を払うように、借りてくるのもあるようです。妹は比較的大丈夫です。常に彼女

らからもらっています。妹に頼んでもらうのも、妹がいない間に母親からもらうのもあります。たまに、母親にはこっそり、妹に言わないでもらっちゃう時もあるのよ（笑）。燃料がなくなると母親がそれを知って、来てもらって帰りなさいと言ってくれるのです。その妹は私のこと、非常に助けてくれています。自分も子ども2、3人いるし、年をとった義理の親が同じハシャーに住んでいて、母親は妹の家に同居しています。なので、その妹のために生きているわけでもないしと遠慮したいけど、ものがなくなるとやむを得ず取りに行っています。長男の身分証明書がなくて、その妹が助けてくれようとしています（No.24）。

T：兄弟ならいます。たまに来るけど、市場経済のこの時代はそう簡単にいつも来てくれることができないです。たまにきて、少しでも援助してくれるのがあります。みんなそれぞれ大変だから、毎回、私に物をくれている人なんかこんな大変な時代にはいないからね。誰かの家にもし泊まったとしたら、3日経たないで追い出されるかも知れないのでね。そんな時代なんで。だから、まぁ、自分たちの都合でたまにきて、子どもたちに少しくれるのがあります。

親族が援助してくれることにより、彼らはやっと日々の生活を送ることができる。家族・親族の支援は彼らの生活の生命線、生活保障機能〈最後の砦〉なのである。

では、この家族・親族関係にないときにどう対応するのだろうか。まったくの他人同士、母子世帯同士の共同生活による相互補助である。

2人の子どもを持つこの女（対象者のゲルに、他の母子3人が寄宿して一緒に暮らしている）母親は病気で起きられない状況。子どもたちは3、4歳ぐらい）も住む家も無くて、大変苦しんでいる者です。旦那さんがゲルを倒して行っちゃいました。それで、彼女は、こちらに一時滞在しています。彼女は、もともと路上で石炭売りをやっていました。彼女が食事な

282　第4部　社会的包摂と成人教育の可能性

どを（食品を負担しているようだ）やってくれて、お互いに（助け合っています）、こういう状態です（No.33）。

　語りの中では、親、兄弟、親戚といった親族の支援関係がこれら世帯の生活への外部支援の中ではもっとも大であり、かつ、その支援のあり方が多様に及ぶことが確認されると同時に、親族関係になくても、人間同士の助け合いの存在を目の当たりにすることができる。
　こうした私的支援関係の他には主に、社会保障制度と行政機関による公的援助、そしてNGOなどによる共同的援助の存在が浮き彫りになっている。

(4)　社会保障制度による支援

　公的支援に関しては、社会保障制度によるものと地域の行政機関（ホロー役所）によるものと大きく2つに見分けてみることができる。まず、社会保障制度による支援の実態を見てみよう。

　　※：では来年から年金がもらえるのね。それでちょっとよくなるのではないでしょうか？
　　O：そんなに改善されない。障害者年金と定年金は額が同じ位です。定年になったら障害者年金は止められます。どれかです。
　　※：今は障害者年金だけで生活しているということですね。
　　S：はい。81,000トゥグリグです。それでこんなにたくさんの人を食べさせるのが本当に大変です。
　　フ：世帯の総収入は障害者の年金だけですか？
　　S：その81,000と児童手当てでしたが、後者はなくなった。今年の正月の時点では子どもの一時支給の70,000をもらった。それ以外の収入はないです（No.22）。

　　O：子ども手当ての25,000をもらっていた頃よかったね、今から考えると。

A：そうです。それをもらっていた頃は、我々のような人にはそれが非常に助かっていたと感じられます。こうしてもらえなくなっているとそう思われます。一人3,000トゥグリグでも二人の分6,000トゥグリグでも家計を助かっていた。
※：新結婚の50万もね
O：それはたくさんの壊れやすい世帯を作ってしまったところもあります。それとは別に、生まれた赤ちゃんに10万トゥグリグを支給していた、それも結構助かっていたよ。

　社会保障制度による支援には、年金、障害者年金、新婚者一時金、妊婦手当て、出産一時金、児童手当て、2010年に入ってから2回にわたって1回目では児童を対象に、2回目では全国民を対象に支給されている一時給付金、等が語られている。しかし、新婚者一時金、出産一時金、児童手当てといった福祉手当が2010年度から止められていることを考えるとこれら世帯の収入額が一段と減っていることが明らかである。

(5) ホローの支援

　では、これら世帯には、住民とより身近な関係にあると思われる地域の行政（ホロー役所）からどういう具体的な支援が施されてきているのだろうか。まず、各世帯の状況をよく知ったいるセグ長は、子どもたちが教育を受けるように個別に働きかけ、入学に必要な推薦書、証明書の発行などの便宜を図る。

O：（娘さんはこの間教えてあげた）コース（教室）に行きましたか？　毎日、1,500トゥグリグの交通費、昼ごはん、そして卒業証書も与えるそういうコースがあって、是非行くように言ったけど、まだ行ってないのね。
娘：どこに行けばよいのか、わからなくて。
O：まずはホローへ行くのよ。願書を書いて、そこにホローの推薦を受けて、持っていくのよ。こうして私に怒られることを自分たちでやって

いるのね（笑）。
※：それで、明日行っても大丈夫なんですか？
O：そうですね。人数が揃ってしまうかも知れないけど。とにかく、明日の朝、一番早く行って、願書にホローの推薦を受けて、持っていってね。(No.27、Oさん：ホロー役員、職名はヘセグ長)。

これとともに重要なのが、住民に対する次のような物的及び精神的支援であることがわかる。

※：…ここで暮らしている際に一番頼りになっているものは何でしょうか？
S：子どもたち、兄弟、親戚、少ないけどいます。また、行政も応援してくれています。燃料（石炭や薪）をもらったことがあります。そういうような支援はあります (No.22)。
※：なるほど。ホローからはどれくらい支援してくれていますか？
母：ええ、結構支援してくれています。できるだけ助けてやろうとしてくれていると思います。勿論毎回、石炭購入代の援助などの対象にしてくれたりはしないけどな。身近なものをくれたり、ホローで主催される相談会などに呼んでくれたり、精神的な助けをしてくれています。一部の人はガンダン寺へ連れて行って御経を唱えてもらうことに参加させてくれたりなど、小さめの物事に参加させてくれています。そんなことに参加していると嬉しく感じます。お坊さんに富を呼ぶ御経を読んでもらうと本当に助かっているような、効果があるような気がします (No.33)。

また、CLCや他の教育機関との協力の下で開かれている成人教育の事業がある。

※：そうですか。ホローでは、時々、成人の教育が行われるということでしたが。身近な物つくりを教えたりなど。

母：あっ、そうでしたね。それには私、仕事あるからあまり行くことができないのです。時々、呼びかけしてくれるのですが。靴づくりとか……。

※：昨年、我々が来ていた時に一つのそういう教室が開かれるといって人々が参加したいと登録させていたような憶えがあります。

母：そう　そう。無職の子どもがいたら参加させてくださいなどと言ってくるのです。しかし、私たちは自営で物売りをしたりしているから行けないのです。日時などを教えて、きてくださいと言ってくれたりはしているけどね（No.27）。

(6) NGOの支援

こうしたホロー行政の援助と連行して、NGO（代表的なのはワールドビジョン）の支援が住民に知られている。ここでも、困窮した住民たちにとって物質的な援助がもっとも重要である。

※：ここでこうして暮らしていると生活に一番よく頼りになってくれるものは何ですか？

T：ここですか？　ここではOさん（ヘセグ長）など長年近所で暮らしている人がいる。Oさんは昨年の場合だと、ワールドビジョンの石炭、お肉、などの援助につないでくれて、非常に助かった。この人たちが私の生活を助けてくれています。

O：この人は、どうすればそういう物が手に入れられるか方法が知らないのです。ある時は、私、そうしてワールドビジョンなど、どこに何があるか、探しまわっています。今年の冬は石炭と食品の援助をとってあげた。

T：大変助かったよ。その石炭は最近まで使っていた（No.27）。

これとともにNGOはノンフォーマルの教育事業をとおした支援に力を注いでいる。

O：ワールドビジョンは直接援助品を渡す事業はほとんどやめて、教育、講座などをたくさん開くようになったので物的援助は少なくなった。
母：ワールドビジョンが良さそうでしたね。
※：この近くに「トルゴイト」というNGOがワールドビジョンから資金を調達して、活動しているのね。
母：はい。
※：そのちょうどどの面がお母さんのお気に入ったのでしょうか？
母：子どもたちを小さい時から教えて（就学前準備教室）、いいなと思いました（No.27）。

　親族からの支援と違って、社会保障制度やNGOからの支援には条件がもうけられているため、その対象になることはただ収入が少ない、貧困であるだけではなかなかむずかしいということである。
　これまで見てきたように、外部支援の実態を聞いた際に、日々の暮らしを支えている物的支援に関する内容の回答がもっとも多かったが、精神的、教育的な支援、ここで少しだけ触れたが知人（友人や隣人）同士の支え合いの機能も存在している。また、ヘセグ長（ホロー内の区分地域を担当する役員）は地域の住民の中から選ばれており、地域の住民たちと隣人として、友人として、支援者、そしてホローの役員としてのさまざまな付き合いの形態をもって接し、住民と住民、住民と役所の間の交流の接点ともいえる機能を果たしていることは注目すべき点であるように思われる。

まとめ

　「極限の生活」とは何だろう。この報告では、その象徴として、極寒の中でもストーブで暖をとれることもない生活を紹介してきた。調査時は零下10度ほどであったが、冬季のモンゴルは零下40度にもなることがあり、家畜が凍死することも度々経験してきた。それほどの厳しい生活である。
　体制転換後の経済的な発展の陰の側面、社会の混乱を象徴しているのが離

婚の増大であり、形態としての母子世帯の激増となって現れている。それは、この地区でも確認されたことである。失業や飲酒の習慣にともなう夫の暴力や、モンゴル社会の価値観の大きな変化などが要因として指摘されているが、これに対応する生活形態として、親世帯と同じハシャーに同居して生活支援を受けるなどの関係が見られた。この家族や親族による支援関係が生活の維持にとってことのほか大きな役割を果たしていることもみてきたところである。親族関係は、零落した人びとにとって生活保障のまさに〈最後の砦〉なのである。

こうした親族の絆からも〈引き剥がされた〉人びと、最後の事例こそ、「極限的な生活」といってもよいだろう。社会保障という制度的な支援も、親族からのインフォーマルな支援も期待できない人びと、彼らの暮らしである。これらの人びとに唯一残された方途が、ウェイスト・ピッカーという暮らしである。

おわりに ── 成人教育への示唆

以上の分析から、子どもたちをCLCの講座に参加させようとする親たち、厳しい生活状況のなかで借金をかさねても、大学を卒業させようとする親たちの熱意を知ることができた。しかしながら、これらの世帯の子どもたちが大学を卒業しても、彼らを待っているのは安定した職場ではなかった。ときには、劣悪で、不安定な労働でさえある。私たち教育研究者は、貧困に対峙する教育の意義を強調するのであるが、それは大切だとしても、こうした成人教育の限界も明らかである。

モンゴルの住民たちの生活を支える関係を整理すれば、まず、労働への参加を通して、経済的にも自立することが必要であるが、それが欠けるようなとき、私たちの生活を支えるのは社会保障制度による支援であり、これを含めた行政による支援である。しかしながら、この地区の住民たちの中には住民登録が欠けているために、こうした制度的な支援から排除され続けている人たちが存在する。実質的に、彼らを支える〈最後の砦〉となるのは家族や

親族という血縁にもとづく絆だけでとなっている。この絆さえも断ち切られるとき、ウェイスト・ピッカーとなってその日暮らしの境遇となる。

すでにこの地区で行われていることであるが、CLCの実践に求められるのは、地区行政や、この地区のソーシャルワーカーと連携をつくりながら、まずは、これらの住民たちの生活の実情を把握しつつ個別の働きかけ、生活スキルのための教育を通して住民登録を行うことである。そのことによって社会保障などのサービスを受けてはじめてCLC事業への参加は現実的なものになるし、教育の権利は意味をもつことになろう。

【引用・参考文献】

アディアニャム, ダグワドルジ, エンフオチル・フビスガルト、槇石多希子、高橋満、2010、「ゲル集落における世帯形成と家族生活──モンゴル・UB市の事例──」『日本都市学会年報』VOL.43。

鯉渕信一、2005、「モンゴル社会主義下における伝統的家族の変容」アジア研究シリーズ No.56、亜細亜大学アジア研究所。

鯉渕信一、2007、「現代社会における家族の変容:東アジアを中心に(Ⅲ)『現代モンゴルの家族関係とその諸問題』」アジア研究シリーズ No.62、亜細亜大学アジア研究所。

高橋満、エンフオチル・フビスガルト、ダグワドルジ・アディアニャム、2009、「モンゴルの社会変動と成人教育」東北大学大学院教育学研究科年報、69-90頁。

槇村久子、2003、「市場経済への移行期に伴うモンゴル女性の開発と変化」京都女子大学現代社会研究 No.4・5、97-113頁。

第11章　社会的包摂と成人教育の可能性

はじめに

　モンゴルにおける1990年代初頭の社会主義体制からの社会体制の転換は、極めて悲惨な結果を住民たちにもたらした。とくに、地方農村から首都ウランバートルに移動してきた人たちは、この移動の過程で、土地を引き剥がされ、家族的紐帯を断ち切られ、市場経済への移行の中で貧困、失業の運命を経験し、市民的権利からも排除されてきたことを確認してきた。

　本章では、先の章で確認した社会的に排除された住民たちに対するモンゴルのノンフォーマル教育の実践を詳細に描きながら、この教育実践の意義と限界を明らかにしたい。まず、モンゴルの体制転換後の教育政策、とくに、ノンフォーマル教育政策について概観する。ここで明らかになるように、モンゴルのノンフォーマル教育事業は、コミュニティ・ラーニングセンターを拠点に、教育から排除された人たちを対象にした基礎教育・識字教育、そして、生産教育を実施していることが特長である。この2つの特徴的なプログラムを提供している2つの地区、バヤンズルフ区のCLC及びハンウル区の生産教育センターを取り上げ実践を紹介する。この教育実践が、どのような機関との連携のもとに、いかに実施されているのか。この実践が、社会的に排除された人たちにとってどのような意義をもつのか、にもかかわらず、どのような限界があるのかということを明らかにする。

1 モンゴルにおけるノンフォーマル教育の概要

1990年代から始まった社会体制の移行はあらゆる分野に変化をもたらした[1]。失業、貧困問題が深刻化し、職業や教育を求めて人びとが都市部に移住した。さらに、高等教育の有料化にくわえ、学校からのドロップアウトの増加などの社会問題も増加し、「国立」の体制に頼ってきた教育体系では対応がむずかしくなってきた。このなかで、人びとの学習ニーズに柔軟に対応できるノンフォーマル教育の取組みが社会的に要請されてきたのである。

1991年の教育法で、初めて、国民はフォーマル教育とノンフォーマル教育の両方で教育を受けることができると明記された。これをもって、モンゴルにおけるノンフォーマル教育の制度化の始まりとみなすことができる。それから今日まで、ノンフォーマル教育はモンゴルで定着、発展しており、モンゴルにおける教育分野の大きな改革の1つになった。

具体的に見てみよう。1995年の改正教育法では、「モンゴル国の教育体制はフォーマル教育とノンフォーマル教育の統一である」という表記がされた。1997年には「ノンフォーマル教育開発ナショナルプログラム」が策定され法整備が進むとともに、さらに2002年の教育法改正になると、「モンゴル国の教育体制はフォーマル教育とノンフォーマル教育から構成され、ノンフォーマル教育はフォーマル教育制度以外の場で国民に教育サービスを提供する組織化された活動」とノンフォーマル教育が明確に定義されるようになった。また、2006年教育法以降は、ノンフォーマル教育の同等性プログラムにおいて小・基礎・中等教育を受けられるようになった[2]。

こうしたノンフォーマル教育制度は、国、ノンフォーマル・遠隔教育ナショナルセンター（以下、ナショナルセンター）、県・UB市、ソム（町）・区という4つの次元で構成されており、構造的に展開されている（図11-1）。モンゴルの21県の331ソムと県庁所在地、UB市の各区に合計375のCLCが設置されている（2008年8月）。ただし、このうち自前の施設をもっているCLCは14館（全体の4%）とごく少数である。一方、全体の83.8%にあたる295館のCLCが学校施設の中に設置されている。また、35館（全体の9.9%）が役所な

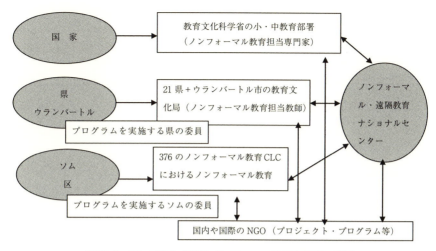

図11-1 モンゴルにおけるノンフォーマル教育制度の概要
(高橋ほか 2009: 72)

ど行政機関の施設に、7館のCLC（全体の1.9%）が図書館の中に設置されている。地方のCLCのほとんどは、学校の中に設置されている。なお、CLCの基本事業は識字教育、補助教育[3]、職業訓練、人びとの一般教育レベルを向上させる事業[4]などである。

　財政的基盤も少しずつ形成されるようになっている。国がノンフォーマル教育に対して拠出している予算は、教育費全体の0.5%にも満たないが、この状況は国際機関の援助にしか頼ることのできなかった初期の段階と比較すると前進しているといえる。2008年からは一部プログラムの受講料を国の予算から拠出することになった。

　翻って、ノンフォーマル教育教師について概要を見てみよう。実は、ノンフォーマル教育が制度化されてきた一方で、そこで働く「教師」は「ボランティア」であり、1つの「労働」や「職場」として長い間認知されてこなかった。このことに変化が生じたのが2003年である。2003年の教育文化科学大臣の通達の中で、ノンフォーマル教育教師に求められる要件や役割が定義され、これをもってノンフォーマル教育の教師労働が賃労働として制度化されるようになった。これ以降、ノンフォーマル教育教師に給料が支払われ

るようになる。さらに2007年にはノンフォーマル教育教師が「公務員」として位置づけられた。

　2008年の統計を見ると、352のCLCに458人の教師が働いている。ただし、そのうち341人の教師は、学校のソーシャルワーカー、学校の教師、役所職員などの仕事を兼務している。給料を見ると、32名（7%）が役所から、375名（81.7%）が学校から、52名（11.3%）が国際援助機関などから給料を支給されている。

　モンゴルではノンフォーマル教育教師の養成課程が高等教育機関等に存在しているわけではない。また、「ノンフォーマル教育教師」という資格そのものが存在しているわけでもない。そのため、ノンフォーマル教育教師になるには、養成課程の修了や資格を取得する必要はなく、端的にいえばCLCに単に教師として採用されればよい。ただし、例えば「大学で教育学を専攻した者が望ましい」など、国でノンフォーマル教育教師の要件が定められており、誰もが採用されるわけではない。さらに、採用されただけでは授業をすることはできない。モンゴルの場合、授業のテーマごとに「ライセンス」が定められており、その「ライセンス」を取得してはじめて授業を行うことができる。なお、この「ライセンス」は採用後「ナショナルセンター」で研修を受けることによって取得することができる。つまり、教師たちは、自分のもっているライセンスに応じたテーマの授業のみをすることになる。

　このようなノンフォーマル教育体制がモンゴルの成人継続教育の環境づくりを支えている。従来、教育問題は学校教育中心に対応してきていたが、いまでは学校外にいる者や「排除された人びと」、あるいはさまざまな原因で学校教育を充分に受けることができなかった人たちを対象としてサービスを提供するという新しい仕組みを形成している。

2　バヤンズルフ区のCLCの活動

はじめに

　以下の2つの節では、UB市の2つの区を事例に、都市に流入して貧困な生

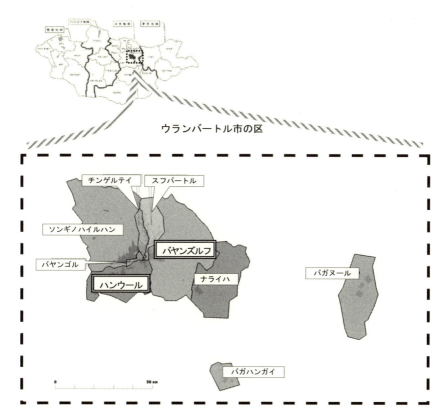

説明：区はウランバートル市の行政単位である。ウランバートル市には9つの区があり、区はさらにホローに分けられる。3つの郊外区（ナライハ区・バガヌール区・ハガハンガイ区）は行政的に市の一部だが、都心との間に草原地帯が広がっている。（http://mn.wikipedia.orgより）

図11-2　モンゴル国とウランバートル市の位置

活の中にある人びと、教育から離脱した人びとに対して実践されているCLCの活動を紹介する。このCLCの活動を特徴づける事業は、1つは、識字教育・補助教育であり、もう1つは、経済的な自立をめざす職業教育である。まず、識字・補助教育を中心に活動を展開しているCLCをとりあげたい。

(1) CLCの概要──歴史・組織・活動内容

CLCの歴史

バヤンズルフ区（以下B区という）は、UB市の東部に位置し、市内の区で

面積がもっとも大きく、人口がもっとも多い区である。地方からの人口流入が著しく、その多くが居住するゲル地区がB区の大部分を占めている。バヤンズルフ区人口の67.7%である159,138人、37,944世帯がゲル地区に住んでいる。区内には大規模な青空市場がいくつか設営されており、そこで働く児童をはじめ児童労働が他の区より多く見られる。不就学状態にある学齢期児童や就学しないままに学齢期を過ぎた成人の存在が、絶えず問題となってきている。

　こうした中で、2001年、学校の空き教室を借用した2つの識字教室の開設をもって、区長の命令によるB区CLCの活動がはじまった。当時、すでにワールドビジョン、ADRA（Adventist Development and Relief Agency）等の国際機関が3～4つの識字教育・補助教育の教室を開設しており、70～80人の児童がそれらに通っていた。したがって、CLCの識字教室は開設当初からそ

図11-3　バヤンズルフ区CLCのノンフォーマル教育教室の配置状況

れら機関との協働が欠かせないものであった。さらに、B区がホロー[5]を通して調査を実施したところ、400人あまりの子どもが不就学の状態にあることが明らかになったため、区内の各学校に1つずつノンフォーマル教育の学級を開設するとともに（図11-3）、そこで教える教師の給与支給をワールドビジョンに依頼することから仕事が始まったという[6]。

CLCの事業ステータスは高く、区役所の15部局の1つとして位置づけられている。区長の直属の組織として活動するとともに、活動における技術的な側面に関しては1997年に設立されたノンフォーマル・遠隔教育ナショナル・センター（以下「ナショナル・センター」という）と連携し、活動報告は区役所とナショナル・センターの両方に提出している。

CLCの教員組織

B区CLCは2009年6月時点でセンター長、教授士（技術士）、ソーシャルワーカー、会計係が各1人、教師19人、計23人の教職員の体制で活動している。

教職員の年齢は23歳から64歳、男性1人、女性22人となっている。教員数がUB市内9区のCLCの中でもっとも多いセンターであり、会計係を除く22人の学歴は、修士2人、学士14人、短大卒6人、専門学校卒業者1人という構成であり、96％が高等教育修了者である。ナショナル・センターのデータベースによると、2009年3月時点で全国のノンフォーマル教育従事者の学歴構成状況を見れば全国のCLC教職員の98％（559人）が高等教育機関卒業者となっている。

また、この22人のうち18人は教職を専門として大学・短大を卒業しており、14人は学校の教師として働いた経験をもっている。社会主義時代から教師として働いている長い職業歴をもつ人から、大学等を卒業してまもない教師までいる。

これらの教職員のうち、センター長は区長の命令で赴任し、その他の教職員はセンター長が採否の決定権をもつ。募集方法は特に決まっておらず、教師らが職を求めて志願してくると、センター長が履歴書などを参照の上、面

296　第4部　社会的包摂と成人教育の可能性

接を行なって選抜しているという。教員は1年単位で労働契約（「公務員実績契約」）を結んで常勤として働くことになっている。1年間の契約が終ったところで今後続けて雇用されるかどうかは、この「公務員実績契約」と教員の年間公務計画の実施状況への評価にもとづいてセンター長が決定する。

　UB市の各区のCLCは区役所の直属の機関となっているため、区長がこの分野に対してどれだけの理解度を示すかが、事業の展開におおいに影響を与える。センターの教員数の増加、それにともなう予算の増加は、教職員が安定して働くことができる基本条件の一つであるが、B区では、区長の理解が

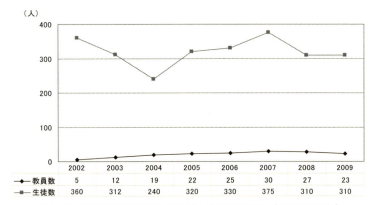

図11-4　補助教育における教員数と生徒数の推移（2002-2009年）

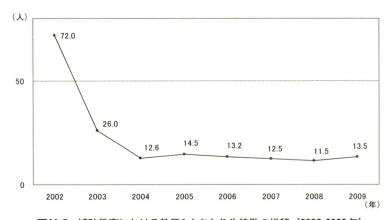

図11-5　補助教育における教員1人あたり生徒数の推移（2002-2009年）

得られ、多い時で30人もの教職員を雇うことがあり、教師数は当該年度の学習者数に応じて少しずつ増減しながら推移してきている (図11-4、図11-5)。ただし、2009年の場合、23人の教職員のうち、19人がCLCにより、4人は国際NGO等により給与が支払われている。

これらの教員は、職務分担の面では、補助教育活動において、小学校レベルの基礎教育を担当する教師と中等教育レベルの科目を担当する教師に分かれ、それ以外の市民教育・成人教育活動に関しては、健康教育、環境教育などの個別テーマごとに4～5人の専任グループを組んで教育事業を実施する。

活動内容

CLCは、ノンフォーマル教育ナショナルプログラム、遠隔教育ナショナルプログラム、識字教育ナショナルプログラム等に関する、地域レベルでの実施機関として設置されている。したがって、それらのプログラムで定められた基本方針[7]に則して、①識字教育、②補助教育、③職業訓練、④人びとの一般教育レベルを向上させる事業を展開している。以下ではこれらの柱に沿って、B区CLCが展開してきた活動を概観する。

(2) 学習事業の展開と成果

識字教育活動

2000年センサスによると、全国の15歳以上人口の非識字率は2.2% (男性2.0%、女性2.5%) となっている。逆から見れば、識字率はおよそ98%ということであり、識字率がきわめて高いといえる。ただし、非識字者全体の約34%が15歳から24歳の若者、うち66.3%が男子であることが問題点として指摘されている[8]。

2000年センサス以降、識字率に関する詳しい統計が公開されていないが、1990年代の社会変動にともなう不就学・中途退学の増加によって、学齢期児童と若者の非識字率が増加したと見込まれている。

B区CLCにおける成人識字教育においては、ホローによる調査で把握された非識字者に、ホローが呼びかける形で、識字教室への参加者を募っている。

識字教育活動におけるB区CLCの実績を2005～2007年の3年間でみると、UB市の全CLCの成人識字教室で958人[9]、B区CLCの成人識字教室で101人が識字を学んでいることから[10]、B区CLCは、UB市のCLCが行なう成人識字教育の約1割を実施してきていると見られる。

CLCは、成人識字教室で識字を学んだ人を、彼らの希望に配慮しながら、できるだけ補助教育の学級に合流させて、基礎教育さらには後期中等教育を卒業させようとしてきた。

識字教育では初級、中級、上級のレベル別に開発された教科書が使われている。教科書では、挿絵や日常生活における事例などが多く用いられており、学校で使用される教科書に比べてわかりやすく、また学習者が獲得した識字の知識を生活にうまく生かせるような工夫が施されている。

なお、学齢期児童を対象とした識字教育は、補助教育の小学校レベル教育の中に含まれている。

補助教育活動

不就学者や中途退学者のなかで学歴・教育を獲得したいと望んでいる学齢期児童と成人に対して、初等・前期中等・後期中等教育の学歴を獲得する機会を与えようとする活動である。この活動の重要性が政府から再度認められ、2003年から補助教育の生徒一人当たりの経費が国家予算から与えられるようになった。

CLCで学歴を獲得できるといった情報は、主として①ホローの職員から住民に、②既に通っている生徒からその友人に（子どもたちが互いを連れてくる）といった2つの経路で提供・伝達されている。学齢期児童は、センターで一定期間の教育を受けた後は、できるだけ学校へ移行させるよう努力がなされているが、それが何らかの事情で不可能な人（年齢が離れすぎることが主な理由）に対しては、履修状況と試験の結果にもとづき卒業証明書を授与し、次の学校段階へ進む機会を与えている。

B区CLCでは2002～2006年の間に延べ1,562人が補助教育に参加し、うち520人を学校へ移行させてきた成果がある。この1,562人は同期間中のUB市

の全CLC補助教育学習者（3,871人）の約4割にあたる。B地区人口はUB市人口の約2割であるに対して、補助教育の面では市全体の4割を負担しているともいえる。

教材としては、政府が定めた初等・前期中等・後期中等教育の同等性プログラム（2001年、2006年）をもとに、国内で開発された195冊の同等性教育のモジュール[11]（初等教育レベル54冊、前期中等教育レベル79冊、後期中等教育レベル62冊）があり、学習者の教材は混合グループという名称の複合クラスの生徒によって、指導の手引書等が教師によってそれぞれ使用されている。

そのほか、卒業試験と次の学校段階へ進むための入学試験は、普通教育学校の生徒・卒業者が受ける試験と同じであるため、高学年の学級では普通教育学校の教科書を併用して生徒の受験勉強を援助しようとしている。

職業訓練

基本的には、地域内の失業者、失業のために貧困状態を改善できない人びとを対象にして、彼らに何らかの専門的な知識・能力を獲得させ、資格を与えることで就業の機会を増加させ、貧困削減に寄与することを目的とする事業である。また、有職者の再教育、能力・資格の向上を図る活動もこれに含まれている。

B区CLCでは裁縫、木工、ベーカリー、手工芸、理容のコースが開設されてきた。この種類のコースは、UB市などの都市、県の中心地にある比較的大規模なCLCにおいても代表的コースであり、近年のサービス業の拡張に伴って、就職が比較的に容易であることと関連することが予想される。

ただし、B区CLCにおける職業訓練事業への参加者は、かなり限られている。UB市9区の全CLCが2001～2006年に行った職業訓練事業への年平均参加者数が4,181人[12]であるので、1区（1CLC）当たりの年平均参加者数は464人である。いっぽうB区CLCでは2002～2008年に行なったコースへの年平均参加者数が56人[13]であり、UB市全体と比較した場合には、この領域での参加者が極めて少なくなっている。

センター長の話によると、専門の資格を与える職業訓練では、訓練で用い

る設備が整えられた専用の教室が必要になるが、それを十分に準備することが困難であるという。むしろ、近年では、職業訓練からライフスキル教育に重心を移してきており、具体的には、簡易調理教室のようなものが中心となってきている。例えば、2009年は、学校内ロビーのスペースをパーテーションで仕切った仮設教室を、さらに半分に分けて料理教室用と手工芸室用に利用している状態であった。

一般教育レベルを向上させる活動

一般市民、青少年に対する保健・衛生講座、性教育、子ども人権教育、環境教育、法律教育、生徒の親に対する啓発・家庭内環境改善教育、英語教室、パソコン講座などが代表的である。

これらの事業のうち、生徒の親を対象とする教育はCLCから親に案内しているが、それ以外のものはホローを通して学習者を募集する。まずCLCからホローへ出向いて実施可能な講座等の説明を行なうとともに協議をする。これをうけて次にホローはそれを参考にして住民のニーズを調査し、開催講座や開催時期に関する要望をCLCに提出することになる。これにもとづいてホローとCLCとの協働活動の計画が立てられ、実施に移されている。

教師の研修・継続教育

その他、CLCの教員、学校、幼稚園の教員、ホローの職員に対する研修を実施している。これらの研修の主なものは、以下のようである。

センターの教師の能力向上、教師間の交流を図るためのセンター内教職員研修（毎週金曜日の教員集会の場で実施している）
学校ドロップアウトを予防、減少させるための普通教育の教師への教育（2005年、15校の約460人教師が参加）
CLCからの転校生を抱える学校教師（担任）への研修（2006年、参加者約700人教師）
学校とホローのソーシャルワーカーを対象にソーシャルワーク教育

(2007年、約40人参加)

学校、幼稚園の先生を対象に「ライフスキル」教育(約100人参加)

　これらのようなセンター内研修や市民教育を指導する人材の育成は、ナショナル・センターが行なう研修等にCLCから教師を積極的に参加させることによってはかられている。

(3) 補助教育の分析

　以上、UB市のB区のCLCが行なってきた活動の概要を紹介してきた。以下ではB区CLCが活動の中心にしてきた補助教育活動の全体像を示すことにしたい。

補助教育の位置

　B区CLCの活動の重点は、同等性プログラムによる補助教育活動に置かれてきた。その理由は端的に言ってニーズが強いからであるが、例えば、B区にはUB市全体の不就学の学齢期児童(7-15歳)の4分の1 (24.4%)がいると見られ、これに加えて教育を補助する必要のある成人たちが多く、全体として補助教育へのニーズが高くなっていると推測できる(表11-1、表11-2)。既

表11-1　普通教育学校とCLCが行う同等性プログラムによる補助教育の生徒数(2008年時点)

	初等・中等学校			補助教育の生徒数／うち7-15歳の生徒数	その他の学校以外にいる学齢児童数	不就学の学齢児童数
	学校数	生徒数	1校当たり生徒数			
全国	754	537,546	713	10,069 / 4,744	8,775	13,549
ウランバートル市	210	184,265	877	1,139 / 670	730	1,400
バヤンズルフ区	39*	39,772*	1,020	310** / 194**	148**	342

注：*はバヤンズルフ区役所教育部局のホームページ
　　**はバヤンズルフ区のCLCを訪問した際に入手した資料より抽出
出典：「モンゴル教育分野の統計2007-2008」モンゴル教育文化科学省2008年。

に述べたように、B区CLCにおける補助教育参加者は、UB市全体CLCの補助教育参加者の4割にあたっている。

しかし、CLC固有の施設がないため、ほとんどの場合、地域の学校の空き部屋やスペースが補助教育の教室に充てられ、また必要な場合にはホローや連携のあるNGOからその施設の部屋を随時提供してもらっている。7つの学校と3つのNGO施設に補助教育の教室11室をもち、授業はAM8：00〜PM8：00まで三部制で行われ、1クラスに11〜26人、平均18人の生徒を抱えている。学年度は普通教育学校と同じく9月から翌年の5、6月までである。

生徒の家庭的背景

2008〜2009学年度の補助教育の学習者数は310人、年齢は8〜26歳であるが、地方からの移住者が学習者全体に占める割合が8割にもなっている[14]。

また、保護者が失業状態にある生徒は43.5%（107人）に達しており、生徒の58.0%（180人）の家庭は極貧であると判断されている[15]。

児童労働と教育的配慮

こういった生活事情のなかで労働をしている児童がいるため、これら児童たちのための特別クラスが1つ設けられている。ほとんどが市場で働いているため、市場が開いている日は開業時間まで（午前8時〜10時）勉強させ、市場の定休日には十分な時間をとって教えるなどの工夫を通して、授業時間と児童の労働時間とを調整して便宜を図っている。35人の児童が労働をしているが、そのうち25人が特別クラスにふり分けられている[16]。

教育上の特徴

CLCにおける補助教育の生徒は、年齢や学歴が多様であることから年齢や学歴を基準としてクラスを作ることが難しいため、混合グループと呼ばれる複合クラスが構成されている。小学校レベルのクラスの例を見ると、生徒20人の年齢が9歳から16歳まで、ドロップアウトの年度が2000年から2007年まで、学年レベルが1年から3年という大きな幅をもっている。したがっ

第11章　社会的包摂と成人教育の可能性　303

て、同じ内容を同じ方法で教授することは困難であり、その対策の一つとして、混合グループの教授法を教員が学べるようなナショナル・センターの教員育成事業や、CLCへ配布される教師用手引書（「混合グループ教育の教授法」「混合グループ教育を組織するマニュアル」「混合グループ教育のモジュール」）等の開発が行われている。

　ただし、CLCの教師に求められることは他にもある。「生徒の生活の事情、心理の特徴をよく理解して、生徒一人ひとりに対する個別指導を常に行っていかなければならない、授業も大事であるが、道徳も培って、人間性そして生活の知識を養っていかなければならない……」。これはセンター長から新人の教師に最初に個人的に注意しておくことだという。

親の理解

　一般に、CLCの活動には地域の住民の理解・協力が求められるが、とくに補助教育の場合、生徒の親たちからのCLCの活動に対する理解・協力が必須の条件となっている。センター長は、「親に内緒でここに通っている子どももいます。宿題は教室で済ませてからカバンを置いて帰ることがあります。カバンをもって帰ったらお父さんがそれを売り払い、その代金で酒を飲んでしまうかも知れないから[17]」、と家族をめぐる問題を指摘している。

　自分の子どもにだけでなく、他の子どもに対する親の理解度も高めていかなくてはならないという。教室にはNGOのホームレス・チルドレンを収容する福祉センターの児童も通っており、そういった子どもたちが自分の子どもに悪影響を与えてしまうのではないか、との懸念を口にした母親がいたという。親たちとの個別面談をはじめとした親と教師の交流・懇談などを通じた保護者への教育活動も欠かせないと考えられている。こういった主旨で同CLCが活動への保護者の理解度や評価、主催事業への参加状況に関する調査を行い、今後の活動に反映させていこうとしている。

小　括

　この事例でわかることはUB市の各区のCLCは、ノンフォーマル教育に関

連した国家プログラム等を実施する地域の単位として、そのプログラムで定められた基本方針に則って事業を展開しているなかでB区CLCの活動は、とりわけ補助教育活動を中心とした活動を通じて、教育分野に欠かすことのできない貢献を果たしてきているということである。

こうして個々のCLCがそれぞれの活動の中心とする分野を選択していくプロセスには、当該地域の学習ニーズは勿論のこと、財源の確保や経営上の利便関係も影響しているといってよいであろう。補助教育を受ける学習者に対する経費が国家より与えられるようになってから多くの生徒を抱えるCLCにはその分比較的大額の予算がくるようになったことが同CLCの補助教育事業確保の一つの大きな支えとなっていると考えられるからである。他方、職業教育については、職業資格を付与する要件を満たすためには、教室などの環境的な条件の整備のほか職業教育を担当しうる教師の確保が必要となる。これらのことを背景として、このB区CLCは識字教育、補助教育に重点を移しつつ事業を行うことを模索してきたと見られる。

大人だけでなく、子どもたちも労働をしつつ学ぶことが生きるために不可欠である。CLCのノンフォーマル教育では、こうした学習者の多様性や生活状況を十分に理解しながら教えることがなによりも重視されているし、そのための教師の力量を形成するためのナショナル・センターの役割も大きなことが明らかであろう。

3　ハンウール区教育生産センターの活動

はじめに

先のB区のCLCセンターの実践は、識字教育あるいは補助教育による学校卒業資格の付与を主な目的とする事業であった。UB市に流入する住民たちの貧困問題に対峙する実践として、学歴付与による教育機会へのアクセスを広げることは緊要な課題である。しかし、それだけではなく、いま生活する人たちにとって、労働を通した経済的自立を保障しえるかどうかが学ぶ意味として決定的に重要な試金石となる。

第11章　社会的包摂と成人教育の可能性　305

　以下では、UB市のなかでも生産教育を中心的課題としているハンウール区（以下、「H区」という）の生産教育センターの事例を通して、モンゴルにおけるノンフォーマル教育のもつ貧困に対峙する実践の内容と意義を明らかにしたい。

(1)　センターの概要 ── 歴史・組織・活動内容

　教育生産センターは、モンゴル政府の第116決定と首都行政長官のA-40号令、H区長の206号令を基づいて、"ゲゲレル開発Hセンター"という名称で、1998年9月19日に活動を開始した。2003年に、活動の範囲をさらに広げる目的で、H区長の372号令に従い、「教育生産センター」という名称で活動を展開することになった。

　センターは、センター長、技術士、情報士、フェルト工芸教師などの職員のほかに、健康、エコロジー、社交、法律、パソコン、英語教育の非常勤教師達が働いている。ソーシャルワーカーも配置されている。現在、8名の職員体制である。

　センターは、教育省からの年間18～1,900万トゥグリグの予算が与えられているが、重要なことは、主要な事業の活動費が他の行政機関、NGO、NPOなどの諸組織との連携活動、プロジェクトなどで獲得していることであろう。例えば、健康教育やパソコン教室など、これらの活動にワールドビジョンからの小規模な資金援助を受けている。毎年契約を結んでいる。毎月の活動内容、予算などを計画する。ワールドビジョンの資金は毎年10月から始まるので、認定された事業の予算金額が入ってきている。予算の使用と実行はセンターに委ねられている。WVの他、ADRA国際機関も、理容、美容など職業教育を行うに当たって協働関係をもっている。センターの運営にとって、このような諸機関との協働関係がとりわけ重要性ももつ。

　センターの活動の目的は、国民に必要な教育を学校外の適切な形で、可能な期間に継続的に受ける体制を形成し、教育サービスを提供すること、これらの生活知識と技術の教授を通して、失業者、貧困世帯の経済状態を改善することに置かれる。

表11-2 ハンウール区ノンフォーマル教育と補充教育学習に関する調査

学級		2004	2005	2006	2008	2009	合計
識字教育	識字教育を受けた児童数	105	13	11	12		141
	学校中退者児童数	149	106	82	53	89	479
	うち、識字教育参加者	87	86	62	50	30	315
	病気と他の原因			9	3		12
	識字教育を受けなかった者			11			11
	普通教育学校へ編入した子ども	48	51	42	50		191
補充教育	普通教育学校に夜間、通信等の形で学ぶ学習者	184	170	167	124	143	788
	うち、後期中等教育卒	184	73	79	78		414
職業教育	職業免許を取った学習者数／労働福祉サービス局	136	860	776	716		2,488
	職業免許を取った学習者数／職業教育生産センター、カレッジ	528	737	836	937		3,038
	理容、美容師			30	71		101
	フェルト工芸			71	25		96

出典：ハンウール区教育局作成資料より。

H区生産教育センターの2004年度以降の講座内容と終了した受講生の構成と推移状況（**表11-2**）をみると、事業は、大きく識字教育、補助教育、職業教育に区分されているが、識字教育、補助教育の数が次第に減少しているのに対して、職業教育を受講する人びとの数が増大していることがわかる。つまり、このセンターは、名称の変更にもうかがわれるように、その事業の重点を次第に職業教育に移行させていることが明らかであろう。

(2) 学習事業の展開と協働関係の形成

センターの事業は、どのようにして編成されるのであろうか。既述のように、特徴的なのは、行政機関（ホロー、労働福祉局など）、NGO、NPOとの密接な協働関係のもとに事業が実施されていることである。それは、一つには、事業の運営資金を確保するということもあるが、他方、生産教育が就労と結びつくために公的職業資格を付与することが求められることからも不可欠な実践といえる。

以下では、センターを中心とする協働関係の概要をまずとらえておきたい。

ホローとの協働

まず、ホロー、学校、幼稚園、公的機関などとの関係である。センター長が区長の指名によって選定されることからもわかるように、地域の行政課題を踏まえた実践が求められる（**表11-3**）。したがって、これらの諸機関から事

表11-3　ハンウール区長のマニフェストに反映されたノンフォーマル教育政策の実施状態

(2009年01-06月／前半)

項目	目的	実施方法	実施状況	実施率
4.6	ノンフォーマル教育と遠隔教育の実施をとおして学校中退児童、青少年に教育を補助し、非識字者数を減らし、各種の教育サービスの範囲拡大と教育生産センターの活動の展開を図る。	1.1　ノンフォーマル教育、遠隔教育の拡大、学習者のニーズ、需用を考慮し、各種職業訓練を効率的に行う。	区の全てのホローの住民を対象にニーズ調査を行った。その結果によって、区と首都の市民を対象に次の講習等を実施した。 1.1.1　**識字教育：** 　補助教育に9－17歳の50人の子供を参加させ、17人の子供を普通教育学校へ転校させた。現在は当センターに33人の子供が混合グループ型で学習している。	100%
			1.1.2　**住民の教育の一般水準を向上させる事業：** 　6種類の講座を主催し、それらに計1,120人が参加した。講座別： ・健康教育講座 － 510人 ・社交、心理研究講座 － 50人 ・法律教育講座 － 60人 ・環境教育講座 － 42人 ・パソコン入門講座 － 25人 ・その他各種講座に39人が参加し、506人がセンターの情報室にて情報提供を受けた	94.5%
			1.1.3　**労働技術能力向上講座：** 　この半年では、職業技能関係の講座に合計で120人が参加し、その学習者を区の労働福祉サービス局に登録させている。フェルト工芸とビーズ・編み講座の卒業者らは、家庭で生産を行っている。講座別： ・フェルト工芸 － 26人 ・ビーズ編み － 27人 ・理容 － 34人 ・美容講座を－33人が卒業し、3級の技能免許、能力書を取得した。	100%
		1.2　学校中退児童に対する補助教育活動の効率の向	・2008－2009学年度の調査で発覚した9－17歳の50人の児童を補助教育に参加させ、うち17人を普通教育学校へ転校させた。現在は当センターに33人の児童が混合グループ型で学習している。	100%

業開設の要望がまず出される。例えば労働法、契約の結び方、共用財産、家族法について知りたいという要請がだされる。センターは、この要望に応じて教師を派遣し、アウトリーチで教育を行う。この教育事業は通常は無料で行われる。講師の時給などを教育生産センターから出している。

この地域とセンターを結ぶ役割を果たすのがホローのソーシャルワーカーである。また、地域住民の生活実態、学習ニーズを知るために、センターの教師が地域に出て、地域との連携をつくりあげている。地域の学校、幼稚園、ホローのソーシャルワーカーと契約を結んで活動を展開している。ホローのソーシャルワーカー以外に、ホローを担当している住民会議会員を通じて、センターのノンフォーマル教育に関する教育情報を通知するようにしている。

NGO・NPOとの協働

これらの機関として、ダニ・モンゴル友好協会、NGO法人DAMOST、ワールドビジョン（World Vision Mongolia）、ビジネス・エンフバートルセンター等がある。

例えば、ワールドビジョンとは、健康教育やパソコン教室などの活動に小規模ながら資金援助を受ける契約を毎年結んでいる。まず、センターが毎月の活動内容、予算などを計画し、ワールドビジョンから認定されれば、その認定された事業の予算金額が入ってきている。ADRA国際機関も、理容，美容など職業教育行うことで協力している。理容と美容講習を受けた受講者たちはグループ、組合をつくると、ADRAなどの機関から道具、機械の援助を受け、経済的自立をめざしている。これについては、のちにより詳しく考察したい。

このように、活動を展開するために、たえず資金提供をしてくれる機関を探していくことがセンターの運営にとって重要な問題となる。

労働福祉サービス局との協働

このセンターは、職業教育の講習の実践が重要な柱となっている。その目的は、いうまでもなく就労による経済的自立である。このため、センターの

受講者は労働福祉局の就職希望者名簿に登録される。これにもとづき労働福祉局は就職情報を提供し、紹介することになる。卒業式を区の労働福祉局と一緒に行っている。しかし、例えば、すべての受講者を美容サロンで就職させることは不可能であることなので、自分たちで仕事を求めていくこともある。

以下、H区のCLCの特徴である教育事業として、フェルト工芸講座と理容・美容講習を簡単に紹介したい。

(3) フェルト工芸講座 ── バウチャー制度の認定と生産者組合の育成へ

バウチャー制度の認定

フェルト工芸と編み物工芸教室は家庭収入の向上を目的として、2002年から活動を始めている。ノルウェーウールセンターといわれている編み物プロジェクトを実施しているNGOウールクラフトセンターから羊毛梳く機械二台をリース購入し、またウールクラフトセンターのフェルト加工のトレーニングにも二人の教師を参加させた。

製品のモデル開発を行い、教育・学習モデルを完成した後にフェルト工芸講座が許可された。現在、9種類のモデルでこの教育を行っている。

フェルト工芸講座は、職場などを特に必要とせず、家庭で生産を始め、家庭所得を増やせることができることが特徴である。学習者は自分の好きなモデルを選択し、作り方に従って、教師の指導で、フェルト工芸を習い始める。

羊毛の最初段階の加工からフェルト工芸品作りまでの作業が行われている。羊毛の原料や初期加工した羊毛も簡単に手に入ることができるため貧困の中にある住民にとって適切な生産活動となっている。

CLCセンターのフェルト工芸講座は教育バウチャー（Education Voucher）制度の認定を受けた教育事業である。この制度は、UB市の労働福祉サービス局から必要性を認められた住民が、指定されたCLCでフェルト工芸講習を無償で受けることができる制度である。この認定を受けると、講習にかかった費用をUB市の労働福祉サービス局から教育生産センターに与えることになる。認定される条件としては、工芸講座の教室、設備、モデル内容、手工芸専門教師の配置等々の条件を満たさなければならない。

生産者の組合育成へ

　学ぶことは重要である。しかし、技術を学ぶことだけで、貧困から脱出することはむずかしい。学習者たちが市場社会で学習成果を生かしていくには、資金が課題になる。このために取り組まれるのが、人びとの主体性と能力開発と結びついた生産組合の組織化である。

　H区の第4ホロー、第9ホローでは、DAMOST、ダニ・モンゴル友好協会による小規模な協同組合づくり、組織化・社会化を推進するプロジェクトを実施してきた。NGO法人DAMOSTのフェルト工芸生産者に対する、この生産資金プロジェクトの支援を受ける場合、条件の一つとして生産者組合、あるいはグループを形成することが求められる。

　H区のセンターは、学習者の社会化と組織化する能力の育成をめざして、そのプロジェクトに積極的に参加させるようにしている。学習者が生産技術を学ぶことにとどまらず、協同組合をつくって協働すること、社会と地域参加すること等を貸金提供サービス提供することを通じて学ぶことをめざす事業である。

　この組織化で特徴的なのは、資金援助を受けるためにいくつかの条件を課して組織つくりと結びつけている点であろう。資金援助を受けるためには、①組合をつくること、②銀行口座を開いて、組合全員がある程度の協同貯蓄の実績があることが条件である。このため、貸金提供する前に、講座と講習に参加することが求められる。まず、貸金の獲得方法、グループ運営方法、グループの責任、スモール・ビジネス入門などの教育を受けることが条件となる。そして、グループを形成し、グループ仲間が連帯保証人になり、グループ単位で生産運営貸金をDAMOSTから得ることになる。そして、センターで学んだフェルト工芸技術で製品を造り、商品として販売する。こうして得た収入から貸金を返済し、次へ生産を拡大していく。自立した家庭生産者になることよりお互いに連携し、グループあるいは組合を形成し、協同で生産団体をつくることを学び、社会参加活と地域の活性化することにもつながっている。

第11章　社会的包摂と成人教育の可能性　311

(4) 理容・美容講習 —— 失業現象への挑戦

NGOとの協働

　美容講習は、ADRA国際機関の協力で活動を行っている。ADRA等とは、最初に識字教育教師の給料の提供等を受けていたが、方針転換によって、16歳以上の青少年層に対象に職業短期講習を展開することになった。このように、センターの事業はNGOなどの機関との協働によって実施される。このことを逆の面から見れば、NGOなどの機関の方針がセンター事業の方向を左右する側面をもつ。ADRAからUB市の無職住民に対する学習プロジェクトを実施するため、職業講習の意向を聞かれた。センターから美容講習を提案し、了承されることになった。各ホローの住民調査を行い、貧困と無職者住民の講習を組織する。ADRAは講習の費用を負担することになる。

　理容、美容講習には、ワールドビジョンのプロジェクトが実施されている地域の登録されている無職住民たちが受講者となっている。この地区は無料であるが、プロジェクトが実施されていない他の地区の住民は有料で受講することになっている。理容講習は20,000トゥグリグ、美容講習は30,000トゥグリグの受講料を徴収しているが、他の職業学習や講習とは比べられないほど安い値段で提供している。徴収した料金で、非常勤である理容の教師の給料と2つの講習に使う材料費を負担している。ADRAから機械、道具援助を受けることによりできた教室である。

　各センターに属する財産のほとんどは、ある機関の援助と支援を受けて整っているのが現実であり、単独で財産などの購入する予算的な余裕はない。

講習と資格付与

　H区の教育生産センターは最初にUB市H区Yマグ地区第5ホロー（ブロック）にある第41学校に設立された。その後、第15学校に移転し活動範囲を拡大したが今も拠点を置いている。主に理容、美容講習など職業教育が行われている。N地区の第7学校にも拠点を置いている。

　この講習は、ノンフォーマル教育国家プログラムの6つの方針の1つである無職青少年に技術・職業教育をするための短期学習講習である。他の職

業・技術訓練センターや学校と違って、短期間の講習、短期コース学習を組織していることが特徴である。

　2ヶ月間の講習を朝晩2回、4つのモデルで授業を行っている。7回目の講習を行っている。3級の免許を卒業者に与えている。卒業者が理容・美容職業者協会の技能試験に合格すると自営者になる許可が出される。合格するまで講習を受けることは可能である。

　設備、施設、教育モデルなどの条件を改善し、教育バウチャー認定をめざしている。学習者の8割が技能試験を受けることも教育バウチャー認定の条件の一つになっている。

　これまでに9回目の受講者が卒業した。男女、16歳〜30歳までの青少年達を対象にしている。技能試験に合格すると各理容サロンで働く資格をもつようになる。技能試験を受けない受講者も理容サロンで働くことも可能であるが、技能認定試験を受けて資格をもつことが目標となっている。

講習から就業への道

　すべての受講者をサロンで就職させることは不可能であることなので、自分達で仕事を求めていく。既述のように、センターでは受講者を労働福祉局の就職希望者名簿に登録させ、労働福祉局が職場情報を提供、紹介することになる。もう一つの方法は、理容と美容講習の受講者らがグループ、組合を作って、ADRAなど機関から道具、機械援助を受け、自立をめざすという方法がとられている。現在、この理容、美容講座も教育バウチャー制度の認定を申請し、技術監督関連機関の検査を受けている。

4　学習者のライフコースとエンパワーメント ── 学ぶことの意味

　以下では、センターの一人の受講者の過去の生活の状況、学習活動に参加することによる彼らの生活の変化を見ておきたい。インタビュー項目は、次の点を中心に行った。出身地域と教育背景、家庭構成、UB市へ移住した理由、UB市での当初の生活状態、ノンフォーマル教育センターに参加した

きっかけと評価、教育を通じて得られた生活の変化である。2008年から2009年にかけて2回、この学習者と彼の組織する学習グループに対しインタビュー調査等を行い、彼の生活の変化を観察した。デルゲルバヤル（男性、モンゴル国東部スヘバートル県出身。2008年のインタビューの時点で36歳）。

(1) ライフコースと学習

変革前の生活と移住

兄弟10人です。末子だから、モンゴル伝統で家を継続するのは末子である僕でした。妻と5人の子どもと暮らしている。牧畜専門学校を卒業し、獣医の資格を持っている。卒業後、1991〜2005年の間、スヘバートル県で家畜関係の仕事をやっていました。私の場合、地方で放牧生活をし、暮らすことができました。物足りないとは感じませんでした。にもかかわらずUB市に移動したのは、子どもの教育のことを考えたこと、あとは家内の健康の問題がありました。治療するためにやって来たのです。

UB市移住と生活状態

2005年からウランバートルに移住しましたが、安定した仕事に就けないで転々としてきました。最初の都会生活は大変でした。仕事が見つからなくて、沢山の子どもを抱えていました。しかも、家内は健康の原因で仕事はできません。家族を養うために、色々な仕事をやってきました。警備員、ガソリンスタンド、皮革製品産業工場、建築原料工場、市場で商売もしてみた。とくに、都市に来た最初の2年は辛かった。無職で、見つかった工場の仕事は大変だった。低賃金、厳しい条件で、月々僅か60,000トゥグリグの給料でした。通勤費も支払って貰わなかった。地方へ戻りたかった時もあった。事故に遭って一時、失明してしまいました。

学びの限界と課題の認識

CLCのことをホローのソーシャルワーカーを通じて知りました。昔、地方に生活している時、羊毛を谷に捨てていました。それが今は大事な生産原

料になっている。まあ、草原に暮らしていた時、ウールを洗浄しフェルトのスリッパ作って坐るとは夢にも思わなかったですね。その時、ウールを利用しないで、そのまま全部捨てていましたから。

　家庭所得向上のため、最初はH区教育生産センターのビーズ編み講習に参加した。ビーズ編みで携帯電話の飾りなどを作って、生活の助けにしていました。その後、続けてフェルト工芸を学びました。

　ノンフォーマル教育の質は本当に良いと自分が学習し卒業した経験から分かります。しかし、学習者にとって、卒業後の職場をえるのに必要な資金の確保の困難が課題になっています。例えば、私達と一緒に10人程の学習者が卒業していましたが、あの人達が今どこで何をしているのか、さっぱり分かりません。今隣に座っている女性と一緒に卒業しました。協同で事業をやろうと決まっているけど、運営する資金が見つかりません。製品加工する小規模な作業場の確保、原料の購入資金があったら、製品の受注は見つけられるようです。

　しかし、金銭の余裕がないため、今の加工した製品の販売利益金は日常生活の必要に全部使われてしまっているので、再生産につなぐことはできない状態です。私の生活水準、家庭所得が低くて、得られた利益をすぐ生活費に使いこんでしまうのです。4人の通学している子を含めて、5人の子どもがいる。生産に投資する資金がなくなりました。

　私にとって、学んだ技術を生活に生かして行くには、資金面での困難が壁になっています。この面で、援助を貰えば、次の目標が明かになるでしょう。日常的な運営資金を獲得できればということです。ビジネスの面では、キリスト教系NGOと契約を結び、受注の指示に従ってフェルトのスリッパを提供しています。運営資金があれば、契約通り多数のフェルトのスリッパを入荷できます。教師のモデルを模型にし、フェルトのスリッパを作って、また契約交渉する時も教師のモデルを持って行って見せたら、気に入ってもらい、基準を満たしていると評価されましたし、契約もできました。今は国際児童機関から200足のフェルトのスリッパの予約が入っています。一足は4,000トゥグリグで売れています。子ども機関など他の2か所から私の製品を予約

する意向を示しています。今H区の教育生産センターを通じて、運営貸金を申請しています。家族の人と一緒に組合に参加しています。

(2) 生産協同組合の組織化 ── 講習から経済的自立へ

　一年後の今年のインタビューでは、Dさんの人生には変化が訪れた。DさんともうDさんともう一人の女性の学習者と一緒家族ぐるみでCLCの講座に参加していた。そして、もう一人の学習者を加え、五人メンバーで、協同組合《タリーンモンゴル》("Taliin Mongol" 草原のモンゴルという意味)をつくった。モンゴルの製品が世界市場に進出することを願ってこの名がつけられた。DAMOSTの貸金プロジェクトに参加し、受注生産し、「Made in Mongolia-2009」展示会にも参加している。都市に移転し来て遊牧民達の新しい環境での生活対応を考える上では非常に値がある事例である。

　まず、組合がつくられると、一人ずつ一週間で500トゥグリグか、100トゥグリグなど小さい額の貯蓄を始める。貯蓄ファンドが一人当たり10,000トゥグリグになると、一人当たり100,000トゥグリグの貸金が組合名義あてに提供される。Dさんの5人組合の場合500,000トゥグリグの貸金をもらえた。H区の生産教育センターのフェルト工芸講習を受けることによって、彼らはDAMOSTのプロジェクトに結びつけ、組合を作り、貸金受けることができた。

　学ぶということが、製品加工の技術教育の場を提供するだけではなく、販売方法・販売戦略の立案、さらに研修生達の組織化による原料の共同購入、共同販売まで視野入れていることはフェルト工芸講習の特徴である。つまり、貧困、無職住民である学習者の経済的な自立を支援し、職業技術を学ぶことを通じて、独立した生産者なることだけではなく、組織能力、地域と社会参加意識を育成していくことを重視していることがわかる。

　この結果、無職で孤立した状態から抜け出し、帰属集団をえて相互に交流し、ニーズを分かち合い、互助の精神を養うとともに、経済的な自立を図ることになる。さらに、ホローと地域の活動に参加するなど社会参加の積極性が高まっている。つまり、経済的契機を通した組織化自体が、より広義の社会参加に結びつきつつある。

組合をつくることにより、小規模の貸金援助を受ける以外に、組合づくりに通じて社会関係を形成し、地域社会に参加する市民になることもできる。4年間のプロジェクトであるが、その2年目になっている。

おわりに

　本章は、モンゴルの社会変動——流動化・貧困化・教育からの離脱に対峙するノンフォーマル教育に関する研究の一部である。他に、地方部の遊牧民の子どもに対する識字教育の実践、その実践を支える教師たちの姿をとらえる調査を実施している。ここでは、UB市の貧困ゲル集落に居住する人びとに対するCLCにおける教育実践に限っていくつかの特徴のまとめをしておきたい。

　第1に、モンゴルのノンフォーマル教育は、教育制度のなかでフォーマル教育と同等の価値をもつものとして制度的に位置づけられている。その理由の一つは、国民の中に遊牧民を多く抱えるという生活形態の特殊性があるが、それとともに、大きな社会変動のなかでノンフォーマル教育の教育形態としてもつ多様性と柔軟性が重要な意味をもつからにほかならない。それはとりわけ、貧困のなかにある住民、教育機会から疎外された住民の教育形態としてとりわけ重要性をもつという現実的な背景があることを指摘しておきたい。

　第2に、モンゴル・UB市のCLCは、一般行政機構のもとにその教育環境の整備、教育実践の方向が左右されるという特徴をもつ。CLCのセンター長は、区長の使命のもとに任命される。このセンター長が教師を選任する。もちろん、学習プログラムは国家レベルのプログラムにもとづいて方針が定められるが、基本的にはCLCの教育予算の配分も区長の理解度が大きな意味をもつ。

　第3に、しかしながら、現在では、貧困の中にある住民の経済的自立をめざす職業教育のプログラムは、国際的なNGOやNPOなどの補助なしには実施は不可能であり、したがって、これらの機関との協働関係の構築の成否は、センターの活動の広がりを規定する。また、経済的な自立をめざすがゆえに

労働福祉サービス局との協働も大きな意味をもつことも分析で指摘した通りである。

　第4に、貧困ゲル集落に住む住民たちは、UB市への来住後、厳しい境遇のなか、その日暮しの貧しい生活に置かれてきた。CLCが提供する識字教育、それとも結びつく補助教育により、教育から疎外された子どもたちやおとなたちも基礎的な学歴資格を得ることにより、新しい生活を切り拓く条件がつくられている意義は大きい。さらに、職業教育から生産協同組合化を通した受講生の経済的自立と社会参加を支える実践は、そうしたなりゆき任せの客体から、自らの生活を主体的に切り拓く基盤をつくり、かつ、その実践を通して意識の変容にまでつながる実践をつくりあげている。

　モンゴルの実践は、社会改革後の厳しい条件の中で行われつつあるものである。そうした社会的な基盤を捨象して評価することはできないことはいうまでもない。しかし、国際的な開発教育などの経験からも学びながらつくられる協働にもとづく実践方法は、格差社会であるとか、貧困が大きくクローズアップされる日本の状況を考えるとき、さまざまな示唆を私たちに与えてくれるのではないか。

【注】
1　モンゴルにおける体制転換前後の政治的動向については、Rossabi（2005=2007）が詳しい。
2　教育法では「一定期間の教育を補習、自習するために小・中教育を同等性プログラムによって与えることを認める。その際の同等性プログラムの内容や教育を実施する規定は教育問題を扱う内閣議員が可決する」と記載されている。
3　補助教育とは、不就学者や中途退学者の中で学歴・教育を獲得したいと望んでいる学齢期児童と青年・成人にたいして、初等・前期中等・後期中等教育を獲得する機会を提供するものである。
4　具体的には、一般市民、青少年に対する保健・衛生講座、性教育、子どもの人権教育、環境教育、法律教育、生徒の親に対する啓発・家庭内環境改善教育、英語教室、パソコン教室など。
5　区の中の行政区分及びその行政機関（役所）の現地での通称であり、同区には24ホローある。
6　バヤンズルフ区CLCのセンター長へのインタビュー（2009年6月17日）から。
7　そもそもノンフォーマル教育ナショナル・プログラムでは、これらに加えて、

5.創造的行動の学習への支援　6.自立して教育レベルを向上させる行動への支援といった6の方針を定めているが、具体的に進められているのは上記の4方針とされている（モンゴル国教育文化科学省「ノンフォーマル教育、成人教育調査団の調査報告書」2005年、103箇条、37頁）。
8　「モンゴル国ミレニアム開発目標の2005〜2006年の実施状況 — 第2次報告」ウランバートル市、2007年、より。
9　ナショナル・センターのデータベースによる。
10　B区 CLCを訪問した際に入手した資料による。
11　モジュールとは、「学習者が自分に適切な順番で学習することを可能にするように構造化され、互いに関連ある独特の内容を含む、内容の統合性を乱さずに更新・改善することが可能な教材」と定義されている。ユニセフとモンゴル国立「ノンフォーマル・遠隔教育ナショナル・センター」が共同開発した「混合グループ教育のモジュール」2005年、5頁。
12　ナショナル・センターのデータベースによる。
13　B区 CLCを訪問した際に入手した資料による。
14　B区 CLCを訪問した際に入手した資料による。同CLCが独自で行った調査によると学校ドロップアウトには：1.学校途中退学、2.不就学、3.地方や他区からの移住に伴う退学、といった基本3形態があるとし、2004年〜2008年の5年間では学校途中退学が減ってきているものの地方からの移住に伴う途中退学や不就学が増加してきている傾向が見られるとしている。
15　ノンフォーマル・遠隔教育ナショナル・センターへ出した同CLCの報告書類（2008年11月29日）より。
16　同CLCによる調査によれば、ドロップアウトの原因は多い順から、1.生活の事情（30%）、2.移住に伴う住民登録の未登録、身分証明書の紛失（21%）、3.労働（19%）、4.その他（18%）、5.病気、発達障害（7%）、6.成績が悪かったため（5%）となっている。
17　バヤンズルフ区 CLCのセンター長へのインタビュー（2009年6月17日）から。

【引用・参考文献】

ウランバートル市、2007、「モンゴル国ミレニアム開発目標の2005〜2006年の実施状況 — 第2次報告」。
高橋満ほか、2009、「モンゴルの社会変動と成人教育」東北大学大学院教育学研究科年報、69-90頁。
モンゴル国教育文化科学省、2005、「ノンフォーマル教育・成人教育調査団の調査報告書」。
ロッサビ, モリス（小長谷有紀訳）、2007、『現代モンゴル』明石書店＝Morris Rossabi, 2005, *Modern Mongolia: From Khans to Commissars to Capitalists*, A Phillip Book in Asia Studies.

あとがき

「成人教育の社会学」。研究生活のなかで長く念願してきた本をだせることに感慨深いものがある。本書は、すでに公刊された論文を中心に編集されているが、校正作業等で思いのほか時間を費やすこととなった。目次にそって初出を簡略に紹介しておきたい。

序章　成人教育の社会学に向けて
　　書き下ろし
第1章　「パワー」と成人学習
　　「交渉と闘争としての成人教育 ── 『パワー』の観点から」日本社会教育学会『紀要』第42号、「状況的学習と成人教育」東北大学大学院教育学研究科『年報』第55集第1号所収
第2章　「労働の場の学習」とパワー
　　日本社会教育学会『労働の場のエンパワーメント』所収
第3章　若者の社会参加のポリティックス
　　社会文化学会『社会文化研究』第15巻所収
第4章　震災とアート教育の可能性 ── ホリスティックな学びの意義
　　日本社会教育学会『希望への社会教育』所収
第5章　ワークショップへの参加と自己変容のプロセス
　　東北大学大学院教育学研究科『年報』第62集第2号所収
第6章　美術館経験と意味の構成
　　東北大学大学院教育学研究科『年報』第62集第1号所収
第7章　健康学習とおとなのエンパワーメント

日本社会教育学会『紀要』第38号所収

第8章　エンパワーメントを支える学びの構造
「市民力を育む社会学級の仕組み」『東北大学大学院教育学研究科年報』第63集第2号

第9章　社会変革と中国女性のライフコース
「社会変動下における高学歴女性のライフコースと学歴・文化資本（1）―― 中国・外国語大学日本語学科1983年卒業生の事例 ――」仙台白百合女子大学『人間の発達』第10号所収

第10章　体制転換と社会的排除のプロセス
「貧困住民層のライフコースと成人教育の課題」東北大学大学院教育学研究科『年報』第59集第1号所収

第11章　社会的包摂と成人教育の可能性
「モンゴルの社会変動と成人教育」東北大学大学院教育学研究科『年報』第58集第1号所収

　本書の学的立場を社会学と明示していることとともに、多様な領域の教育実践、多様な国を対象とし、多様な実証法を使っていることも特徴の一つであろう。大学院生の研究関心の影響を受けつつ、自らの研究を拡大しているが、それらを貫くものがあるとすれば、学習者理解への努力、学習論を踏まえた実証、社会的に排除された人たち、弱い立場に置かれた人たちへの共感とコミットメントである。エデュフェア・マインドの倫理的立場からつねに研究や実践を省察しつつ、前にすすんで行きたいと願っている。
　最後になったが、東信堂の下田勝司社長には、3冊目の著作として今回もお世話になった。著者を代表してお礼を申し上げる。

執筆者一覧

高橋　満	東北大学大学院教育学研究科　教授	序章、第2章、第3章、第4章、第6章、第7章、第8章、第9章、第10章、第11章
エンフオチル・フビスガルト	東北大学大学院教育学研究科博士後期課程	第10章、第11章
ダグワドルジ・アディアニャム	東北大学大学院教育学研究科博士後期課程	第10章、第11章
朴　賢淑	岩手大学　特任准教授	第8章
槙石　多希子	仙台白百合女子大学　教授	第4章、第9章、第10章
松本　大	弘前大学　准教授	第1章
丸山　里奈	東北大学大学院教育学研究科博士後期課程	第5章
李　篠平	大連理工大学　教授	第9章
山田　志保	東北大学大学院教育学研究科博士前期課程	第7章
渡邊　祐子	東北大学大学院教育学研究科博士後期課程	第6章

（五十音順：職位等は執筆当時）

索　引

〔あ〕

アーティスト　13, 124, 126, 127
アート　15, 76, 77, 89, 92, 93, 123, 134, 321
　——教育　15, 76, 77, 93, 321
アイデンティティ　6, 25, 33, 34, 36, 54, 72, 142, 320
アウトリーチ　308
安心　86, 87, 91, 99, 100, 104, 105, 116, 128, 142
安心感　86, 87, 104, 116

〔い〕

移行　9, 32, 54, 57〜60, 62, 67, 68, 70, 71, 160, 162, 186, 231, 238, 258〜260, 288〜290, 298, 306
　——体制　62
意識変容　30, 82, 91, 92, 94, 115
逸脱行動　58, 61
イデオロギー　11, 15, 45, 50, 51, 63, 64, 69, 122, 168
意味構成　15, 16, 121, 123, 126, 130
インフォーマル・エデュケーション（インフォーマル教育）　6, 9, 15, 40, 41, 43, 51, 94
インフォーマルな学習機会　175, 178
インフォーマルな学び　178, 188
インプロ　109, 112

〔う〕

歌うこと　81, 84, 86, 91
　——の力　84, 91

〔え〕

エージェンシー　44, 51, 55, 57, 167, 189
エージェント　36, 169
エビデンス　12, 13
エンパワーメント　16, 20, 23〜25, 30, 34〜36, 44, 47, 50, 51, 148〜150, 155, 163〜165, 167, 175, 185, 187, 188, 312, 321, 322
　——・モデル　163, 164

〔お〕

踊ること　81, 84〜86, 91, 93
　——の力　84, 85, 91, 93

〔か〕

改革開放　190〜192, 197, 198, 200, 231
解釈戦略　16, 122〜124, 131〜133, 142
階層　5, 8, 9, 49, 66, 121, 191, 198〜200, 208, 229, 236
核家族化　252, 253, 255, 278
核家族世帯　240, 242, 244, 246, 249, 252〜255, 278, 279
学芸員　122, 128〜130, 132, 136, 142, 143
学習活動　13, 14, 31, 79, 149〜155, 158, 160〜164, 312
学習過程　20, 23, 30〜32, 35, 40, 44
学習社会　10, 25, 36, 66
学習スタイル　95, 96, 119
学習ニーズ　290, 304, 308
学習のプロセス　3, 14, 16, 44, 48, 51, 121, 122, 141
学習プログラム　173, 177, 186, 236, 316

学習論　9, 10, 11, 17, 24, 29〜34, 39〜41, 43, 45, 47, 48, 51, 77, 92, 119, 122, 180, 320, 322
拡大家族世帯　249, 252〜254, 278
語ること　49, 81, 83, 84, 88, 91
学校開放　171, 173, 187
学校教育　3, 6, 10, 42, 58, 59, 60, 67, 73, 95, 119, 170, 179, 187, 236, 238, 264, 292
家庭内暴力　254, 278
カリキュラム　152, 186, 320
感覚　85, 96, 97, 99, 109, 110, 117, 129, 131, 134, 136, 140, 143
環境醸成　169, 171
感情　15, 76, 77, 83〜86, 89, 91〜93, 99, 107, 108, 111, 117, 124, 125, 127, 128, 130〜132, 142, 160, 179, 219, 220, 224

〔き〕

企業　3, 5, 20, 39, 45〜48, 59, 60, 64, 67, 167, 197〜199, 232, 238, 256, 258, 261, 266, 274
企業内教育　3, 39, 59
基礎教育　289, 297, 298
義務　11, 55, 56, 59, 63, 169, 244, 248, 267
義務教育未修了者　245, 248
キャプション　122〜124, 128〜132, 135, 142
　──・解説　124, 129, 130, 132, 142
キャリア教育　57, 64, 67
キュレーター　124, 129
教育委員会　170, 172
教育運動　5, 201
教育学　3, 8, 13, 30, 36, 38, 158, 165, 166, 189, 195, 236, 246, 288, 292, 299, 301, 302, 306, 307, 320, 321, 322
教育機会　3, 5, 9, 66, 68, 236, 304, 316
教育基本法　4, 63
教育市場　5
教育サービス　290, 305, 307

教育システム（教育制度）　6, 67, 96, 169, 192, 290, 291, 316
教育実践　7, 12〜14, 17, 25, 27〜31, 35, 168, 188, 289, 316, 319, 320, 322
教育政策　3〜8, 11〜13, 59, 60, 66, 68, 289, 307
教育生産センター　304〜309, 311, 314, 315
教育的実践　13, 120, 169, 187, 189, 321
教育バウチャー　309, 312
教育へのアクセス　5, 236
共感　79, 84〜86, 89, 107, 321, 322
競争　8, 11, 12, 45〜50, 64, 68, 69, 198, 225, 230
協働　20, 46, 47, 94〜96, 110, 117, 158, 163, 295, 300, 305〜308, 310, 311, 316, 317
　──作業　96, 110, 117
協同組合　150, 310, 315, 317
協同行為　182, 188
協同性　72, 86

〔く〕

空間　55, 71, 73, 86, 91, 124, 126, 128, 131, 132, 138, 140, 142, 188, 189
グループアプローチ　94, 97, 102, 115, 116, 119
グローバリゼーション　11, 45, 67
グローバル化　7, 8, 39, 45, 51, 62, 320

〔け〕

経済成長　7, 9, 150, 198
経済的格差　200, 266
経済的自立　57, 253, 279, 304, 308, 315〜317
血統論　208, 209, 211, 230, 231
見学者　123〜137, 139〜141
健康学習　148, 149, 151, 154〜156, 158, 161, 163〜166, 322
健康教育　148, 149, 166, 297, 305, 307, 308

健康相談　151, 153, 158, 165
健康問題　148, 154, 166
言説　7, 12, 15, 25, 34, 45, 55, 60, 63, 70
権力関係　22, 23, 32
権力構造　23, 47

〔こ〕

合意形成　95, 96
公共政策　5, 17
交渉・闘争　29, 30, 31, 35
紅小兵　208, 209
構成主義　10, 14, 17, 95, 119, 121, 122, 320
構成的グループエンカウンター　97, 110, 112, 117
構造改革　62, 63
肯定感　103, 135
行動変容　91, 114, 115, 118
高等教育　59, 68, 190〜193, 230, 232, 290, 292, 295
　──機関　190, 191, 232, 292, 295
購買生協　151, 155, 156, 158, 165
公民館　166, 171, 172, 184, 186, 187
コーディネーター　168, 169
国営企業　256, 258, 261, 266
黒五類　208, 209, 230, 232
国際機関　5, 6, 291, 294, 305, 308, 311
国民国家　5, 263
五七幹部学校　200, 201
国家介入　4, 17, 68
子ども・若者　59, 61〜65, 69
個別化　10, 17, 66, 67
コミュニケーション　72, 95, 114, 140, 177, 179

〔さ〕

サープラスリアリティ　99, 111
サイコドラマ　97, 101, 106, 110, 111, 113, 117, 119
最底辺　263, 266, 268, 270, 275
作品鑑賞　122, 140
参加政策　58, 59
参加論　54〜57, 65, 70, 72
参加型　94, 96, 109, 110
参加動機　96, 98, 101, 102

〔し〕

支援関係　279, 280, 282, 287
支援者　15, 29, 92, 261, 286
ジェンダー　9, 26, 27, 30, 36, 50, 183, 184, 189, 191, 236
資格付与　58, 311
色彩　124〜127, 129, 131〜135, 139, 142
識字教育（識字教室）　289, 291, 293, 294, 297, 298, 304, 306, 307, 311, 316, 317
自己教育・相互教育　4, 169
自己実現　6, 24, 96
自己成長　16, 99, 100, 109, 113, 115, 118〜120
　──の欲求　16, 99, 100, 113, 118, 119
自己責任　63, 67, 68
自己内省的な感情　84, 86
自己発見　106, 117
市場経済　231, 253, 258, 259, 281, 288, 289
思想改造　201, 213, 214
失業　47, 66, 68, 69, 72, 198, 213, 238, 254, 256, 258, 260, 261, 274, 278, 287, 289, 290, 299, 302, 305, 311
実践コミュニティ　31〜34, 43, 51, 54, 71, 86, 122, 180
実践分析　22, 91
支配　4, 13, 20〜25, 30, 34, 35, 45, 169, 188, 258, 320
　──関係　23, 25
　──集団　21, 22
　──としてのパワー　21, 30, 35
資本主義　25, 203, 210, 232, 258, 273
資本論　8, 273
市民活動　27, 163, 184, 185, 188
市民的専門性　154, 155
市民力　168, 178, 185, 188, 322

社会運動　29, 231
社会学　3, 8, 13〜17, 45, 66, 68, 73, 165, 167, 168, 170〜189, 232, 233, 236, 319, 321, 322
　　──的アプローチ　3, 319
社会学級　16, 167, 168, 170〜189, 322
　　──研究会　171, 173〜177, 183
　　──セミナー　16, 174, 188
社会関係資本　57, 71, 185
社会教育　3〜5, 11, 15, 17, 20〜23, 34, 36, 38, 39, 45, 60, 61, 72, 73, 77, 91, 93, 119, 158, 165, 167〜172, 174, 175, 184, 187, 236, 319, 321, 322
　　──行政　3, 4
　　──研究　15, 21, 236, 319
　　──施設　4, 5, 171, 187
　　──法　4, 167, 169〜171, 174
社会構成主義学習観　95, 119
社会サービス　238, 255
社会参加　15, 54〜59, 61, 65, 70〜72, 177, 238, 310, 315, 317, 321
社会主義　16, 191, 199, 201, 231, 238, 254, 256, 258, 259, 278, 288, 289, 295
社会制度　190, 193, 197
社会体制　16, 191, 236, 238, 254, 278, 289, 290
社会秩序　12, 55, 56, 64, 68, 69, 70
　　──政策　12, 55, 64, 68〜70
社会的格差　200, 236
社会的権利　68, 255, 263
社会的実践　3, 9, 16, 31, 183, 188, 189
社会的相互作用　23, 34
社会的排除　62, 71, 236, 322
社会的文脈　24, 25, 29, 30, 32, 40, 45, 91
社会的包摂　17, 64, 68, 235, 289, 322
社会福祉　55, 156, 263
社会変革　16, 35, 190, 322
社会変動　190, 191, 232, 236, 254, 278, 288, 297, 316, 322
社会保障　62, 67, 68, 70, 153, 165, 241, 248, 255, 263, 282, 283, 286〜288

　　──制度　67, 282, 283, 286, 287
社会民主主義　7, 8
社会問題　62, 63, 119, 176, 193, 290
社会理論　21, 73
自由　4〜7, 10, 11, 14, 39, 48, 55, 56, 58, 62, 63, 66, 68, 73, 96, 97, 108, 111, 117, 122, 123, 134, 142, 152, 169, 171, 172, 185, 187, 198
自由主義　4〜7, 14, 39, 55, 58, 62, 63, 66, 68, 171, 187
　　──的改革　5, 14, 39, 55, 58, 62, 66
集団　21, 22, 24, 35, 46, 47, 49, 57, 61, 65, 70, 97, 98, 103, 110, 116, 117, 155, 231, 315
集団精神療法　97, 110
住民運動　3, 22, 119
住民登録　241, 244, 263〜266, 270, 271, 287, 288, 318
手工芸　299, 300, 309
主体的参加　150, 155, 161, 163, 167
出身階層　198, 200, 229
受容体験　99, 100, 103, 109, 113, 115, 118
生涯学習　3〜12, 17, 18, 25, 36, 52, 61, 66〜68, 73, 93, 143, 168, 189
　　──社会　10, 36, 66
　　──政策　3, 4, 6, 7, 11, 61, 66, 67, 168, 189
生涯教育　4〜6, 10, 11, 60, 66, 73
状況的学習論　31〜33, 34, 43, 122, 180
省察　12, 13, 42, 46〜49, 51, 53, 67, 72, 76, 96, 115, 320, 322
上山下郷　193, 196, 197, 213, 215
情動　84, 86, 91, 92, 108
庄内医療生協　149〜152, 154, 163, 166
職業教育　39, 57, 293, 304〜306, 308, 311, 316, 317
職業訓練　58, 291, 297, 299, 300, 307
職業資格　40, 304, 306
職業生活　191, 192, 231
職業能力　39, 68, 69

――開発　39, 68
女性世帯主　249, 252〜254, 278, 279
女性問題学習　167, 189
震災　15, 16, 54, 55, 76, 77, 79, 80, 83, 92, 121, 122, 127, 135, 136〜140, 142, 143, 171, 176, 321
　　――からの復興　122, 136, 137, 138, 139, 142, 143
新自由主義　4, 6, 7, 14, 63, 68
親族世帯　252, 253
身体運動　15, 92
身体感覚　96, 110, 117
身体表現　86, 92, 96
信頼関係　71, 72, 101, 113, 163, 182, 183, 186, 188

〔せ〕

生活保障機能　237, 281
正規雇用　57, 69
正規労働　47, 66, 69
政策形成　4〜6, 8, 27, 71, 167
生産教育　289, 305, 306, 315
　　――センター　289, 305, 306, 315
生産者組合　309, 310
政治運動　196, 208, 210, 215
政治的過程　28〜30
政治的参加　56, 57
政治闘争　206, 208, 209, 230
青少年　60, 61, 63, 65, 69, 73, 300, 307, 311, 312, 317
成人学習　20, 22〜24, 31, 34, 35, 321
成人教育　3, 13〜17, 20〜36, 38, 39, 45, 57, 76, 119, 121, 142, 165, 171, 174, 188, 189, 193, 195, 235〜237, 284, 287〜289, 297, 318, 319, 321, 322
　　――研究　14, 20〜26, 28, 29, 32, 34, 36, 39, 45, 76, 121, 236
　　――実践　17, 25, 27〜30, 35
　　――者　25, 28
　　――プログラム　22, 26, 29, 35, 36
成人識字教育　297, 298

正統的周辺参加　33, 37, 43, 52, 189
生命の躍動　127, 135〜139, 142, 143
世界観　124, 132, 135, 141, 143
責任　9, 11, 28, 46, 55〜57, 63, 67〜69, 168, 173, 174, 181, 183, 186, 188, 199, 279, 310
選択　11, 44, 51, 56, 68, 71, 122, 126, 131, 142, 168, 169, 186, 218, 220〜222, 224, 225, 261, 304, 309

〔そ〕

相互作用　14, 16, 23, 29, 31, 32, 34, 35, 42, 54, 84, 86, 95, 115, 117, 122, 126, 131
走資派　197, 203, 208
ソーシャルワーカー　165, 288, 292, 295, 300, 305, 308, 313
即興劇　97, 109, 112

〔た〕

大学進学　190, 213, 217, 219, 220, 229, 230, 232
大学入試　191, 193〜195, 197, 198, 225, 227〜229, 232
体制転換　236, 249, 254〜258, 260, 278, 286, 289, 317, 322
対話　10, 47〜49, 72, 148, 155, 164, 176, 177, 179, 186, 187
他者　24, 34, 50, 84, 87, 92, 95, 97, 98, 99, 101〜108, 112〜118, 220
　　――理解　87, 95
男女共同参画　36, 185

〔ち〕

地域性　134, 135
地域づくり　20, 76, 165, 166, 176, 177
地域社会　20, 60, 63, 65, 66, 153, 164, 316
地域住民　149, 160, 161, 308
地域保健活動　152〜154, 156, 159, 160, 162, 164

知識基盤経済　8, 9
知識基盤社会　8, 9, 11
中等教育　59, 297, 298, 299, 306, 317

〔て〕

展示　16, 121〜123, 125〜128, 133, 135, 137, 139〜142, 315
　　──物　16, 121〜123, 125, 126, 128, 137

〔と〕

都市と農村　200, 203, 213

〔な〕

内省　84, 86, 91, 92, 99, 100, 105, 116, 118, 132, 143
仲間意識　148, 154
ナショナル・センター　295, 301, 303, 304, 318

〔に〕

認識論　10, 14, 43, 121, 320

〔ね〕

ネットワーク　158, 164, 182, 183, 186, 188, 190, 252

〔の〕

農民　191, 193, 199, 204, 205, 210, 213, 214
ノンフォーマル・エデュケーション（ノンフォーマル教育）　6, 9, 40, 41, 43, 289〜292, 294, 295, 297, 303〜308, 311, 312, 314, 316, 318
ノンフォーマルな学習機会　175, 178, 188

〔は〕

博物館　16, 121〜123, 137, 140〜143, 176, 319
　　──経験　137, 142, 143

博物館教育　121, 122, 319
　　──研究　121, 319
パワー　15, 16, 20〜36, 38, 39, 43, 44, 47, 49〜52, 148〜150, 155, 163〜165, 167, 175, 185, 187, 188, 312, 321, 322
　　──関係　20, 21, 25, 27〜29, 32〜35
　　──構造　25, 26, 28, 29
　　──のポリティックス　20

〔ひ〕

東日本大震災　15, 77, 121, 127, 136, 140, 171
引き剥がし　260, 261
被災者　76〜79, 81, 83, 84, 86〜88, 90〜92, 121, 143
非識字者　244, 248, 297, 307
ビジュアル　123, 124, 131〜133, 142
美術館　121, 122, 125, 126, 128, 136, 142, 322
美術館教育　128, 142
美術鑑賞　137, 143
表現　26, 42, 49, 50, 61〜63, 77, 78, 80, 81, 83〜86, 90〜93, 96〜98, 101, 105, 107, 109, 112, 117, 118, 120, 123, 128, 129, 133, 161, 179, 181, 201, 231
　　──力　129, 179
　　──ワーク　97, 105, 109, 112, 117
被抑圧集団　21, 22
貧困ゲル集落　316, 317
貧困問題　290, 304

〔ふ〕

ファシリテーター　10, 17, 52, 168, 169, 319
不安定就労　57, 62
フォーディズム型　59, 60, 62
フォーマル・エデュケーション（フォーマル教育）　6, 9, 15, 40, 41, 43, 51, 94, 289〜292, 294, 295, 297, 303〜308, 311, 312, 314, 316, 318
福祉　4, 5, 7, 10, 12, 14, 17, 55, 64, 66,

68, 70, 73, 97, 120, 155, 156, 165, 176, 177, 189, 263, 283, 303, 306〜309, 312, 317
福祉国家　4, 5, 10, 14, 17, 66, 68, 70, 73
　――サービス　4, 5, 10, 17, 70
　――施策　4, 66, 68
不登校　80, 87, 88, 89
文化資本　71, 190, 192, 225, 230, 322
文化大革命　16, 190, 191, 193, 197, 201, 202, 206〜209, 212, 214, 215, 217, 218, 224, 231〜233
文化的格差　200, 203

〔へ〕

ヘルスプロモーション　148〜150, 155, 163, 164
変革　7, 16, 33, 35, 47, 166, 167, 190, 193, 258〜260, 313, 322

〔ほ〕

ボーンメッソード　97, 117
保健　16, 64, 88, 97, 148〜156, 158〜166, 244, 246, 252, 300, 317
保健委員　16, 148, 150〜156, 158〜164
保健衛生推進員　149, 165
保健学校　151, 152, 154, 156
保健活動　149〜154, 156, 159〜162, 164, 165
保健師(婦)　149, 152, 162, 165, 166
母子世帯　240, 242, 244, 246, 255, 280, 281, 287
補習　60, 225, 226, 230, 317
　――機会　225, 226
補助教育活動　297, 298, 301, 304, 307
ボランティア　54, 55, 72, 156, 158, 183, 184, 274, 291
　――活動　55, 72, 156, 184
ポリティックス　5, 10, 15, 20, 22, 23, 26, 28, 36, 54, 321

〔み〕

ミュージカル　15, 76〜79, 81〜93
民主化　5, 6, 259
民主革命　258, 259
民主主義　6, 7, 8, 14, 18, 56, 72, 168, 169, 170, 187, 189, 259

〔ゆ〕

有期雇用　62, 66
揺らぎ　95, 99, 107, 111, 117, 119

〔よ〕

欲求サイクル　99, 100, 113, 118

〔ら〕

ライフキャリア　190, 231, 232
ライフコース　8, 16, 55, 62, 66, 71, 73, 190〜192, 198, 229, 232, 233, 256, 257, 312, 313, 322
　――研究　190, 191
　女性の――　16, 190, 191, 192, 232, 322
ライフスキル　300, 301
ライフヒストリー　110, 119

〔り〕

リカレント教育　8, 9, 68
離婚率　254, 278
リスクアプローチ　65, 67
リスク社会　66, 73

〔ろ〕

労働組合　39, 62
労働市場　8, 39, 51, 58, 59, 62, 63, 68〜70, 73, 192
　――政策　58, 59, 68〜70
労働世界　47, 59
労働力　47, 64, 69, 244

〔わ〕

ワーク　15, 16, 36, 64, 94～99, 101～121, 158, 164, 182, 183, 186, 188～190, 252, 300, 321

ワークショップ　15, 16, 94～99, 105, 108～121, 321

若者自立塾　64, 67

若者政策　54, 55, 58, 63, 64, 67, 70

〔欧字〕

CLC (community learning center)　284, 287～304, 309, 313, 315～318

NPO (Not-for-Profit Organization)　3, 5, 17, 36, 52, 58, 72, 73, 93, 143, 167, 184, 189, 305, 306, 308, 316

NGO (Non Governmental Organization)　244, 282, 285, 286, 297, 302, 303, 305, 306, 308～311, 314, 316

OECD (Organisation for Economic Co-operation and Development)　5～9, 18

UNESCO (United Nations Educational, Scientific and Cultural Organization)　6, 7, 18

WHO (World Health Organization)　148

編著者紹介

髙橋　満（たかはし　みつる）
　1954年　茨城県生まれ
　専門領域：成人教育研究、生涯学習研究
　新潟大学法文学部卒業
　東北大学大学院教育学研究科博士課程後期単位取得退学
　教育学博士（北海道大学）
　東北大学大学院教育学研究科　教授

[主な著書]
『コミュニティワークの教育的実践 ── 教育と福祉とを結ぶ』2013年、東信堂
『NPOの公共性と生涯学習のガバナンス』2009年、東信堂
『ドイツ福祉国家の変容と成人継続教育』2004年、創風社
『社会教育の現代的実践 ── 学びをつくるコラボレーション』2003年、創風社
『地主支配と農民運動の社会学』2003年、御茶の水書房

成人教育の社会学 ── パワー・アート・ライフコース

2017年9月10日　初　版第1刷発行　　　　〔検印省略〕
　　　　　　　　　　　　　　　　　　定価はカバーに表示してあります。

編著者Ⓒ髙橋　満／発行者　下田勝司　　　印刷・製本／中央精版印刷

東京都文京区向丘1-20-6　郵便振替 00110-6-37828
〒113-0023　TEL (03)3818-5521　FAX (03)3818-5514
　　　　　　　　　　　　　　　　　　　株式会社　東信堂　発行所

Published by TOSHINDO PUBLISHING CO., LTD.
1-20-6, Mukougaoka, Bunkyo-ku, Tokyo, 113-0023, Japan
E-mail: tk203444@fsinet.or.jp　http://www.toshindo-pub.com

ISBN978-4-7989-1394-0 C3037　　Ⓒ TAKAHASHI Mitsuru

東信堂

放送大学に学んで——未来を拓く学びの軌跡	放送大学中国・四国ブロック学習センター編	二〇〇〇円
ソーシャルキャピタルと生涯学習	J・フィールド 矢野裕俊監訳	二五〇〇円
成人教育の社会学——パワー・アート・ライフコース	高橋満編著	三二〇〇円
NPOの公共性と生涯学習のガバナンス	高橋満	二八〇〇円
コミュニティワークの教育的実践	高橋満	二〇〇〇円
学級規模と指導方法の社会学——実態と教育効果	山崎博敏	三二〇〇円
高等専修学校における適応と進路——後期中等教育のセーフティネット	伊藤秀樹	四六〇〇円
「夢追い」型進路形成の功罪——高校改革の社会学	荒川葉	二八〇〇円
進路形成に対する「在り方生き方指導」の功罪——高校進路指導の社会学	望月由起	三六〇〇円
教育と不平等の社会理論——再生産論をこえて	山内乾史編著	二六〇〇円
教育から職業へのトランジション——若者の就労と進路職業選択の社会学	小内透	三二〇〇円
マナーと作法の社会学	加野芳正編著	二四〇〇円
マナーと作法の人間学	矢野智司編著	二〇〇〇円
教育における評価とモラル	西村和雄・大森不二雄 倉元直樹・木村拓也編	二四〇〇円
混迷する評価の時代——教育評価を根底から問う	西村和雄・大森不二雄 倉元直樹・木村拓也編	二四〇〇円
拡大する社会格差に挑む教育	西村和雄編	二四〇〇円
《シリーズ 日本の教育を問いなおす》		
第1巻 教育社会史——日本とイタリアと	小林甫	七八〇〇円
第2巻 現代的教養I——地域的展開 生活者生涯学習の	小林甫	六八〇〇円
第3巻 現代的教養II——技術者生涯学習の生成と展望	小林甫	六八〇〇円
第3巻 学習力変革——地域自治と社会構築	小林甫	近刊
第4巻 社会共生力——東アジアと成人学習	小林甫	近刊
《大転換期と教育社会構造：地域社会変革の学習社会論的考察》	西村信之編	

〒113-0023 東京都文京区向丘1-20-6　TEL 03-3818-5521　FAX03-3818-5514　振替 00110-6-37828
Email tk203444@fsinet.or.jp　URL·http://www.toshindo-pub.com/

※定価：表示価格（本体）＋税

東信堂

多様性と向きあうカナダの学校——移民社会が目指す教育	児玉奈々	二八〇〇円
カナダの女性政策と大学	犬塚典子	三九〇〇円
多様社会カナダの「国語」教育（カナダの教育3）	関口礼子・浪田克之介編著	三八〇〇円
21世紀にはばたくカナダの教育（カナダの教育2）	小林順子他編著	二八〇〇円
ケベック州の教育（カナダの教育1）	小林順子	二〇〇〇円
トランスナショナル高等教育の国際比較——留学概念の転換	杉本均編著	三六〇〇円
チュートリアルの伝播と変容——イギリスからオーストラリアの大学へ	竹腰千絵	二八〇〇円
[新版]オーストラリア・ニュージーランドの教育——グローバル社会を生き抜く力の育成に向けて	青木麻衣子・佐藤博志編著	二〇〇〇円
戦後オーストラリアの高等教育改革研究	杉本和弘	五八〇〇円
オーストラリアのグローバル教育の理論と実践——開発教育研究の継承と新たな展開	木村裕	三六〇〇円
オーストラリアの教員養成とグローバリズム——多様性と公平性の保証に向けて	本柳とみ子	三六〇〇円
オーストラリア学校経営改革の研究——自律的学校経営とアカウンタビリティ	佐藤博志	三八〇〇円
オーストラリアの言語教育政策——多文化主義における「多様性」と「統一性」の揺らぎと共存	青木麻衣子	三八〇〇円
英国の教育	日英教育学会編	三四〇〇円
イギリスの大学——対位線の転移による質的転換	秦由美子	五八〇〇円
統一ドイツ教育の多様性と質保証——日本への示唆	坂野慎二	二八〇〇円
ドイツ統一・EU統合とグローバリズム——教育の視点からみたその軌跡と課題	木戸裕	六〇〇〇円
教育における国家原理と市場原理——チリ現代教育史に関する研究	斉藤泰雄	三八〇〇円
中央アジアの教育とグローバリズム	嶺井明子編著	三八〇〇円
インドの無認可学校研究——公教育を支える「影の制度」	小原優貴	三二〇〇円
タイの人権教育政策の理論と実践——人権と伝統的な多様な文化との関係	馬場智子	二八〇〇円
バングラデシュ農村の初等教育制度受容	日下部達哉	三六〇〇円
マレーシア青年期女性の進路形成	鴨川明子	四七〇〇円
東アジアにおける留学生移動のパラダイム転換——大学国際化と「英語プログラム」の日韓比較	嶋内佐絵	三六〇〇円

〒113-0023 東京都文京区向丘1-20-6
TEL 03-3818-5521 FAX 03-3818-5514 振替 00110-6-37828
Email tk203444@fsinet.or.jp URL:http://www.toshindo-pub.com/

※定価：表示価格（本体）＋税

東信堂

溝上慎一監修 アクティブラーニング・シリーズ（全7巻）

① アクティブラーニングの技法・授業デザイン	安永悟編		一八〇〇円
② アクティブラーニングとしてのPBLと探究的な学習	溝上慎一・成田秀夫編		一八〇〇円
③ アクティブラーニングの評価	松下佳代・石井英真編		一六〇〇円
④ 高等学校におけるアクティブラーニング::理論編（改訂版）	溝上慎一編		一六〇〇円
⑤ 高等学校におけるアクティブラーニング::事例編	溝上慎一編		二〇〇〇円
⑥ アクティブラーニングをどう始めるか	成田秀夫		一六〇〇円
⑦ 失敗事例から学ぶ大学でのアクティブラーニング	亀倉正彦		一六〇〇円

主体的学び 別冊 高大接続改革	主体的学び研究所編		一八〇〇円
主体的学び 4号	主体的学び研究所編		二〇〇〇円
主体的学び 3号	主体的学び研究所編		一六〇〇円
主体的学び 2号	主体的学び研究所編		一八〇〇円
主体的学び 創刊号	主体的学び研究所編		一六〇〇円
主体的学び —カナダで実践されるICEモデル			一八〇〇円
「主体的学び」につなげる評価と学習方法	S・ヤング&R・ウィルソン著 土持ゲーリー法一監訳		二五〇〇円
ラーニング・ポートフォリオ—学習改善の秘訣	土持ゲーリー法一		二〇〇〇円
ティーチング・ポートフォリオ—授業改善の秘訣	土持ゲーリー法一		二五〇〇円
ポートフォリオが日本の大学を変える —ティーチング／ラーニング／アカデミック・ポートフォリオの活用	土持ゲーリー法一		二〇〇〇円
社会に通用する持続可能なアクティブラーニング —ICEモデルが大学と社会をつなぐ	土持ゲーリー法一		二五〇〇円
ICEモデルで拓く主体的な学び —成長を促すフレームワークの実践	柾磨昭孝		二〇〇〇円

アクティブラーニングと教授学習パラダイムの転換	溝上慎一		二四〇〇円
大学のアクティブラーニング	河合塾編著		三二〇〇円
「学び」の質を保証するアクティブラーニング —3年間の全国大学調査から	河合塾編著		二八〇〇円
「深い学び」につながるアクティブラーニング —全国大学の学科調査報告とカリキュラム設計の課題	河合塾編著		二八〇〇円
アクティブラーニングでなぜ学生が成長するのか —経済系・工学系の全国大学調査からみえてきたこと	河合塾編著		二八〇〇円
初年次教育でなぜ学生が成長するのか —全国大学調査からみえてきたこと	河合塾編著		二八〇〇円

〒113-0023 東京都文京区向丘1-20-6　TEL 03-3818-5521　FAX 03-3818-5514　振替 00110-6-37828
Email tk203444@fsinet.or.jp　URL:http://www.toshindo-pub.com/

※定価：表示価格（本体）+税